Vincent Van Gogh's
Last Letter

直到我死去的那一天 | 梵高最后的亲笔信

蔡秉叡 - 著　　中国政法大学出版社　2016·北京

蔡秉叡　现任台湾高雄应用科技大学通识中心，以及台湾空中大学人文学系兼任讲师，曾任教于文藻外语大学、私立育英医专等校。主要研究方向与授课领域为明清史、世界文化遗产、西洋艺术文化史与中外历史人物评介等专题课程，是目前南部各大专院校广受学生、民众欢迎与好评的青年学者。近来屡应邀至各机关、学校与图书馆举办文化讲座课程。

自　序

文森特·梵高，在今天已是家喻户晓，即使是不懂艺术史的人或是艺术领域的门外汉，也绝对听过这响亮的名字。梵高此生何其不幸，却又何其幸也！幸运的是，尽管他一生坎坷乖蹇，但他绝对是世界艺术史上受到关注与研究最为丰富的一位（很可能还远超过达芬奇和毕加索）。与梵高相关的书籍、画册、装饰品或影音作品琳琅满目，也是其他艺术家望尘莫及的。史上没有一位艺术家能像他一样拥有如此完善的传记，留予后世如此多的书信研究资料；最重要的是，他留给后人的真情感动，是一股连绵不绝、生生不息的力量。

记得在学校向学生们每每介绍梵高艺术与梵高坎坷一生的传奇故事时，都会赚人热泪，引发众人无数的感慨与唏嘘。我慢慢发现，同学们听过梵高的生平故事后，性格或想法有了正向的改变，能够坚定自己的人生目标与学习方向，也因看到梵高乖蹇的人生际遇，使得自己遭遇挫折时可以正视失败，改进自身的错误。更难得的是，同学们也被梵高那份对社会有爱、对弱势寄予关怀的宗教情操打动，在人格塑造与陶冶上也希望自己如同梵高，成为一位传递人间温情的奉献者。于是，我不禁想到，如果能够将课堂上感动并激励大家的故事通过书本传播出去，是不是也能为这个社会多尽一份散播爱与希望的正向力量呢？

话说回来，坊间以梵高为主题的传记或艺术丛书、套书汗牛充栋，是否还有再写的必要呢？是的，作为一位历史学背景出身的人，我相信，历史人物在每个时代，依研究角度的不同、新史料的出现、新史观乃至新的研究方法的运用，皆有重新研究诠释的必要。这也是今日坊间关于秦皇汉武、康熙乾隆、慈禧、蒋介石等人的传记丛书仍琳琅满目、不断推陈出新的重要原因。

关于梵高，一百多年来已有太多国内外艺术史学家、心理学家、美学家发表过种种专书论文，于是我试着问自己，还能再写些什么？从1872年到1890年，梵高写给弟弟提奥以及友人高更、贝尔纳的信件不下九百封，其中有些信件长达四五千字，除了令人不得不佩服梵高的毅力与沉着外，这些书信也为后世提供了一个艺术史上最详尽的个人史料宝库。于是，通过他丰富的作品和书信史料，除了艺术方面的成就之外，我们还能更深入地了解其家庭状况对梵高人格发展有何影响？几次无结果的恋爱为他的生命历程带来了什么冲击和反应？除了他与高更同住、切磋乃至爆发冲突为人所熟知以外，他与其他艺术大师之间有何交流与影响？梵高毕生真的只卖出过一幅画吗？他的最后一件作品是《麦田群鸦》吗？当然还不得不提百年来众人纷争不休的梵高割耳之谜、自杀之谜，是否有其他新的解释？

于是我决定，这次要写的梵高传记，除了有别于传统的纯粹艺术作品赏析之外，首先，我要针对近年来专家学者所撰梵高专书与期刊研究成

"到处积着二寸左右的雪,并且还在继续飘落。阿尔在我眼里是个小镇。此地的乡村景色一片平远。我看到广延而灿红的泥土种植着葡萄树,背后是最纤柔的淡紫色山脉。雪中的风景,和枕在天空里明亮如雪的峰头,恰如日本画家笔下的冬天景致。"[1]

是的,正是日本!来到阿尔的目的就是为了捕捉如同浮世绘那般绚烂璀璨的色彩。只有来到南方,感受南方的景物与阳光,才能够激发出艺术本身最浓烈的激情与真实。在南方成立工作室,一定可以达成理想!旅人心中顿时浮现无限的喜悦以及狂野的呐喊。

文森特·梵高,20世纪之后举世闻名的艺术家,在1888年2月下旬踏上了这个改变他绘画风格以及生命历程的小镇。从艺术史上的轨迹看来,是阿尔的自然生态成就了梵高的艺术生命,而梵高,也永远地改变了阿尔的生活型态,这个小镇将成为梵高艺术生涯里最大的转折点。

但,此刻满心沉醉在欢愉下的梵高却浑然未知,他的波折人生只剩下两年多的时间……

目 录

自序 – 序幕

❶ 彷徨少年时

滋润伟大心灵的国度 —— 荷兰 – 002
梵高家族 – 012
苦涩的青春 – 020
矿坑里的耶稣 – 032

❷ 为了艺术为了爱

艾田的单恋 – 046
海牙的伴侣 – 053
努能岁月 – 067

❸ 流动的飨宴——巴黎

印象派艺术 – 098
豁然开朗 – 110
高更与浮世绘 – 129

❹ 燃烧的星空

阿尔 – 142
高更 – 169
圣雷米 – 205

❺ 最后的奥维

麦田 – 242
杜比尼的花园 – 280

❻ 永恒的向日葵

此前此后 – 306
梵高艺术殿堂 – 328
回首梵高 – 339

注 释 – 附 录 梵高年表

梵高是荷兰历史上最伟大的画家之一

在进入他的故事之前

我们有必要先了解荷兰这块土地

今日和朋友谈及荷兰

许多人可能马上联想到风车

郁金香乃至世足赛劲旅「橘色军团」

彷徨少年时

滋润伟大心灵的国度 —— 荷兰

梵高是荷兰历史上最伟大的画家之一，在进入他的故事之前，我们有必要先了解荷兰这块土地。今日和朋友谈及荷兰，许多人可能马上联想到风车、郁金香乃至世足赛劲旅"橘色军团"。但这个国家在欧洲出现的时间并不久远，16 世纪时，在西班牙统治下，现今的荷兰还只是西属尼德兰（Spanish Netherlands）的十七个省份之一。

15 世纪末地理大发现的开展，也带动了 16 世纪西欧国家海洋霸权时代的来临。西班牙无敌舰队横行于大洋，以经济上的掠夺为主，在东方征服了菲律宾，并一度占领台湾北部；在西方它更统治了广袤的中南美洲，包括今日的墨西哥、秘鲁、智利、阿根廷等国，一时之间通过白银、蔗糖、香料、丝绸等商业转换贸易成就其霸业，昔日风光睥睨全欧。

属于低地国的西属尼德兰，16 世纪时就已经是欧洲最发达的贸易地区之一；这块土地水患频仍，耕种不易，却也培养出人们勤劳务实的精神。当地的造船工业十分发达，建造了先进的平底快船（fluytship），使船舰商队能够顺利往来于地中海各地；航海技术进步后，他们又积极投入北海的捕捞渔业和加工业；此外，如羊毛和棉布的加工制造业，也在尼德兰地区的莱顿（Leiden）、哈勒姆（Haarlem）等城市如火如荼地开展，成品大量销往西班牙母国和欧陆各地；也因为如此，阿姆斯特丹（Amsterdam）成为当时金融贸易、信贷往来的繁荣城市，尼德兰地区的中产阶级逐渐兴起。

美籍的荷兰文史作家房龙[1]曾经在其《林布兰时代》中描述此时期的荷兰：

> 在远东地区，对锡兰和马六甲的占领填平了通向东印度群岛的道路。驶向爪哇的船如今能像每天行驶在阿姆斯特丹和哈勒姆之间的运河船一样平安无事。日本的门户开放已证明是非常有利可图的。派船前往平户和大岛却没有赚足投资数的五倍，商人们便会以为自己的合法利润被骗走了，往往会请求政府对其损失予以赔偿。……在巴西，纳骚公爵正忙于筹建一个新的帝国，这个帝国将为投机买卖和投资生意提供前所未有的好机会。西印度公司因将奴隶贩卖到讲西班牙语的美洲地区而发迹。波罗的海的粮食贸易还完全控制在我们的人手中。我们的商人把面粉走私给西班牙的饥民，每袋麦子出的价钱又是那么昂贵，聚敛来的钱财足够支付我国海军部差不多一半的开支。[2]

由此可见，当时无论在远东地区的航运业、西半球奴隶贩卖投机事业，乃至粮食产业，尼德兰贸易都可以说是面面俱到，一片欣欣向荣。房龙接着又说：

> 至于国内的产业，加工作坊都在加班加点，因为从世界各地掠夺来的各种东西必须经过加工然后投放市场——原木要锯开，谷米要碾磨，烟草要切碎，香精须清洗，鱼得风干。为了使商人的庞大船队不停地航行于深海大洋，船只必须建造，损坏的船需要修理，船帆也需要制作，连制绳工厂也忙个不停。到处都是这种极为忙碌的情景，而那些挨饿的人只是因为他们要么缺乏手艺，要么过于懒惰，无法与别人共享仁慈上帝赐给我们的绝佳机会。[3]

对于勤劳朴实的尼德兰人而言，西班牙菲力普二世（Felipe II）政权的高压统治令人反感，而当时西班牙坚持巴洛克（Baroque）风格的天主教仪式，其奢靡华丽亦引起他们的强烈质疑。尼德兰人向来受卡尔文教派（Calvinism）影响，崇尚勤俭，反对华丽繁复的教会仪式，强调通过劳动将个人精神的特质转换为行动上的实践。在他们看来，真正的信仰应还原到人性最朴实的原点上。

西班牙海上霸权的经济掠夺，结合疯狂的宗教伪善，在与海争地、努力实现自我价值的尼德兰人眼里，实在无法接受，他们决定与这般政治上的极权统治、经济上的巧取豪夺以及宗教思想上的保守压榨进行抗争……

从16世纪60年代开始，尼德兰人历经长达80年的战争，终于脱离了西班牙的统治，在1648年组成了联合省王国（Republic of United Provinces），正式取得独立地位。由于"荷兰省"（Holland）在尼德兰各联合省中居于政经主导地位，因此后世一般习惯称"尼德兰"为"荷兰"。

荷兰先天缺少自然资源，所以较依赖对外贸易来增加财富，面对17世纪西欧两大海上霸权前辈西班牙和葡萄牙，荷兰各省所组成的议会成立了"东印度公司"（Vereenigde Oost-Indische Compagnie，简称VOC）来竞争。东印度公司被赋予东起南非好望角、西至南美麦哲伦海峡水域的贸易垄断权，并握有对外签订条约、宣战、媾和的权力；也因为东印度公司有着如此大规模的扩展，日后才展开了对台湾岛早期的殖民史，并与郑成功军队产生了军事冲突。关于这一时期的历史，许多民众都有基本的认识与了解。

东印度公司成功地让当时的荷兰走上了海上霸权之路，这足以使荷兰与西、葡两国在国际贸易竞争中一较长短，而现代资本主义的规模体制亦随之在荷兰建立起来。东印度公司为荷兰开创了史上所谓的"黄金时代"，阿姆斯特丹成为当时欧洲最为国际化的都市，社会空前富裕，各国的新兴中产阶级与工匠皆聚集于此，于是展开了不同文化与思想之间的交流。在社会财富迅速累积之下,荷兰的社会文化内涵也得以提升,不同于欧陆其他强权国家正追逐华丽的巴洛克艺术风格,荷兰凭借自身努力的信仰价值,拥有独立而自信的新教文化美学,维梅尔(Vermeer)、林布兰(Rembrandt)这些艺术史上卓越的大师,便是在这种背景下产生的,他们的艺术观点也丰富滋润了日后的梵高。

从艺术的观点来看,荷兰的绘画是一面镜子,荷兰的生活是怎样的,荷兰的绘画就是怎样的。

与西班牙政权浴血奋战数十年,荷兰终于建立起自己的家园。而在自然环境方面,荷兰由于土地低于海平面,因此必须努力与海争地方能度日。这两方面获得的成功,孕育出荷兰人务实的态度与一份自尊自傲。尽管巴洛克艺术是当时欧洲的主流,但以璀璨光辉来荣耀教廷与粉饰王室

《倒牛奶的女仆》

《读信的女人》

贵族奢华的风格，始终不为荷兰人所接受，对他们而言那并非真实的生活面貌。

维梅尔[4]是17世纪荷兰最具代表性的风俗画家，所谓的风俗画是以日常生活和周遭环境为创作题材，其作用就如同一部记录生活的文学名作，具有象征性及教化意义。而维梅尔的绝大多数作品都是通过荷兰的日常生活景物来表现荷兰人的理想与情感。

在维梅尔的名作《倒牛奶的女仆》（The Milkmaid）里，一名健壮的女仆正在厨房一角倒着牛奶，阳光从旁边的窗外洒下，映照着汩汩流出的液体与桌上的面包。片刻间，时间似乎暂停了，醇厚的奶香与麦香取代了我们的视觉。就是这样一种平凡的世俗题材，却能震撼人心，让我们感受到家的温暖、生活的喜悦和心灵的富足。

而另一幅杰作《读信的女人》（Woman Reading a Letter），内容似乎比《倒牛奶的女仆》更简单朴素。在这一刻，维梅尔又让时间静止了，一位怀孕的少妇在房间专注地读着信。信是谁寄来的？从哪里寄来的？信的内容是喜是忧？作者为观赏者留下自由开放的想象空间，画面左侧泻进来的光线是整幅画唯一的流动元素，这也正是维梅尔艺术风格的一大特征。

值得注意的是，画中背景墙上挂着一幅世界地图，很快让我们联想到，维梅尔的时代正处于17世纪荷兰海洋霸权的顶峰，地图也代表着时代的一项见证。另外，地图象征社会财富和地位，可见得这是一个小康或富裕的家庭。因为在当时的荷兰，地图属于奢侈品，只有少数经济条件良好以及重视教养的家庭，才会挂上这样一幅地图。所以作者要让观赏者猜测，少妇读的信是丈夫自远方寄回来的吗？她的丈夫是否正在海外工作，为了准确了解丈夫工作的地方，在家的妻子便挂了这样一幅世界地图？

维梅尔用一系列风俗画将我们带到17世纪的时空，这里没有巴洛克璀璨光辉的宗教主题，更看不到雍容华贵的王室贵族，他想要表达的就是这一些看来琐碎、无关紧要却也最让人感动的日常生活。这也是荷兰社会文化中最淳朴真诚、平凡内敛的一面。

林布兰[5]是巴洛克时代最杰出的代表画家之一，也被后世公认为荷兰历史上最伟大的画家，更是梵高心中最向往的目标，值得我们好好观察一番。尽管他与维梅尔同时代，但人生际遇和生命历程却截然不同。

维梅尔终其一生不曾离开过他出生的小镇台夫特（Delft），所以他始终钟情于描绘小镇居民宁静朴实的生活面貌。林布兰则在青年时期便选择到阿姆斯特丹发展，要想在当时欧洲商业贸易最繁荣的都市站稳脚跟，想必青年林布兰须拥有绝对的自信和非凡的功力。事实证明，24岁时，林布兰就已小有名气，作品受到了各界的肯定；他的画室里聚集了阿姆斯特丹最多的学徒，每天接到的客户订单络绎不绝。林布兰除了擅长肖像画之外，也习惯于为自己留下生命各个时期的自画像，在他早年的自画像上，我们的确可以看到一股意气风发、舍我其谁的自信。

随着事业蒸蒸日上，不久他也娶得一位美娇娘莎丝基娅（Saskia），婚后两人鹣鲽情深。由于莎丝基娅继承了一笔丰厚的遗产，这一阶段的林布兰可以说达到了人生的巅峰，过着美满幸福的日子。

好景不长，1642年，莎丝基娅病逝，林布兰的事业也一落千丈，许多作品遭到客户退件，学徒们纷纷离去；加上林布兰改不掉挥霍的老毛病，负债累累，家中经济顿时陷入困顿。逼不得已，他的豪宅与收藏品遭到拍卖，林布兰只好带着儿子与情妇委身陋室。

《夜巡》（The Nightwatch）是林布兰最伟大的代表作，如今已成为荷兰政府收藏的国宝。但当初林布兰创作这幅巨大作品时，却遭客户嘲讽揶揄，甚至退件。四百年后的今天，许多观光客来到阿姆斯特丹国家美术馆，首要目的就是亲身见识这幅伟大的作品，了解其中的创作意涵。对比当年林布兰受到的冷落与批评，实令人不胜唏嘘。

《夜巡》

　　《夜巡》描绘了一支由班宁·寇克上尉带领的武装民兵队群像。这样的题材在当时十分流行，各职业工会常委托特定的艺术家，将工会成员依序描绘成群体肖像画，这和今天我们出席研讨会、感恩茶会或是毕业时拍摄团体照可以说是异曲同工。由此也可以观察出，荷兰画派的内在本质与社会观念一致，在乎的是日常生活的样貌，与巴洛克所要追求的英雄理想形象相比，更强调群体管理制度的内涵。

　　但林布兰的这幅作品，却打破了以往群像画那种画面清晰、排列分明的构图，反之以强烈的明暗对比来呈现，整个画面笼罩在一片黑暗之中，

《自画像》

只让部分人物藉由光线投射的效果得以辨认,队员们仿佛正在慌忙整装中,尚未准备好的他们却被林布兰瞬间定格了。这样的表现手法非常富于动感,也很有力量,但却不受客户青睐,遭到了许多恶评。

画家本人并未迎合客户们狂妄无礼的要求,而是继续坚持自己的创作道路。尽管生活潦倒,日子过得缩衣节食,但笃信新教的他却勇于自我检视,在历经前半生的无限风光后,他领悟到物质上的一切华美终属虚幻,英姿风发的名声亦如过眼烟云,唯一能坚持的就是以虔诚的信仰走他的艺术道路,将最真实的人类情感与心灵活动通过画作流传下来。

晚年的林布兰创作了许多与圣经故事有关的题材，他熟读《圣经》，对于故事人物的心灵活动拿捏得恰如其分。通过这些故事，他不断想要还原最真实的人生面貌。在画作中，林布兰总是用刻意营造的光线，来表达上帝对世人的救赎，每一份构图、每一道光线，都是林布兰晚年对生命的真实体悟。

晚年的林布兰孤独一身，妻女都先他而去，唯一长大成人的儿子提图斯（Titus）也在新婚不久后离世。历经了破产，又遭逢生离死别的锥心之痛，宗教信仰成为林布兰内心最坚定笃实的力量。看着镜子，他年复一年地画下逐渐老去的样貌，领悟到只有诚实面对人生中的苦恼、哀愁、烦忧与寂寞，才能得到最终的平静与救赎。

美学艺术研究者蒋勋在《破解梵高》一书中对此有精辟的解析：

> 林布兰一生留下油画、版画、素描，不下一百件自画像作品，他是美术史上第一位长时间观察自己、记录自己、反省自己的自画像画家，他的自画像从青年到老年，成为他一生忠实的忏悔录。……梵高是林布兰后第二位大量处理自画像的画家，但是他不是以长河方式观察自己的一生，他没有足够的时间，生命逼迫他在更短时间中燃烧自己，在他精神病爆发之后，两年时间，他集中画了二十几幅自画像，苦痛、庄严、扭曲、阴暗、顽强，不同的眼神，冷冷看着自己，凝视自己，询问自己："我，出了什么毛病？"梵高的自我凝视与自我询问传承自林布兰，也传承自荷兰立国的新教精神。
>
> 能够处理自画像的画家是能反省生命的画家，能够留下自画像的民族是具有反省能力的民族。世界上两位以自画像震撼美术史的画家都出自荷兰，绝不是巧合。[6]

梵高出生地格儒·松迭（Groot Zundert）故居前

    林布兰不屈的人生历练与敏锐的领悟力，深深影响了梵高的美学思想，尤其是画作中看似粗略的笔触，实在显示作者的意蕴深切，那是一份对生命的渴望与热情，以一种虔诚的宗教情怀，进行艺术手法的解脱与救赎。林布兰与梵高，在创作的本质和手法上有深刻的同构型，观者站在画前亦能感受到画中人物或景物的强烈情感。这正是画家想以作品为媒介，与世人沟通心灵、交流情感。

    荷兰的绘画，描绘真实人生，呈现出写实的生命样貌，让我们见识到，最伟大的事物，皆孕育自最平凡的生活型态。

梵高家族

了解梵高的祖国荷兰的崛起背景以及荷兰传统社会的内在精神、荷兰画派的主要信念后,接着我们必须要认识的是梵高的家庭、他与家庭成员们的关系,这将有助于我们更加了解梵高青少年时期的人格养成,对其成年后的人生价值观产生何等重要的影响性。

文森特·威廉·梵高(Vincent Willem van Gogh,后文称文森特)于1853年3月30日,出生在荷兰布拉班特省(Le Brabant)的一个小镇格儒·松迭(Groot Zundert),是家中的长子。这是一个仅有百余人口的淳朴小村庄,村民秉性勤奋,多以务农为业,生活乐天知命。四年后,梵高一生传奇里的最佳男配角——弟弟提奥(Theodorus van Gogh,一般简称Theo),也在1857年的5月1日出生于此。

文森特与提奥的父亲是迪奥多鲁斯(Theodorus van Gogh),他本身是一位信仰虔诚的卡尔文教派牧师,性情和蔼可亲,受过良好的性灵教育,一向在教区中不遗余力地行善传教。但即使多年事主不倦,却仍感觉得出他有些许抑郁,因为他的才能抱负似乎永远埋没在这个小村庄里了。梵高家族几乎代代都有人传承牧师的职业,是典型的宗教世家,信仰于他们而言占据其人生相当重要的部分。父亲主要负责格儒·松迭的布道礼拜等宣教任务。

欧洲自中世纪以来,一直由天主教会独揽知识、文化,以及与上帝沟通的权力,尽管与欧洲诸国的王权间发生过多次冲突,然而因为教会握有信徒奖惩、上天堂或下地狱的生杀大权,对于胆敢反抗教权的政体或君主,往往以"破门律"(Excommunication,意即开除教籍,被开除者将失去上天国获得永生救赎的机会)处罚,是故中世纪的政教冲突局面,大都以教廷的全面胜利结束。

随着教会权力高涨,物质欲望的吸引力也不断增加。天主教会贩卖起"赎罪券",藉昔日圣徒修行的善功仍在人间,鼓动信众不惜重金大量购买,以此净化人的原罪以及后天犯下的一切罪恶。一时之间,信徒竞相抢购,贵族们疯狂捐献土地,只盼多为自己以及家人累积善功,以便审判日来临时能够荣耀升天。教会坐拥庞大的教产,财富和权力松懈了道德界限,神职人员流言缠身,

梵高家族肖像

甚至卷入性丑闻。原始基督教义中对穷人与受压迫者的怜悯已完全扭曲，教会成了压榨与敛财的堕落渊薮。

直到公元 1517 年，德籍神父马丁路德在维滕堡（Lutherstadt Wittenberg）教堂宣示了反教廷的九十五条论纲之后，天主教会的领导、仪式、教条乃至组织架构开始受到强烈质疑，欧洲许多国家对宗教产生歧见，再加上社会文化的种种矛盾，终于引发宗教改革运动和一连串的宗教战争。

卡尔文（John Calvin,1509~1564）原先是法国传教士，这波反对教廷腐败的改革运动将他推到了风口浪尖。他流亡到瑞士的日内瓦，宣扬原始基督教会福音，反对复杂虚荣的宗教仪式，力陈以质朴勤奋的精神来荣耀彰显神的教义。卡尔文教派主张"救赎预定论"，神将会拣选最终能够得救的子民，一切都是预定好的，得救的条件并非基于个人的权力或财富，唯有藉由劳动付出才能对上帝的拣选做出回应。

很明显地，卡尔文的思想观念，恰好适应当时荷兰力图挣脱西班牙统治、走出属于自己的道路的心境。对于荷兰人而言，崇尚腐化天主教思想的西班牙政权，是阻碍其生存发展的最大敌人，而卡尔文教派对于教廷的批判态度正好符合荷兰人力抗西班牙政权的思想论述，这种肯定朴实劳动的教义，完全呼应了荷兰人自立图强的精神，也因此，他们认为唯有努力建国，发展经贸富强的道路，才能受到神的赞美与赐福。[7]

梵高家族受卡尔文思想启发颇深，因而家族中世代有人投身神职，努力宣扬这种勤奋刻苦的教义。此处特别值得留意的是，卡尔文教义对梵高有极其深厚长远的影响。他从小在牧师家庭长大，聆听父亲的布道与阅读圣经，乃至全家每天的每一顿餐食，都蕴含着对自身奋斗的激励与对造物主的感恩之情。

对此，蒋勋曾分析：

> 他（梵高）生命里燃烧着狂热的爱，一般人都认为是对艺术的

爱,或许我们错了,单纯艺术的爱不会使一个生命受苦、绝望,单纯艺术的爱不会使梵高受到日复一日的煎熬,只有艺术的爱,不会成就梵高巨大心灵的火焰,他生命里燃烧的狂热之爱,是信仰的激情,是对卡尔文新教受苦与救赎的执着,从梵高父亲、祖父一路传承,新教牧师的血液川流不息地在他的身上奔腾……他是彻头彻尾的布道者,无论是作为牧师,或之后作为画家,他只是坚持一种信仰的"布道"。许多画家学习的只是技巧,梵高学习的是信仰,以信仰入画,他的绘画便有血有泪,不是徒具外观形式的空洞艺术。[8]

稍后我们可以看到,梵高最初的梦想便是继承父业,在困苦的矿区做一个宣扬神的使命、为贫困者发声、寻找救赎的牧师。日后在海牙时期,结识妓女西恩(Sien),对其关爱收留、怜悯照顾,甚至一度想与之婚配,都是出于他内心丰沛的宗教情怀。

在他的画中,我们不曾看到富商巨贾、权贵名流,他关注的永远是社会最底层最贫苦劳动的人群。这种巨大深刻的悲悯,终其一生在他的血液里流淌着,对信仰的激情带动他的艺术表现,一直燃烧至其生命的最后一刻。

敏锐的读者朋友应该早已察觉,提奥沿用了父亲的名字 Theodorus van Gogh,可以想见,提奥出生时得到父亲相当多的期许和关爱。但这引发了一个颇为关键的疑问,为何这份关爱并非落在身为长子的文森特身上?父母对文森特的教养态度为何?问题背后的真相,给文森特内心的成长造成的阴影非常巨大,给他毕生带来了挥之不去的心理压力。不过在解答这个问题之前,我们先来认识梵高的母亲和其他家族成员。

文森特与提奥的母亲名为安娜(Anna Carbentus van Gogh),是海牙一位装帧艺术师的女儿,或许因此,文森特兄弟都继承了艺术的天分。除了提奥之外，安娜先后还为文森特添了三个妹妹和一个弟弟，分别为安娜、伊丽莎白、威廉明娜与柯尼利斯。众所皆知，与大哥文森特最亲近的手足便是提奥，兄弟俩数年间往返信件六百多封，如今已成为研究梵高生平的珍贵史料。一直到文森特去世前，提奥对大哥始终不离不弃，持续给予经济上与心灵上的支持。可以说，没有提奥，就没有伟大的文森特·梵高。提奥后来也资助了多位印象派画家，在西方艺术史上的辅佐地位同样举足轻重。除了提奥，文森特最喜欢小妹威廉明娜，也曾多有信件往来，可惜威廉明娜晚年亦受精神疾病之苦，在精神疗养院度过余生。另外，二妹伊丽莎白在晚年时也写过一本回忆录，当中记述了她对大哥文森特生平的印象，这本回忆录也成为了研究梵高的辅助史料。

事实上，梵高的母亲安娜，在产下文森特的前一年曾产下一名男婴，但出生不到几周便夭折了。这个与父母缘浅命薄的孩子，当时被命名为文森特·梵高，与祖父同名。一年后的同一天，安娜又产下一子，依旧取名为文森特，也就是本书主角。

文森特从小就知道他有一个未曾谋面的大哥，他们有着同样的名字。在格儒·松迭这个小村庄里，牧师家紧挨着教堂，每个礼拜天要前往教堂时，文森特都会经过教堂墓地。看见一块上头刻着自己名字的小小墓碑，他的感受是什么？童年时期的文森特，死亡的感觉对他就如此迫近。更让他感到无助的是，他很小就发现，在母亲眼里，他是多么微不足道。

对于这位同名的兄长，文森特从未与任何人谈过心中感受，即使是提奥。早年对梵高的研究当中，也几乎未曾有人从童年的角度出发，去分析家庭角色对梵高内在造成的情绪压抑与影响。值得庆幸的是，晚近有关梵高的相关史料与作品不断被重新发掘，使得今天的我们能够有幸一窥文森特对早夭兄长的想法。

苏格兰作家肯·威基（Ken Wilkie）在 2005 年出版的《梵高档案》（The

Van Gogh File）⁹一书中提到，荷兰阿姆斯特丹的梵高博物馆于2004年公开了一封信，是1877年文森特·梵高写给过去在海牙画廊的雇主赫尔曼·提斯蒂格[10]的吊唁信。

这是文森特与提斯蒂格之间唯一保存下来的信件，其余的都被提斯蒂格焚毁了。当时提斯蒂格刚经历丧子之痛，文森特这封信写得很长，大量引用了《圣经》里的话来安慰前雇主。在信中，文森特把提斯蒂格所遭受的痛苦悲伤与自己父亲二十五年前的心境相提并论。

文森特写道："最近的一个清晨，我站在松迭的墓园中，面对一个小小的坟墓，墓碑上写着：让受苦的孩子来到我的身边，这里是上帝的国度。"[11]在痛失爱子之后，迪奥多鲁斯·梵高必须借助他最诚挚的宗教信仰来抚平伤痛，祈愿这个早夭的孩子重归圣主的怀抱。

早夭兄长的墓碑，在小文森特眼里和心里，形成一种角色的错乱与个人身份的困惑，给他带来了对死亡的关注，也在生命里留下无法抹灭的印记。备受母亲冷落的孤寂心态，几乎弥漫了文森特的成长心境。

> 我见她总是沉湎过去，专心致志地将自己深埋其中。接着我就想，尽管我尊重她的感受，尽管她深切的悲痛触动了我、感动了我，我还是认为其中蕴含了宿命论的调调。[12]

1881年11月7日，文森特在一封给提奥的信中沉痛地提到，母亲安娜始终为早夭的爱子感到哀悼，甚至一再缅怀过去、无可自拔。第二胎男婴之所以继续以文森特为名，一个重要原因正是寻求一种移情、替代作用。文森特出生即背负着过世兄长之名，但这似乎丝毫无法减轻母亲的痛楚，也无法得到母亲的关爱，这使得他从小就对感情遭拒极端敏感，对于一份母爱或女性关爱的渴求也愈发强烈。我们往后会接连看到，在文森特的人生道路中，感情上的受阻与困厄，几乎能使他的内心世界天崩地坼，将他推入绝望的深渊。

许多梵高研究专家都认为,备受冷落的童年,是塑造他一生孤立、阴郁性格的主要因素。 安·史戴儿·怀莉(Anne Stiles Wylie)在1975年梵高博物馆馆刊上曾撰文讨论文森特的童年生活,认为这是所谓"替代品孩童症候群"(Replacement Child Syndrome)所启动的心理因素:"母亲的罪恶感或许会转嫁到新生孩儿身上;换言之,在他身上或许可以看见一个母亲时常由哀悼转为阴郁的心境。"[13]尽管第二胎仍然取名文森特,但这似乎无法减轻安娜的丧子之痛,她变得更加意志消沉,始终沉湎于过去,徒留文森特对自己的身份感到困惑。 被母亲疏离,得不到关爱,致使文森特潜意识地寻求母爱的替代品,于是格外为年长女性所吸引,并期许自己能成为她们的救星。 在日后文森特对表姐凯伊(Kay)、妓女西恩(Sien)、邻居玛格(Magot Begemann)的感情眷恋里可见一斑。

临床心理学家罗伦斯·戴克(Lawrence Decker)博士认为,文森特永远受制于亡兄加诸他身上的力量,无法做自己。 他一辈子都未能唤醒沉湎于伤痛的母亲,并弥补母亲的这个心理伤害。 戴克认为,文森特总是挑选不可能的对象去爱、去崇拜,而只要一有被遗弃的可能,他在潜意识里就会以愤怒去回应。"他之所以对此敏感,是因为从未得到过母亲无条件的疼爱。 他的暴力行径都是为了响应即将可能遭拒的情况;也就是对作势拒绝他的人,产生内化侵略行为。 他火烧手掌、割掉耳朵、朝自己的肚子开枪,全是遭到所爱的人拒绝所衍生的愤怒行径。"[14]

这些心理学者的分析确实让我们震惊,却又不得不承认确有道理。 在文森特日后的无数作品当中,充斥着巨大的孤寂荒凉。 死寂苍茫的坟地、旋转翻腾的星夜、昂然如焚的丝柏、翻腾失序的麦田……一个阴郁、孤寂、痛苦的灵魂,却又展现出庄严、坚持、顽强的生命态度,如此的艺术创作怎能不让人热泪盈眶!

这份毕生的孤独感，渴望关爱的不安定感，无时无刻不影响着文森特的身心状况，他自己也承认："我时常陷入可怕的忧郁中，容易激动、渴求同情，当我得不到时，便试图举止拙劣、言语刺耳；我甚至常常把煤油掷到火焰上。我不喜欢置身团体中，要我跟群众混在一起聊天，每每是既痛苦又困难的。"[15] 可见，文森特充分了解自己阴郁的性格，知道自己无法妥善控制情绪，以致于常有越轨拙劣的举止。或许有人会问，文森特不是渴望被爱、渴望友情吗？为何他却反而说跟群众混在一起聊天，既痛苦又困难呢？

　　这份矛盾的情绪来自他的孤独与自卑。文森特从小就感觉到，他与弟妹、其他孩子有所不同，他永远觉得自己不够好，性格趋于内向。其他孩子常呼朋引伴一块嬉戏，文森特却只是孤单地站在一旁，或者独自在乡间散步、阅读和画画。即使到了30岁，被遗弃的自卑感始终存在着：

> 　　我在大多数人的眼中算老几呢？一个一无是处的人，一个怪异又讨厌的人，一个目前没有，以后也永远不会有社会地位的人。即使真是如此，我依然希望藉我的作品来显示这么一个怪人，一个无名小卒的内心所蕴含的东西。[16]

　　这是文森特内心的呼喊，彻底的自我贬抑，认为自己无法适应社会，甚至一无是处。单纯地想要一份关爱、一份工作乃至一段友情，但始终事与愿违，使得他对社会人群产生了排斥，觉得疏离和巨大的荒凉感，给他带来极端的自卑。但值得注意的是，在彻底自我贬抑之后，他似乎又有些反弹的力道，"我依然希望藉我的作品来显示这么一个怪人，一个无名小卒的内心所蕴含的东西"。这或许是孤独感发展到极致时给予自己的一份救赎。和这个社会越显脱节，他就越将心思投入艺术创作，于是在成长过程的人格塑造之下，悲伤与喜悦、孤独与陪伴、被爱与遗弃、死亡与重生……无数对比鲜明的主题，一再反复地出现在他的艺术表现中，无尽循环。

苦涩的青春

文森特和提奥在童年时期接受的大多是来自父亲的宗教教育,他们在每天的圣餐礼祷告与每周的讲道礼拜中,必定熟读新约《圣经》,对于基督的自我牺牲以及为弱势贫者发声的救赎精神,自幼便耳濡目染,这样的成长教育也成为了梵高兄弟毕生的精神依归。

1864 年 10 月,父亲迪奥多鲁斯将文森特送到同样在布拉班特省的齐凡伯根(Zevenbergen)小镇,进入普罗维利(Jean Provily)先生创办的私立学校,这一年,文森特 12 岁。这是文森特第一次离家生活,或许是自卑孤僻的个性使然,我们对于他在这一段时期的生活所知有限。他似乎很少与同学们接触,或许绝大多数时间他仍选择独处、沉思或者漫步于大自然中。许多传记作者与艺术史家论述这一时期的文森特时,往往认为文森特的课业成绩不好或无心于学业,所以后来在 1866 年被转送到狄尔堡(Tilburg)的汉尼克学院(l'institut Hannik)去学习;但对此我倒有另一种解读。

1868 年 3 月,文森特家中的经济开始出问题,前一年幼弟柯尼利斯出生,父亲微薄的牧师薪俸已无力负荷一家七口的生计,更遑论文森特在外的学费与膳宿,因此,文森特的求学生涯仅三年多便被迫中断。在这不长的求学阶段,我们可以看到学校教育对文森特至少有两方面的影响,首先是语文。短短三年，文森特已基本掌握了母语之外的三种语言：英语、法语及德语，之后阅读的书籍和书信中所使用的也都是这些文字。我们必须考虑到，无论在19世纪的欧洲还是今日的社会，能够掌握英、法、德三种语言，基本上可以在欧洲畅行无阻了。更别说对一个未满16岁，相当于初中三年级的中学生，除了母语外还能掌握"第四外语"。尽管还不到精通的程度，但已经足够令人啧啧称奇了。也许有人会说，欧洲许多语言本身就有通则可循，故学习起来较东方语言来得迅速容易。但如果依此逻辑，不正好也能证明文森特与其他同学一样，可以在短时间内具备两三种外语能力，那么何来他成绩不好或无心于学业之说呢？

另外，更重要但也较少有人注意到的一点是，这段时期培养了文森特持续不辍的"阅读习惯"。平心而论，对于许多人来说，所谓阅读，充其量只是学生时代的"任务"，在脱离课业压力与考试成绩的束缚之后，职场上的业绩压力与建立人脉成为日常生活中最要紧的事务。而空余闲暇时，交谊、旅行或是娱乐占去了人们绝大多数时间，能够将阅读习惯融入生活，并始终坚持如一，对于一个仅仅受过三年多学校教育的人而言，是相当难得的。当然，我们也不能忽略，这样的阅读习惯或许也与文森特自幼的新教家庭教育有关，牧师父亲想必让文森特有许多接触《圣经》与其它书籍的机会。

在文森特与提奥的来往信件中，文森特经常谈及最近阅读书籍的心得看法，确实让我们对他的好学精神感到钦佩。1877年5月，在阿姆斯特丹的文森特这么说：

> 这几天，我常读《汤姆叔叔的小木屋》，在这本精彩绝伦的书里，艺术家叫人以新眼光去看事情，处理那个问题的时候，流露出丰富的智慧与热情。如此关怀被压抑的穷人之真正福祉，致使人一再展读，并不时在里头觅得新东西。[17]

《汤姆叔叔的小屋》(*Uncle Tom's Cabin*)，又译作《黑奴吁天录》，是19世纪中叶美国作家斯托夫人[18]撰写的一本反奴隶制度的小说，书中以奴隶与奴隶主的冲突为主线，深刻揭露了奴隶制度残酷的本质，并对后来的美国内战与反奴隶运动产生了推波助澜的作用。从小接受卡尔文新教思想教育的文森特，自然无法容忍与当年西班牙帝国压迫尼德兰主权与经济具有同构型的事件重演，强烈信仰里的救赎心态与激情油然而生，他理所当然地认同这是一本"精彩绝伦"的好书。

对于法国几位文豪的著作与思想，文森特更能信手拈来地评论：

> 我最近读过《娜娜》(*Nana*)。我告诉你，左拉[19]不愧是第二个巴尔扎克[20]。巴尔扎克是第一个刻画社会的作家，自1815年至1848年，左拉从他停止的地方开始，延续到现在。我认为这本书很出色。尽量多读些左拉的著作；那对你有好处，并能使事物明晰起来。[21]

《娜娜》(*Nana*)是法国写实主义作家左拉在19世纪下半叶轰动巴黎文学界的一部小说。主要内容是以妓女娜娜一生的际遇，反映法国第二帝国时期腐化堕落的社会。文森特当时正在海牙与妓女西恩交往同居，也因此对于《娜娜》书中从妓女角度来抨击时代的堕落与颓丧的写实主义手法大加赞赏，小说中娜娜面临恶劣的生活条件与工作环境，酗酒、遭人遗弃的情境，简直与现实里的西恩如出一辙。这在充满宗教服务热忱的文森特看来，完全无法视而不见，再加上前面我们谈过，文森特往往对年长无助的女人有一份依恋。由此亦可见，现实人生所面临的场景，或许也是文森特选择阅读题材的考虑之一。而出于信仰的激情与救赎的执着，对于那些歌颂大时代的高贵灵魂，与探讨人性善恶对立的经典文学，文森特更是不会错过："我总是认真地研读我找得到的书，诸如《圣经》和米其列写的《法国大革命》，上个冬天我读的是莎士比亚、雨果[22]、狄更斯[23]、斯托，最近是伊基勒斯[24]"；[25]"我正在读雨果的《悲惨世界》（Les Misérables），布里翁为该书所做的插图非常好，非常恰当。值得再读此书的理由，在于保持某些感情和概念的鲜活性，尤其是对于人性的热爱以及对于高贵事物的信仰和感知。我们可以假定人类的基础源于对人性的热爱，但有些人却佯装还有比这更好的。"[26] 勤勉不倦地广泛阅读，使他自学成才。这些他努力钻研的文史哲名作、绘画理论、社会学书籍，大大充实了他的眼界，也更加丰富了他悲天悯人的情感，且更内化在艺术作品当中，艺术与爱结合，表现为一种信仰式的殉道、一种震撼人心的力量。

也因此，我较倾向认为，让文森特转换学习环境的真正原因，仍旧是他孤僻与自卑的性格。文森特的二妹伊丽莎白在回忆录中也曾表示，大哥在寄宿学校生活时期，表现出热爱自然和孤独的流浪个性。[27] 不爱与同伴齐聚，也不热衷参与讨论，使得文森特在人际互动上遭遇瓶颈，或许这才是文森特在校时期最大的挫折与盲点。

结束短暂的求学生涯后，身为长子的文森特必须肩负起分担家计的重任了。梵高家族中有三位长辈皆从事艺术经纪，文森特的叔叔桑特（Cent）更是其中的佼佼者。桑特叔叔在海牙普拉兹（La Plaats）街开了一家买卖当代版画、油画和古董艺术品的商店。不同于巴洛克艺术专以教会或王室贵族为服务对象，荷兰自17世纪登上海洋霸权国家之列后，许多经商致富的城市中产阶级兴起。商业行会与职业工会往往会聘请艺术家为他们制作较大型的群体肖像画，如同我们前面提到林布兰受委托绘制的《夜巡》，即为其中的代表作品。而一般中产阶级也喜欢绘制专属的肖像画，以供家族流传。挂在室内除了象征家族的荣耀之外，也有极佳的装饰效果。在照相机尚未问世前，这种做法极为普遍。对于小康家庭而言，或许制作成本低廉许多的版画是他们最好的选择。这样的艺术经纪公司拥有不少商业利润，也因此，梵高家族的几位长辈先后投入此领域。

可惜后来桑特叔叔健康状况不佳，导致商店业绩下滑，遭到巴黎古比尔公司（Goupil et Cie）并购。然而这未必是件坏事，以当时的艺术市场而言，古比尔公司可以说是欧洲最具规模的艺术经纪公司之一，这间公司在巴黎的总店即有两处店面，在伦敦、海牙、布鲁塞尔也都有分店，事业前景蒸蒸日上。

经由桑特叔叔介绍，16岁的文森特进入古比尔公司的海牙分店，亦即前身为其经营之旧店面，分派到销售复制品的部门工作，他的直属上司就是我们在前面提过的提斯蒂格（H. G. Tersteeg）先生。

大部分介绍梵高及其艺术的书籍论文，对此时期他在画廊的工作情形都只是简略带过。但我们却要在这里稍微着墨，交代这份工作对文森特后来投身艺术的影响。

进入欧洲最具规模的艺术经纪公司担任销售店员，文森特在学校培养的语言能力正好派上用场，面对形形色色来到画廊挑选艺术品的中产阶级，具备四种语言能力的文森特至少能够清楚了解客户的需求，沟通无碍。

另外，艺术史的基本知识、各画派的特色与市场行情，也都是年轻的文森特需具备的专业知识。艺术品的销售需视客户需求投其所好，所以店员必须能够对不同作品做出基本的导览，给予评价，让买家愿意大方地掏出钱来。因为职业领域的关系，文森特在这阶段应该也阅读了许多艺术类书籍，并参观美术馆展览，让自己迅速累积专业能力。所以我们不能忽略，文森特后来创作每一幅作品时，除了内在精神与笔触表现之外，大量的美学专业知识和概念的积累，确实和早年在艺术经纪方面的工作脱不了关系。

1873年，提奥也在桑特叔叔的介绍之下，进入古比尔公司的布鲁塞尔分店工作，文森特则因表现优良而被调派到伦敦的分店。兄弟俩传承了家族里的艺术经纪行业，可以在相同领域一起打拼，文森特显得特别兴奋。尽管分属不同的城市，但兄弟俩从此时期开始密切通信，长达十七年之久。[28] 对

古比尔画廊　　　　　　　　　　　桑特叔叔像

提奥来说,艺术经纪工作成了他一生的职志;之后沉稳踏实的性格,使他日后能够在这个行业里纵横捭阖、无往不利。文森特的十年绘画岁月,提奥是背后最大的经济支柱与心灵慰藉。没有提奥一路上无怨无悔、不计付出的支持,我们今日绝对看不到这样一位伟大画家的作品及其丰富精彩的人生故事。

在离开海牙要前往伦敦时,提斯蒂格先生写了信给文森特的父母:"画廊里的每一个人都喜欢和文森特交往,爱好美术者、顾客、画家亦然,他一定会在这行业里出人头地的。"[29] 当时,20岁的文森特工作刻苦勤奋,非常好学,可见他对于画廊的这份工作十分喜爱与投入,同事们都极为欣赏他。

在伦敦安定下来后,文森特急着与提奥分享他的生活喜悦:

> 我十分满意;我时常在散步,这附近安静愉快又清新,能找到这个地方住,实在太幸运了。

> 我在此地不像在海牙时那么忙,我通常只从早上九时工作到下午

六时,星期六在四点钟就关门了。礼拜天,我跟两位英国人到泰晤士河划船,真是美妙。……

我过得很好,真高兴能够观察英伦的生活方式以及英格兰人;此外,我还有大自然、艺术与诗,若这样还不足够的话,什么才足够呢?[30]

也许这段时期可以定位为文森特一生中为数不多的幸福时光,他的工作一帆风顺,同事们都喜欢他。信中还提到,他利用闲暇亲近了许多英国的艺术名家与名作,如近代名家康斯塔伯[31]与泰纳[32]的风景画都让文森特觉得很了不起;雷诺兹[33]和庚斯博罗[34]的仕女图像十分美丽;但令他最为赞赏的是米勒[35],尤其是他的《晚祷》更让文森特觉得美得像一首诗。这个时期的文森特具有一种我们几乎无法想象的"社会适应良好"的形象,工作稳定且前景看好,人际关系的互动也很不错,大自然、艺术和书籍则带给他心灵上的富足,所谓的美满生活也莫过于此吧!但命运的现实却在此时选择与文森特作对,狠狠地打了他一巴掌。工作、友情与心灵的富足都有了,文森特此刻欠缺的就是一段爱情的邂逅,然而正是爱情,彻底改变了他之后的人生。

1873年的8月起,他寄宿在罗耶尔(Sarah Ursula Loyer)太太家,罗耶尔太太是个敦厚善良的中年寡妇,与19岁的女儿尤琴妮(Eugenie Loyer)同住。这对母女把家中的客房腾出来租给外地人,房东与房客一向感情融洽。但对从小缺乏母亲关爱的文森特来说,这份相处在他内心深处产生了极大的震动,他希望她们的关心,能够填补家庭本该给予他的爱。文森特逐渐爱上了尤琴妮小姐,并大胆开口向她求婚,却立即遭到拒绝,理由是她早已有论及婚嫁的对象了。

《梵高传》[36]的作者伊尔文·史东（Irving Stone）*，在1934年写下这本经典人物传记，序章便以文森特寄宿罗耶尔太太家的时段作为叙述始点。史东认为，文森特在伦敦时期经历的人生第一场失恋，是性格遽变与命运转向的关键点，这种看法确实颇有见地，他的《梵高传》也屹立文坛至今。但由于史东是在八十年前撰写该书，而许多关于文森特·梵高的书信、画作与相关史料直至晚近才逐渐从历史尘埃中重见天日，所以史东的书中仍有部分内容与史实存在着差距。

例如，《梵高传》序章当中，描述到拒绝文森特求爱的这位小姐，史东给予她的芳名是爱修拉（Ursula Loyer）。读者如果就这段文森特在伦敦的初恋，比较几本梵高专书的叙述，或许会发现，有些书中写着爱修拉，有些写着尤琴妮。为什么会有两种说法呢？究竟哪一位才是文森特的初恋情人？

造成此差异的前因后果，肯·威基在《梵高档案》一书中有详细的论述。[37]由于文森特当初与提奥的通信并未保留信封地址，后来人们已无法得知文森特在伦敦时期的租屋处，只能从书信内容知道所谓的罗耶尔太太家。1972年，威基在撰写一篇梵高足迹之旅的相关报导时走访伦敦，结识了保罗·查克罗夫特（Paul Chalcroft），这位查克罗夫特先生是一位邮差，更是一位梵高迷。他发现在当时没有任何一份文献资料能够指出文森特·梵高昔日在伦敦的住所，而这段看似不重要的历史，却是梵高一生中最重要的转折点。文森特·梵高在此经历初恋、求婚、遭拒，进而对工作失去兴趣和努力的方向，转而投身宗教寻求慰藉，却又一事无成，遂再转向艺术发展。

---

* 繁体中文版为"伊尔文·史东：《梵高传——生之欲》"，简体中文版为"欧文·斯通：《渴望生活：梵高传》"，因考虑作者考证过程的原始出处，本书均取繁体译本。——编辑注。

尤琴妮像　　　　　　　　　梵高位在伦敦的寄居处，哈克福德路 87 号

查克罗夫特认为，以文森特当年 20 岁左右的年纪，爱恋的女孩大概不出 17 岁至 28 岁之间，由此反推出那当中几年出生的姓罗耶尔的英国女孩。他日复一日地在国家档案馆中寻找 19 世纪的出生证明，终于在 1854 年的资料中找到一位疑似的女孩——尤琴妮·罗耶尔（Eugenie Loyer），而她的母亲则叫做莎拉·爱修拉·罗耶尔（Sarah Ursula Loyer）。资料上的爱修拉是母亲的中间名，但在当时所有的梵高研究中，都认为爱修拉是女孩之名，这点却让查克罗夫特不禁纳闷起来。身为一位专业又忠实的"粉丝"，查克罗夫特当然不肯善罢甘休，他继续追查国家档案馆里的结婚资料，找到了尤琴妮在 1878 年结婚，并在当年生下了男孩法兰克（Frank），而法兰克的出生地址记载为哈克福德路（Hackford）87 号。但这里的哈克福德路 87 号究竟是尤琴妮婚前还是婚后的住所呢？1878 年已经是她拒绝文森特后的四年了，很有可能她早已搬离先前的住处。于是，努力不懈的查克罗夫特继续追查 1871 年伦敦的人口普查数据，其终于被他翻出来，在 1871 年英国人口普查时，伦敦的哈克福德路 87 号住着一名 46 岁的寡妇莎拉·爱修拉·罗耶尔、一名 16 岁少女尤琴妮·罗耶尔，以及另一名房客（文森特此时还在

海牙的画廊工作）。至此，母女两人的姓名皆已确定，可见早期记载中关于罗耶尔小姐之名可能是误记或误植，也可能是文森特在信中表示尤琴妮时常会以其母亲的中间名作为她的昵称所造成。

查克罗夫特不愧为最专业"骨灰级"的梵高粉丝，业余时间凭着侦探般的精神，找出了文森特当年在伦敦的寄居地。而威基在接手查克罗夫特提供的相关数据之后，也循着尤琴妮之子法兰克的死亡证明，逐步找到尤琴妮的后人。最令人感到意外的，是在尤琴妮的遗物箱中，发现了当年罗耶尔母女俩的相片，让后人能一窥其真面目。更值得惊喜的是，这箱遗物中竟夹了一张疑似当年文森特描绘哈克福德路87号外观的风景素描，威基即刻将素描交给阿姆斯特丹艺术史教授汉斯·甲斐博士（Dr. Hans Jaffe）鉴定，结果判定，确实为文森特在1873~1874年间于伦敦时期的作品。或许是出于对尤琴妮的仰慕或感谢，文森特画下这栋曾经带给他美好回忆的住处外观，赠送给罗耶尔小姐作为永恒的纪念吧！而令我们好奇的是，对于这位曾向她冒昧求婚的男子，尤琴妮内心深处感受如何，以致将他当年所赠送的一张素描，永久保存到生命的最后一刻？这个问题的答案也随着她到另一个世界去了。

提奥的遗孀乔安娜后来在《追忆文森特·梵高》这篇文章中提到，在伦敦的生活是文森特一生当中最愉快的时光，但失恋带来的痛苦使他性格丕变，也影响了工作的情绪。父母亲要他整装行李离开伦敦这个伤心地，暂时回家休息，而回到家中的文森特身形消瘦，总是沉默不语。被尤琴妮拒绝一年之后，文森特曾在一封给友人安森·梵·哈巴（Anthon van Rappard）的信中谈到："至今我仍然怀抱着这份痛楚而活着，它已深深烙印在我身上，无法痊愈。随着光阴流逝，这苦痛的深度依然与第一天无异。"[38]1874年桑特叔叔又运用其影响力将文森特调到巴黎分店，这让文森特一度感到不悦，与提奥一向固定的通信也中断了。那年年底，他不顾一切又跑回了伤

兰斯盖特（Ramsgate），梵高曾由此行走了一天一夜到伦敦去探望尤琴妮

心地——伦敦，可见他依旧钟情于尤琴妮，对初恋尚怀一丝希望。文森特在罗耶尔母女家不远处的肯辛顿街（Kensington New Road）395号租了一个房间，这段时期因为大妹安娜想到英国找与教职相关的工作，也顺便来陪伴他。但文森特的心情依旧低落，最后在一无所获之下回到了巴黎。

父亲迪奥多鲁斯很担心文森特的情形，曾在给提奥的信中提到："我想文森特最好离开古比尔两三个月，虽然那里很好，但是换个工作也许好些，因为他确实不快乐。"[39]文森特在工作上不仅提不起劲，甚至渐渐感到厌倦，性格也显得越来越暴躁，据说还会跟客户起冲突。史东的《梵高传》里虚构了一幕来展现这种情况：一位身材健壮的妇人到文森特的店中挑画，无论文森特怎么给她推荐，她总是随意乱选，毫无定论。几个小时后，文森特对这位臃肿的妇人感到不耐烦,与她起了争执并把她气走了。画廊主管见状大怒,质疑文森特的待客之道,文森特回应道:"请告诉我,一个人浪费仅有的一生,把极其恶劣的画卖给极其愚蠢的人,怎么对得起他自己。……我们怎么能用这种废纸来赚这种大钱呢?进店里来买得起画的人,为什么对真正的货色正眼都不看一下呢?难道说,是他们的钱使他们麻木了吗?为什么真正能欣赏好艺术的穷人竟会身无分文,连一张贴墙的印画都买不起呢?"[40] 从这个虚构的场景中,读者们确实能感受到文森特性格的遽变,失恋使他内心压抑已久的愤闷情绪全都爆发了。他甚至认为,"做生意简直是组织化的窃盗"。[41]

1875年年底的圣诞节前后,也是古比尔公司一年当中最繁忙之时,他选择翘班离开了这个曾勤奋投入近六年的工作环境,父母亲与桑特叔叔都对此感到失望和遗憾。未来在哪里呢?文森特眼下没有思考太多,他整日精神恍惚,坐在书桌前抄写圣经,如同中世纪修行的僧侣一样,将自己的悲痛转化成信仰的力量,期望得到精神上的解脱。

矿坑里的耶稣

1876年，文森特23岁了，失业的他将自己反锁在家，沉浸在主的训示与神秘玄想之中。提奥来信建议他尝试走绘画的道路，可惜这时候的文森特还未将全部心力投注于艺术创作中，他喜欢绘画，但那只是兴趣。父亲迪奥多鲁斯也试着与他讨论，问他是否有心如同叔叔们一样，自己经营一间小型画廊，如此一来就可以按照自己的意愿，不用再违背心意推销自己并不欣赏的作品了。但文森特对这个建议同样打了回票。

偶尔他会翻翻报上的征人启示，寻找有哪方面的工作是当下的他愿意去尝试的，不过对于工作的地点，他还是执意想往英国去。将近两年了，时光并未冲淡他对尤琴妮的爱意与思念，他内心的那份空缺依然存在：尤琴妮呢？她过得好不好？如果她愿意，随时欢迎她回到我身边，那个位子永远是属于她的。即使不能和她在一起，能与她在同一块土地上，同样看着日升日落，每天过着朝九晚五的日子，那我也甘愿了。

终于，英国兰斯盖特（Ramsgate）的一位史托克先生（M.Stokes）开设的私人小学需要一位助理教师，包吃包住但不支薪，且对方要文森特到他那里先住一个月，试用期过后才决定是否聘请他。尽管听起来条件不是挺好，但是起码又可以回到英国了。收到回复后，文森特在4月16日动身前往兰斯盖特。

史托克先生的私人小学是一所寄宿学校,校园里有24名10~14岁的男孩,文森特平时负责指导他们法文、德文、荷兰文及简单算术。在这里我们又可以见到文森特发挥学校所学的例子,对史托克而言,拥有三四种语言能力的文森特,绝对足以胜任孩子们的小学老师。课后他还要担任舍监,甚至是帮小男孩们洗澡。

兰斯盖特位于英国南部的海边,靠近多佛港(Dover),今日来看距离伦敦大约一个半小时车程,但当年文森特即使搭火车也需要四个多小时,更何况文森特没有钱搭火车,但他思念尤琴妮至极。那么我们亲爱的文森特会怎么做呢?来到兰斯盖特后,他就一直有前往伦敦的念头,终于等到第一个休假日了,文森特决定步行去伦敦。星期六一早,他带着简单的干粮出发,四月底的英国,天气已逐渐闷热起来,对长途旅行来说是一大考验。黄昏时分他到了坎特伯里(Canterbury),在这座闻名遐迩的哥特式大教堂附近找了棵古意盎然的大榉树,当作他歇脚睡觉的地方,旁边还有一汪小池塘可以让他喝水及稍微擦拭身体。入夜后天气转凉,文森特得加快步伐赶路,如此坚持了一天一夜,终于在星期日上午到达伦敦。

进到熟悉的伦敦市区,文森特不顾满身的疲惫与倦意,重新振作精神,径自往罗耶尔家的方向奔去。现在他学乖了,不想再打扰罗耶尔母女,也许最深情的爱就是默默地守候吧。文森特几乎每周都靠双脚来回兰斯盖特和伦敦,星期六一早出发,星期一再疲惫地回到兰斯盖特。他远远地站在哈克福德路的路口,只为了见到尤琴妮星期天早上现身于家门口,前往教堂。文森特徒步走了一百多公里,只为了见到心上人一面,这份对感情的痴狂令人讶异,也令人动容。或许从这个角度看来,文森特在下定决心投入一项事物时,其内在的热情是格外狂野浓厚的,这当然也是一种生命的奉献形式,与后来他在宗教和艺术上的痴痴癫狂相互呼应。此时期文森特每周的长途跋涉,稍微填补了心灵的空缺,却影响了他的健康,而且终究没能得到一个回眸、一份肯定。

在兰斯盖特的日子不长,7月时史托克先生迁校到伦敦近郊的艾尔华斯镇(Isleworth),由于史托克的学校始终只提供食宿而不给薪水,文森特跳槽到了琼斯(Jones)牧师在霍尔姆街(Holme Court)设立的私人学校去教书。虽然过了几个月的教书生涯,但文森特已经暗自决定,今后想朝牧师、传教士的方向发展,他知道必须找一个能将尤琴妮淡忘的方法,或许那就是为主奉献,如此才能够使他得到解脱。

> 虽然我并未受过为教会工作而设的教育,但我的旅行,以及我在多个国家与贫或富、教徒或不信教等不同人群混居的经验,加上从事劳力或坐办公室等各色工作的经历,或许可以弥补我未进大学的缺陷……
>
> 而我宁可以此理由向你做自我推荐:我天生热爱教会和一切与之有关的事,这份感情偶尔会沉入睡眠状态,但每次都再度被唤醒;同时也由于我"对上帝和人类的爱"——纵使带着极大的不当和不足的感觉,但愿我可以说出这句话。[42]

文森特对《圣经》的研读以及对传教的向往,越来越狂热了,他自认,虽然没受过专业的教会教育,然而旅居多国、与形形色色的人接触的丰富经验,足以弥补专业训练之不足。

琼斯牧师渐渐感受到了文森特的热忱,也答应减少他的授课时数,让他能够负担一些教区里的助理工作。1876年11月5日[43]是星期天,这是一个令文森特永远难忘的日子,他第一次站到台上讲道:

> 这是一个晴朗的秋日,我沿着泰晤士河走向李奇蒙。河中倒影映

出栗树的黄叶以及清澈的蓝空。透过树木的叶尖，人们可以看到坐落在山丘上的李奇蒙的一部分风光：红屋顶的房子、没有窗帘的窗户、苍绿的花园，以及最顶端的尖塔。在山下，蓝色的长桥两头都生长着白杨树，人们像黑影般地走过去。[44]

当我站在讲道坛上，我感觉好像从一个黑暗的地洞，回升到友善的日光中，想到未来不管我身在何处，我都将传布福音，好痛快啊！要做好那工作，就必须存福音，祈求上帝把它赐给我。[45]

我们可以感受到，文森特对于生平首次的讲道觉得非常兴奋，他终于能够把信仰热情燃烧起来，尽自己的力量为需要的人散播亮光、散播温暖了，至此他已逐渐从失恋的挫折中站起来，是神的训示让他找回了生命的愿景。能带领贫民、弱势群体得到救赎，给予其安慰，将成为文森特此后毕生追寻的执念。

他决定不再待在艾尔华斯了，因为那里没有什么前途，加上又得亲自挨家挨户向贫穷的学生收取学费，眼见伦敦东区贫民窟里充斥着饥馑和疾病，更激发了文森特的宗教情操。既然已经立定从事神职的目标，他终于想通了，决定回欧陆学习神学。于是他在年底离开了伦敦，这也是文森特此生最后一次穿渡北海。

桑特叔叔尽管先前被文森特伤透了心，但依然是关心他的，于是又为他介绍了一份在多德勒支（Dordrecht）书店的工作，只不过文森特此时早已将传播福音当作人生首要目标，所以并不将这份工作放在心上，做了短短四个月便离职。他一心要报考阿姆斯特丹的神学院，文森特有一位名为约翰尼斯（Johannes）的伯父，是退役的海军上将，他答应文森特寄宿在他位于阿姆斯特丹的宅邸准备课业；另外舅舅史崔克（Stricker）先生也答应请家教来为他位于准备应考科目语言和算术课程。1877年5月起，文森特重拾

约翰尼斯伯父像　　　史崔克舅舅像　　　　博里纳吉矿区的瓦斯美（Wasmea）

荒废多年的课本，为次年的神学院入学考试做准备。

　　文森特终于想静下来好好地准备入学考试，身边的亲友长辈也都赞同并给予支持，然而事情的发展并非如此顺利。姑且不论能否顺利考取，在那个年代要想成为牧师，必须在神学院中接受长达七年的专业训练，还得研读拉丁文、希伯来文、希腊文和其他许多经院哲学等专业学科，以文森特的性格能否耐得住这七年苦闷的求学生活吗？更不用说此时文森特已经24岁了。

　　尽管文森特初期矢志要努力，失学多年的他甚至偷偷在夜里点着小瓦斯灯挑灯夜战，那幅景象或许与今天莘莘学子为了考试而熬夜的情况并无不同。但来自亲友的无形压力，常令他喘不过气来。还有环境的因素，"于阿姆斯特丹的核心，于犹太人区的中心，在一个异常闷热的溽暑下午研读希腊语文，又感觉到由十分博学而精明的教授安排的多项测验等着你，我可以告诉你，那功课给人的压迫感更甚于布拉班特的麦田，麦田在这季节里美得令人窒息"。[46] 我怎么吸收得了这些深奥繁杂的知识呢？文森特越来越惶恐不安，逐渐丧失了热诚和勇气，在他看来，古希腊文和拉丁文是死的语言，学好数学几何也未必就是一个好的传教士。为何非得学习如此繁杂的知识才能够当好神的仆人？这绝不是他想要选择的路，也并非他想要成为神职人员的唯一方法。

1878年7月，文森特没有通过入学考试，他很遗憾浪费了一整年却徒劳无功，也辜负了亲友们的寄望与支持，但他决心要当牧师的目标没有改变。此时，先前在艾尔华斯结识的琼斯牧师透露给文森特一个重要讯息：比利时的布鲁塞尔有一间福音布道学校，那里的学费较低，而且只要受训三个月[47]便可外派传道。这消息让文森特大喜，8月即前往布鲁塞尔。但这么好的一个机会却几乎又被文森特搞砸了，在福音布道学校的期间，他古怪的性格被认为是顶撞师长、极不服从学校规定，所以连续三个月的研习训练都没有通过。父亲迪奥多鲁斯眼看事情一发不可收拾，只好动用人脉关系，福音布道委员会才勉强以不支薪的方式，授予文森特临时助理牧师的身份，前往博里纳吉（Borinage）矿区传教，试用期半个月。1878年年底，文森特终于如愿得到梦寐许久的神职工作。

博里纳吉矿区位于比利时与法国边界的芒斯（Mons）一带，从13世纪开始探采煤矿，这个矿区向来是比利时最贫穷、最落后的地带之一，俗称"黑乡"。19世纪格兰·欧努（Grand-Hornu）矿业公司设厂于此，带动了博里纳吉矿区的快速发展。依照往例，没有什么牧师愿意主动来此传道，住在这里太穷苦了，物资也相当缺乏，既然是勉强授予文森特临时牧师的身份，那将他派往一般神职人员不愿前去的地方也未尝不可。"我愿意欣然前去那儿当个传道者，把福音传给穷人们"，[48]这样的决定让他跃跃欲试，他坚信自己一定可以为矿区的穷人们带来更多的福音与救赎。

文森特来到了比利时南部博里纳吉矿区的瓦斯美（Wasmea），与其说这是个普通的小村庄，还不如说是个简陋破败的矿工村。全村只有一间砖房，那是面包师傅尚·巴提斯特·丹尼斯（Jean-Baptiste Denis）的家，他答应福音布道委员会提供给委派来的驻区牧师住宿。文森特在这里首次见到狄更斯小说中描写的工业革命后工人阶级受到压迫的场景，漫长的工时、贫穷、脏乱、疾病、酗酒……几乎是此地工人周而复始的生活画面。

之前在荷兰、英国时也见过许多劳动中的农民与工匠，但对文森特而言，住在矿工村里亲身接触他们的生活却是头一遭。他仔细观察这些人们：

> 我看到矿工在傍晚的微光中，在白雪里躅行归家，自觉是番奇妙的景象。这些人的肤色十分黑，当他们从黝暗的矿坑走入日光中，看来恰如刚清扫过烟囱一般。他们的房子非常小，或许称为茅舍更适合；茅舍分散在那些凹陷的路旁，在树林里，在山坡上。随处可见苔藓披覆的屋顶，到了向晚时分，光线温和地照入方格小窗里头。周遭到处可见大烟囱和煤坑入口处的庞大煤堆。……此地的人非常幼稚而无学问；其中大多不会阅读，然而于困难的工作上却聪明又快捷，他们勇敢坦诚，矮小而方肩、有忧郁深邃的眼睛。……泰半矿工因热病而变得苍白细瘦，显得疲倦而衰弱、沧桑老迈，妇女全都憔悴凋萎。矿坑周围是穷矿工的陋屋，几棵被烟熏黑的枯树、荆棘丛篱、堆肥、垃圾场、废煤积成的小丘。[49]

文森特的书信文字和他的绘画风格一样，给予人很深刻的视觉印象，他的描述又仿佛绘画艺术中的构图，井然有序。由季节带出天色，再以茅舍展开街景画面，屋顶、烟囱、煤堆都是这幅视觉观察中的最佳陪衬。而对于博里纳吉矿区的居民来说，文森特书信里的贴近观察与描绘，绝对是历史上绝无仅有的第一手史料实录了。

一位牧师来到这里传教，如果依旧身着庄严黑袍、高耸雪白领子，优雅地手持《圣经》站在唱诗班前的讲坛上，是永远也无法让人信服的。布道时的口沫横飞以及一切神学理论，在这里全都派不上用场。唯有进入当地人的生活，和他们打成一片，激发起他们的认同感，才能渐渐得到信任。于是，文森特决定在资深矿工的带领之下，亲身进入马卡斯（Marcasse）矿坑考察。

马卡斯坑是矿区中年代最久，也最危险、最恶名昭彰的矿坑。这里常常发生工人在下洞或出洞时，遭遇到毒气、爆炸、淹水或是旧隧道倾倒的意外惨剧。光是走近那里就会感到一股阴森的气氛，放眼望去，马卡斯坑的周遭笼罩着一片死寂荒芜。文森特找到了一位具有三十三年工作经验的老矿工带路，小心翼翼地跟随他进到地表下的另一个世界：

> 我们一起进入七百公尺深的地带，去深掘那地下世界的最隐密角落。矿工工作的地点离出口处最远，被称为密室。若有人试将密室的景象画成一幅图，那会成为未曾耳闻未曾眼见的新鲜事。想象那由粗木头支撑的低窄通道里的一排密室！每间密室里有个身着污黑粗糙亚麻布衣的矿工，在一盏小灯的微弱光线之下，忙着切割煤块。……有些地方漏水，从矿工用的灯射出来的光，造成一种奇怪的效果，仿如映照在钟乳石窟的壁上。有些工人在密室内工作，有的则把切割好的煤装载到小堆车上，后者特别由男孩和女孩来做。下头还有一个马厩，约离地面七百公尺，养着七匹老马。[50]

文森特坐在一个状似汲水吊桶的笼子里，顺着钢轨下降到坑底，从七百公尺下的坑底抬头往上瞧，洞口的亮光宛如星星。在坑里必须忍受污浊恶臭的空气，地底下又热又闷，还有湿气侵蚀，更别说随时有瓦斯爆炸、地道坍塌的危险。最令人震惊的是，若非文森特在书信中提及，我们绝对难以想象，矿坑中竟然还有男孩与女孩在工作！地底下还养着七匹老马，应该是用来拉煤车的。这些场景对文森特而言，宛如另一个陌生国度般令他不解。

此次的矿坑之行，像一记重拳结实地打在文森特的胸口上，他感到喉头哽塞，眼眶湿润，简直不敢相信所见的一切；百年来这个地方的人，难道日复一日不断上演着暗无天日、惨绝人寰的悲剧吗？每天清晨3点钟到下午 4 点钟的超长工时，闷热的工作环境让他们几乎都光着身子工作，但在密室里头没法站直，只能跪着、半蹲着工作，身上、手上净是擦伤破皮。当地的孩子八九岁就得下洞帮忙，十多岁已经熟练到可以做父亲的助手了，所以这项职业也无止境地世代传承、恶性循环下去。

这样的职业伤害风险极大，有些人被炸死，或坐在升降笼子里被摔死，即使捡回一命，但若伤重残废，也将会面临被矿业公司解雇除名的命运，没有其他一技之长的他们将过着生不如死的日子。

还有另一项令人害怕的隐忧。矿坑里的煤尘不仅容易爆炸，也会侵入矿工的肺部，无法排出，日积月累将造成肺部纤维化病变，并进一步破坏邻近组织，这就是尘肺症（俗称硅肺，Pneumoconiosis）。许多矿工到了中年就出现肺结核、肺癌、支气管炎等并发症，以致于最后等待他们的，就是在贫病交加中死去。

对于这里发生的一切，上帝清楚吗？整个矿区有好几十户人家的孩子都在挨饿受冻，还有那些贫病交加者只能躺在床上任由生命力一点一滴地随着时间耗损。我该怎么帮助他们、拯救他们？文森特搬出了面包师傅的家，找了间破败的茅舍居住。他把内衣与衬衫全分送给穷人，同时拒绝洗净从头到脚布满的煤灰，接着又将自己的白面包和牛奶分给一些营养不良的孩子，自己用酸奶酪和黑咖啡来度日。他天真地突发奇想，主动跑去找煤矿公司主管申诉。既然没办法拯救他们脱离这个行业、离开这个地方，那么我总可以为他们争取多一点的薪资和福利吧！当然，结果可想而知，对方毫不理会他的言论。

1879 年的春天，矿坑发生了一次大爆炸，许多人遭到活埋。文森特加入灾难现场的抢救，随后又忙于照顾伤员，他将布道场地的桌椅拆开组成担架，把亚麻布撕开当作包扎绷带。尽管累到筋疲力尽，但他渴望融入矿工们的生活、分担他们的病痛劳苦，这也在无形中成为文森特自我修行的动力。父亲迪奥多鲁斯前来探望他，竟讶异到认不出儿子，"你究竟是来当牧师还是来挖矿的！"

肯·威基在1972年代寻访梵高遗迹之旅当中，也来到了博里纳吉矿区，自从1960年代马卡斯坑又发生灾难事件后，那里便永久封闭了。威基很幸运地找到了一位老者尚·希却，他是当年面包师傅尚·巴提斯特·丹尼斯的侄子，从他口中我们还能听到当年文森特在博里纳吉矿区的吉光片羽：

> 当艾斯塔婶婶（面包师傅妻子）问梵高先生，为什么坚持不住楼上的房间里，却要去住外面的小棚屋时，他回答："艾斯塔，一个人应该做上帝的事。有时候，人们应该住在属于他所有的东西上。"艾斯塔婶婶曾经斥责梵高先生，早上没有花时间盥洗或系鞋带，就急着冲出去探望穷人。对此，梵高先生的回答是："艾斯塔，别烦恼这些问题，在天堂里，这些都不重要。……"

> 他曾经穷到没衬衫及袜子可穿，据说，文森特曾以麻布袋缝制衬衫来穿。梵高先生经常为矿工举行临时的仪式，地点可能在小屋里，在街上，或甚至就在矿坑中，而他身上只穿着一件旧布袋。艾斯塔婶婶常说，她希望这里能有更多像梵高先生这样的人。她告诉我，他常帮助一些当地的女人做洗涤工作。我的太太很确定在博里纳吉，除了梵高先生之外，从没有男人做过这些事。……

> 我问希却，文森特是否曾留下任何关于博里纳吉当地生活的画作。"尚叔叔告诉我，当他在烤隔天要卖的面包时，梵高会坐下来，静静地画他工作时的情景。不幸的是，我不知道这些画跑到哪里去了。就我对艾斯塔婶婶的认识，她大概把画扔了。……"

> 艾斯塔婶婶说，她看到梵高先生曾经捡起毛毛虫，将它们放回树

枝上。他甚至会把奶酪和牛奶留在屋外,就为了给老鼠吃。那时候,他自己也穷到只靠面包和白开水过活。村里的人当他是疯子,但是他们一样爱他。我的婶婶常常这么说……

艾斯塔婶婶还说,她常听到梵高先生整夜在外面的小屋里哭泣,这让她留下极深刻的印象,所有认识他的矿工,没有一个人会忘记梵高先生。他们叫他"矿坑里的基督"。[51]

即使在博里纳吉最不堪的生活环境里,文森特也总会找时间画下矿工们疲惫而缓慢的步伐,他亲自下矿坑融入他们,也试图通过宗教信仰,为这些一生只能在黑暗中挣扎的人们带来一点慰藉的亮光。即使他的古怪行径格外引人注目,但像"矿坑里的基督"这样的尊称,充分肯定了他为人们带来主的福音,这样的诚挚情感让当地民众永生难忘。

半年的聘约即将到期,布鲁塞尔的福音布道委员会派人来当地考察,他们对文森特在此的行为大表不满:身为神的仆人,怎可如此贫穷、邋遢、衣衫褴褛?委派你在此是要你引领矿工们接近上帝,而非要你成为他们的一分子。1879年7月聘约期满,文森特未获得续聘,但他不以为意,宗教热忱使他继续待在此地,持续沉浸于为穷人寻求救赎的亢奋激情中。家人当然会对于他没有薪资和食宿的处境感到关切,尤其是在巴黎工作的提奥热切地希望与兄长讨论未来的计划。但文森特对这个问题感到迷惘,或者说逃避了一阵子,从1879年10月到1880年7月,长达八个多月的时间他没有给提奥回信。他没有工作,三餐不继,1879年到1880年的寒冬,恐怕是文森特坎坷人生当中最绝望的一个时期。

"如今可以说已经失业了,到处游荡了五年多的时光。……偶尔我赚取自己生活的口粮,偶尔靠朋友的慈悲施舍,这是事实。我尽我可能地生活。我失掉许多人的信任;我的经济情况很差;将来只是一片阴暗;我本来应该做得更好；为了糊口，我把时间浪费了。"[52] 传播福音的前途已中断，文森特对宗教的狂热也逐渐降温，在此之前他不断以绘画来观察审视矿工们的生活困境，而现在他只能再度用艺术来抚慰自己了。他发现绘画对他有某种治疗作用，这段时间他随行于居埃姆（Cuesmes）、库里耶尔（Courrières）等地，观察各地的劳动人群，仔细地在笔记里用素描记录下来，这些景色秀丽的旅程重新激发了他的创造力，以及表达自我的渴望。"即使在那种极度悲惨中（露天睡在霜降和下雨的夜里），我感觉到自己的力量重生了。我告诉自己，无论如何我都会重新振作：我要拿起因极度气馁而丢弃的画笔，继续从事绘画。从那一刻起，一切似乎都为我改变。"[53]

1880年8月，文森特经过了一番沉淀，终于鼓起勇气回信给提奥，向他剖明心迹。绘画使他找回人生的方向，艺术成了他人生的救赎。这些日子以来，他时常临摹林布兰与米勒等人的绘画，透过画中的农夫和工人，他找到了把宗教的虔诚信念转化为一种外在教化的艺术。"重拾画笔给我带来的快乐，实非言语所能形容，……然而如今虽然自觉软弱、可怜地依赖着许多东西，我却恢复了心灵的和谐，我的活力也一天天地增强。"[54]

提奥很高兴看到兄长又重新站起来，尽管先前两人有过一段不算短的冷战时期，但他依旧对文森特的热情抱负给予支持，毕竟两人都曾从事艺术经纪工作，对艺术创作有强烈的爱好。为了表示力挺兄长，加上如今提奥在古比尔的职务薪资也达到了一定的水平，他答应每个月资助兄长生活费用以及其他学画支出，替文森特解决了经济问题。文森特已经27岁了，即使曾经投入艺术品经纪领域，却未曾受过专业的绘画训练，比起许多专业出身的画家，他在年纪与专业技巧上都处于劣势。不过文森特此刻却充满了信心，他血液里的艺术细胞正热烈地翻动着，他决心成为一位画家。

文森特决心要成为一个画家
但发下宏愿之后可不能毫无方法地追寻
他的起步已经比一般人晚
如今最需要的就是彻底从头学起
找到正确的练习方法
每日用数倍的时间去努力

❷

为了艺术为了爱

艾田的单恋

文森特决心要成为一个画家，但发下宏愿之后可不能毫无方法地追寻，他的起步已经比一般人晚，如今最需要的就是彻底从头学起，找到正确的练习方法，每日用数倍的时间去努力。于是，他离开了博里纳吉那个曾让他完全奉献的黑乡。1880年10月，他来到了比利时的首都布鲁塞尔。一年半以前，在这里的福音布道学校曾将文森特拒于门外，此番旧地重游，他已怀抱另一个梦想。

从小到大，文森特一直喜欢涂鸦，在伦敦时他画了哈克福德路街景的素描送给尤琴妮；在兰斯盖特短暂的两个多月，他也留下了这个小港城市的素描；甚至在博里纳吉时，他也描绘过面包师傅丹尼斯和矿工们辛勤劳苦的姿态。然而过去的他是随兴所至地尽情涂鸦，至于绘画该怎么构图，什么比例、明暗、透视法、解剖学，他都一窍不通。应该如何学起呢？既然要走艺术这条路，那么该先听听专业人士的意见。于是文森特想到过去在古比尔公司的主管，时任布鲁塞尔分店负责人的史密德（M. Schmidt）先生，希望通过他认识一些艺术家。

史密德先生亲切地欢迎文森特，他记得过去那位努力勤奋、广受欢迎的青年。但得知他想从事艺术创作，史密德先生不免担心文森特的起步太晚了,他建议文森特去布鲁塞尔的美术学院上课,在那里能够学习到最正规的人体与建筑素描、解剖学课程与透视法。文森特去上了几堂课,却越来越怀疑画那些希腊罗马式的石膏像,能否让他的技法突飞猛进。

提奥先前在巴黎认识了一位荷兰籍的青年画家,安东·梵·拉帕德(Anton van Rappard),拉帕德比提奥小一岁,刚从巴黎来到布鲁塞尔学画。身为贵族之后的他,因为有家族的全力支持而自己租了一间画室,因此能够毫无压力地学画。外表寒酸落魄的文森特在美术学院结识了气质高贵的拉帕德,出乎意外地,两人竟成为好朋友,他们都喜爱乡村景致,喜欢观察劳动人们的生活状态,在这一点上有许多共同话题。拉帕德邀请文森特到他的私人工作室一同创作,这样一来可以节省文森特的开支,并能分享许多解剖学和透视法的心得,文森特对此表达了万分感激。尽管日后文森特因为《食薯者》(The Potato Eaters)受到拉帕德批评而与他关系疏远,但两人的友谊至少维持了相当一段时间,此为后话。

有了志同道合的战友,也学习到新的绘画技巧与理论,甚至不用去烦恼作画场地及请模特儿的问题,因此文森特在这段时期画得相当勤奋。他与提奥分享心情:

> 我完成了一打以上的铅笔和墨水笔素描或速写,自己觉得多少好些。……呈现的是一个挑夫、一个矿工、一个铲雪者、雪中行人、老妇人、典型的老人等。我很清楚画得不好,但开始像样了。

> 我几乎每天都有一个模特儿,一个年迈的挑夫、某个工人或男孩为我摆姿势。下个星期天,或许会有一两个士兵来让我画。……在这段期间,我和拉帕德一起工作。拉帕德绘了一些不错的习作,临摹学院模特儿的那几张,功夫很到家。多一点生气与情感,多一点自信心与勇气,对他没有害处的。他用墨水笔作的风景素描非常机敏迷人,

但还是请多注入一点热情吧！

很久以来，你送我钱而不让我知道，因而帮助我的实际生活。请接受我的由衷感激。我坚信你不会后悔的；在这状况下，我学了一项技艺，虽然不一定致使我富裕起来，但我至少将赚取一个月一百法郎的生活费。[55]

素描是绘画的基本功，所以文森特此阶段的学习也是以素描为主。与画友并肩作画，吸收彼此的优点和改进缺点，如此的砥砺切磋的确有助于快速进步。也因为如此，日后文森特到了阿尔，会怀抱着建立南方工作画室的梦想，并且想寻求如高更这样的伙伴前来与他朝夕共处，一同创作。

然而，1881年4月，拉帕德离开了布鲁塞尔，继续他的四处修行之旅。文森特为了经济考虑，决定先搬回荷兰与父母同住。此时父亲迪奥多鲁斯任职于艾田（Etten）教区，这里也是一个淳朴明媚的小镇，文森特始终依恋醉心这种偏远郊区的景象。先前与博里纳吉矿工们相处的经验让他意识到，艾田附近必然有许多务农的清苦人家，他自觉应当尽力将这些人的处境通过画笔记录下来。

在艾田的这段期间，文森特也常常临摹农民画家米勒的作品，那种对劳动人民的写实记录，最能够让文森特产生共鸣。我们看到《播种者》（The Sower）的素描，是文森特刚到艾田时所绘，它让人想起荷兰崇尚"从劳动中寻找自我价值"的民族性格。烈日炎炎，农夫顶着宽沿的草帽，左手臂托起一整袋种子，右手奋力洒出去，展现出极有力量的求生意志。对文森特来说，播种者除了象征乡间的辛勤生活之外，也暗示了信仰的希望和爱的传播，将神的福音种子向各地的人们散播出去。

平静的日子并未持续太久。1881年8月，当年曾在阿姆斯特丹为文森特聘请过家教的舅舅史崔克牧师，他的女儿凯伊（Kee）[56]带着七岁的儿子

《播种者》

约翰尼斯（Johannes）来艾田度假。以辈分来说，凯伊是文森特的表姐，在此之前他们并不熟识，文森特两年前为了准备神学院入学考试而寄住在史崔克舅舅家时，仅见过凯伊几次，当时她因丈夫过世正在服丧，而文森特也正全心准备考试，是故两人并没有什么交集。

　　来到艾田，凯伊住在姑丈家的牧师会所里，她已经服丧两年，此次是带着孩子来散心。梵高一家与她俩相处融洽，文森特常陪伴约翰尼斯玩耍，而凯伊也常随文森特一同到郊外写生，并让文森特绘下她的肖像。也许她仅单纯地对文森特的绘画感兴趣，或者只是为了排解寂寞而想要有个倾诉的对象，但种种无心之举却让文森特萌发爱意、神魂颠倒。对文森特而言，凯伊的陪伴与倾诉是一种男女情愫的开展。记得当年在伦敦，文森特跳过了试探与表达好感的交往过程，不顾一切地向尤琴妮提出了求婚。事隔多年，他没有汲取失败的教训，还未确定凯伊是否已从丧夫之痛跳脱出来，就唐突地向她表白示爱，这令凯伊大惊失色。文森特一再坚持他的心意，愿意照顾孩子，给她们一个完整的家，但凯伊斩钉截铁地回绝："不，绝不，绝不！"在凯伊看来，文森特的求爱可能是一场闹剧，更像是某种羞辱，她二话不说地整理行李，马上带着孩子回到阿姆斯特丹。文森特仍然不死心，写了一封又一封信给她，强调自己的真情，但凯伊一封信也不曾拆开来看。

文森特放弃了吗？不，他在未先告知的情况下，直接前往阿姆斯特丹史崔克舅舅家。尽管舅舅当年帮助过他，但发生了如此荒唐的事，舅舅与舅妈都非常生气。凯伊避不见面，舅舅说她根本不想见到文森特，请他即刻停止纠缠。为了证明心中对表姐的爱意是真真切切的，文森特冷不防地将手掌伸入煤油灯的火焰当中，"看我的手能在火中维持多久，就让我见她多久吧！"[57]此举吓坏了两位长辈，赶紧将他的手拉出，并做了简单的疗伤与包扎。不得其门而入，文森特只好悻悻然离去。

文森特再次失恋了，但这回他不再保持缄默，他将对凯伊的感情如实地向提奥倾诉，希望能获得提奥的同情与理解：

> 我有句心底话得向你倾诉。或许你已略知一二，它对你来说也不是新闻了。我要你知道，今年夏天我深深爱上了凯伊·沃斯，……然而，当我对她倾诉心语时，她的回答却是……她永远都无法回报我的情感。

> 我进退维谷，不知该如何是好。我该听从她的"不，绝无可能"，还是不要丧失勇气、永不放弃？

我选择后者。迄今为止，虽然我还是面临了"不，绝无可能"的难关，却不后悔这个决定。（1881年11月3日）[58]

凯伊仍旧没有从丧夫之痛跳脱出来，也或许她认为与表弟的结合是相当荒谬的事情，到艾田来度假散心是想要换一个环境，也有一些亲友的陪伴，如此而已。对文森特而言，"不，绝不，绝不！"尽管听来痛彻心扉，但或许这就是爱情路上的一道考验，"自暴自弃的，就让他认命吧！至于有信心的人，让他相信吧！因此，我站起来了，不绝望、有自信。……当我一心只想着'她，非她莫属'之际，我感觉一种坚定笼罩着我。"[59] 文森特毫无畏惧，愈发坚定信念，以"非她莫属"来认定凯伊将会成为他至死不渝的女人。

我们能感觉出来，或许由于成长过程中缺乏与异性交往的经验，文森特无法理解异性的心态，无法体谅异性的立场。从小接受福音思想，使文森特常常用一种近似宗教的出发点看待别人，他关怀群众与弱势，欣赏辛劳勤苦的力量，但他似乎未能学习到男女相互体谅与沟通的过程。文森特之所以会对表姐产生如此狂热的爱恋，确实也有迹可循。艺术史家布莱德利·柯林斯（Bradley Collins）认为，童年欠缺关爱的失落感影响文森特至深，而凯伊恰好符合他心中悲伤母亲的意象。凯伊刚经历丧夫之痛，又曾失去过襁褓中的幼子，年纪也和当年安娜生下文森特时略同，加上她极度冷漠又经常沉溺于往事，这种形象在文森特心中产生了移情作用，于是竭力渴求对方的爱意。[60]

当时亲友们对文森特钟情于凯伊一事都表示反对，身为父母的迪奥多鲁斯夫妇更是大感愤怒，严厉禁止文森特再去骚扰史崔克舅舅一家。但此番求爱遭拒，文森特却一反常态，乐观以对："因为爱情本是积极的，如此强烈，如此真实，对于喜欢在它将取其生命时收回那感情的人而言，真是不可思议的东西。……我觉得生命变得非常珍贵，我很高兴我恋爱了。我的生命和我的爱情合而为一。目前我把那个'不，绝不，绝不'视为一块冰，我将它压在我的心头以融化它。"[61] 对文森特而言，凯伊的回绝成了一种挑战，他相信自己的热情将会融化凯伊这座无情的冰山。这段时期的积极心态激励了他的绘画，"由于我真的恋爱了，我的素描里有更多的真实性，我正坐在小房间里给你写信，我的周围充满了好一堆描画来自海基街的男人、女人与小孩的作品。此刻我开始觉得'我有一个素描家的拳头'，我欣喜自己拥有这么一项工具，虽然它可能犹然笨拙"。[62] 在家族的反对与严格禁止之下，文森特此后再不曾与凯伊见面，但这份短暂的爱恋促使他更加投入创作，他夜以继日地练习着，将绘画作为唯一的心灵寄托。每当文森特想要寻找一个他能够热衷并奉献全部心力的对象时，却往往遭到背弃和拒绝，宗教、爱情无不是如此，这致使他的人生道路充满荆棘坎坷。此刻，他只剩下用绘画来完成梦想，从中得到救赎。

提奥的遗孀乔安娜后来在《追忆文森特·梵高》文中提到，"她（凯伊）的拒绝成为文森特生命的转折点。如果她接受了他的爱，为了供养她和孩子，可能刺激文森特重新努力获得社会地位。可是他从此失去了世俗的野心，往后也只是为工作而活，不再努力寻求自我独立。"[63] 凯伊的确如同文森特人生交叉路口的警示牌，让文森特在成家立业、重返世俗社会，或是追寻自我的艺术道路之间，做出了重大的选择，究竟是好是坏，或许见仁见智。

荷兰阿姆斯特丹的梵高博物馆，收藏着一张梵高家族于 1872 年的大合照，馆方细心地在照片中标示了站在凯伊身边、年仅 19 岁的文森特。每当看到这张照片，总不免令我有些感慨与唏嘘；他们不会知道这将是此生两人唯一的合照，也不会知道九年后一段看似荒唐却真切的告白，将使得两人永远形同陌路。

在感情世界里，没有什么对与错，只有如何选择、是否懂得珍惜的问题。文森特与凯伊是两条永远的并行线，将各自继续追寻自己的人生归宿。

海牙的伴侣

从阿姆斯特丹回来后,文森特将自己封闭在个人的绘画世界里,他已被家人视为特立独行的异端,是个不折不扣的麻烦制造者。只有在绘画时,他才能够正视自己的存在,才能尽情宣泄即将满溢的情感。艺术经纪人、教师、传教者、爱情,人生中的选项一个一个地对他关上了门,唯有绘画这扇窗还向他开启着,他只能奋不顾身地投入。

1881年年底的圣诞节,他在艾田的家中与父亲迪奥多鲁斯发生了激烈的争吵。起因是文森特拒绝参加教堂的圣诞节活动,这对身为教区牧师的父亲而言,不啻是一种近乎挑衅的羞辱。在此之前,文森特疯狂追求凯伊的失序行为已让家族蒙羞,父子俩为此失和,如今文森特连父亲的圣诞节讲道仪式都拒绝参加,这已超过父亲的忍耐极限。

迪奥多鲁斯将文森特赶出家门,而文森特也受够了尽是异样眼光的艾田,他选择前往海牙,首先,因为这里曾是他熟悉的工作环境;其次,他想要留在海牙跟安东·莫夫[64]学画。

莫夫是文森特的表姐夫,早在文森特还在古比尔工作时两人便时有来往,几年下来,莫夫已经是海牙当地颇有名气的画家了。他与一些朋友组成的"海牙画派"对风景画兴趣浓厚,采用过去法兰德斯画派[65]擅长的柔和色调来铺陈景物，也善于表现农村朴实无争的宁静氛围。文森特十分推崇莫夫画作里的乡间风格，急欲向莫夫学习运用敏感细致的灰、银色笔触来勾勒主题的绘画技巧。

艺术史家布莱德利·柯林斯分析，从小到大，父亲始终是文森特心中的最佳典范，但随着岁月增长，他发觉父亲越来越不了解他，这个在他眼中如林布兰与米勒一般高贵的人，似乎也有非常世俗化的一面。更何况，过去被文森特视为圣洁的神职人员，如今看来也是俗不可耐。而莫夫可以说是当时文森特生活圈里最知名的画家，尽管莫夫喜怒无常、脾气乖张，但这些都无损他在文森特心中的地位，因此当人生志向转向艺术领域后，文森特一心想跟在莫夫身边学习。值得注意的是，在文森特与莫夫闹翻多年后，文森特再度寻觅到心目中的理想人物，即高更。[66]稍后我们将观察到，这些被文森特理想化的孺慕对象，当其控制力道大过文森特的性格容忍程度时，双方往往爆发激烈的冲突，导致不欢而散。此为后话。

刚到海牙时的文森特，心中仍旧对凯伊与艾田那段日子耿耿于怀，绝望孤单的低落心情始终挥之不去，他多么盼望找一个伴。"我是该改变一下，找个女人了——没有爱、没有女人，我活不下去。……看看我，如今就要年满三十，你真的认为我从没体会过需要被爱的感受吗？凯伊比我年长，在过去也体验过爱的滋味；不过她仍旧是我的最爱。[67]"求爱不成，而今又被父亲赶出家门，与家人的感情出现了难以弥补的裂隙，他只能向提奥倾诉心中苦楚。如今他跟随在莫夫身边，就像溺水之人想要紧紧抓牢绳子，来到海牙的文森特把希望全都寄托在他身上。

莫夫从前认为，文森特是一个驽钝的学习者，他喜怒无常的性格也让文森特感到有些紧张，想不到隔了些日子未见，文森特的绘画技巧已突飞猛进，足见他确有想要成为一名优秀画家的企图心志，莫夫对此大加赞扬、热情鼓励文森特，并介绍他给海牙画派的几位画家朋友认识。文森特即刻租了一间小套房，就在莫夫家不远处，能够让他时常来找莫夫学画。莫夫也大方地赠送文森特几支画笔、颜料与调色盘，并约定了固定的指导时间。关于学画的入门课程，莫夫劝文森特应该多临摹石膏人物像，以及针对模特儿的人体去着手，这是最基本的功夫。只有先打好素描的底子，将比例透视原则运用得当，将来才能成为一名专业的画家。然而文森特心中却有自己的一套想法：

> 不错，我的确非常喜欢莫夫，并与他有共同的感应。我喜欢他的作品，我自以为能向他学习是幸运的事。但比起莫夫本人，我更不能把自己局限于一个体系或理论之内；除了莫夫及其作品以外，我也喜爱画风与他迥异的画家及作品……我再度陷入有耐性和没有耐性交杂的时期。莫夫说在我懂得如何掌握毛笔以前，至少会糟蹋掉大约十张的素描，因此我尽量冷静地工作，甚至也不因犯下错误而心生挫折感。[68]

对文森特来说，画没有生命力的石膏像是很难的，那并非他最初发自内心想要关怀的生命状态，即使是人体模特儿，也只是徒具漂亮外在的空洞形式；他始终认为，艺术最该关心的是真实的人，那些和他共同生活过，面临困顿贫乏的环境却仍然能发挥意志力、刻苦奋斗挣扎的生命，才是他想画下来的最美的部分。艺术如果经过美化修饰，还算是真的美吗？而没有生命力的东西根本就缺乏入画的价值。

观察文森特的初期绘画，他在这时期尚秉持着荷兰的传统风格，即直接用画笔传达颜料的效果。平心而论，莫夫对他的建议其实并无不妥，文森特早期作品的人体比例线条生硬死板，丝毫没有奔放或动态可言，而且此时期他的画作背景常以黄褐、灰黑等暗色调为主，表达了低落的心情以及找不到自信与方向的焦虑感。对于如何呈现出想要表达的意念，以成为现实生活的一种见证，文森特尚未走出自己的风格，他仍在寻找着。

今天美术学校在进行基础训练时，依旧很注重石膏像素描，但文森特非常排斥这样的学习方式，对他而言，至少得请模特儿到画室来摆姿势，而且那姿势还必须能反映市井小民的生活百态，这才算是好的作品。为此，他甚至将莫夫借给他的石膏人像丢进垃圾桶，这件事情让莫夫大发雷霆。随着莫夫对他的评语越来越不悦耳，两人之间的嫌隙也越来越深。对莫夫来说，文森特只是一位尚在学习的新手，当然需要很多无情的批评才能进步，但文森特渐渐觉得，两人对绘画的理念、技巧与风格似乎存在着不少差异。

"我是一位艺术家。"文森特不服气地回应着。

"我不会再去看你，一切都完了。你有邪恶的性格。"莫夫没好气地说道。

文森特与莫夫正式闹翻了，两方都是喜怒无常、特立独行的人，硬要他们去接受另一方的主观意见或被说服，绝对是一件痛苦的事。日后文森特与高更相处时，类似的情况更是屡见不鲜。

在海牙时期，除了向莫夫学习绘画的基本功之外，文森特还买了一整套二十多本的画册《图像》（*Graphic*）与《伦敦新闻画报》（*Illustrated London News*），他将这些插画剪下并编排，试着学习插画当中的明暗层次技法。许多讨论梵高艺术的书籍，往往忽略了1882年至1883年之间这段时期，文森特曾有过当一名插画家的计划。插画中有许多不同的标记，可以通过不同的影线来表现清晰的明暗层次，而不只是一团模糊的轮廓。文森特也在这个时期研究了制作版画的方法，不管是风景画或人物画，他都极为专注地去摹绘。刚到海牙不久，文森特曾受到桑特叔叔的委托，请他以每幅2.5荷盾的价格绘制12幅海牙的风景画。大约直到来年（1883年）年中，文森特才慢慢打消了成为插画家的想法，他的兴趣开始转向油画，因为只有油画能使他在运用色彩时得到满足感。

离开艾田来到海牙，文森特曾经通过莫夫得到慰藉和鼓舞，因而能全神贯注于绘画的世界。然而，两人又因理念不合而闹翻了，文森特病了几天，空虚寂寞蓦然来袭，就在此时，1882年1月，他遇到了生命中一个重要的女人——西恩（Sien）。

西恩的本名为克里斯廷·克莱席娜·玛丽亚·霍恩尼克（Christien Clasina Maria Hoornik），她是一位妓女，年长文森特五岁，西恩是她的艺名。她当时已大腹便便，临盆在即，身边还带着一位幼小的女儿，在遭到腹中孩子的生父抛弃后，她无处可去。可想而知，面对这样无助可怜的女人，文森特再次扮演起救世主，尽管无力支付她薪水，但文森特收留了她并请她担任模特儿，让她至少有个能够安静待产的环境。文森特开始与西恩的同居生活，并照顾西恩母女的起居。

当年文森特遭表姐凯伊的冷淡拒绝时，确实感受到爱情在他内心已然死灭，代之而起的是无限的寂寞。虔信上帝的他，无数次在心中呐喊"上帝，上帝啊！你为何遗弃我？"[69]，甚至怀疑起上帝是否存在。文森特内心的空虚充满了难以言语的悲愁感，他终于明白为何有人会因失恋而自杀，但他从米勒给他的勇敢话语中找到了力量，"我总觉得自杀是一种不诚实者的行为"。[70] 就在感觉爱情已经寂灭之际，西恩的出现恰好填补了文森特的空虚：

> 我欣赏她的是，她不向我撒娇卖俏，她静静做自己的事，节俭，欣然适应环境，愿意学习，因此她可在许多方面帮助我的工作……她不再漂亮、不再年轻、不再妩媚、不再愚蠢——那正是她对我有用处的理由。……每当除了面包与咖啡之外别无食物之时，她毫无怨言。摆姿势对她而言乃是一件非常困难的事，然而她一天比一天学得更好，对我甚有好处。我拥有一位好模特儿，所以我的素描进步了。[71]

对文森特而言，西恩的优点大过于缺点，他并不在意她的外貌、职业、年龄以及有了孩子，文森特再也不用花钱去外面请模特儿，他可以慢慢地在家教导西恩如何摆姿势，对他而言，两人的同居生活是有益处的。

我们可以看到，文森特当年以西恩为范本而制作的素描石版画《哀伤》（或译忧愁，Sorrow），西恩全身赤裸，蜷曲侧坐，双手枕着双膝，将脸埋在手臂里，表达了一种对俗世感到疲倦，并被世界遗弃的孤立感。她的乳房下垂，腹部隆起，可见是怀胎时所绘，文森特用粗犷简洁的线条表现了西恩那青春已逝、肌肤失去弹性的肉体。文森特绘制了两幅《哀伤》，第一幅只有人物，尺寸较大；第二幅的地上有一些树根，文森特想要表达树根热情缱绻地依恋着泥土，尽管当中有一些已被暴风掀拔起来。西恩苍白瘦长的躯体以及黝黑、执拗、多节瘤的树根，传达出一种为生命而挣扎的况味。[72]这样一点也不唯美的女人，若在传统的古典学院派看来，简直难登大雅之堂。但文森特忠实地呈现他所眼见的自然，不加修饰——这是一个饱受羞辱、遗弃、饥饿和蹂躏的女人，尽管受尽世俗鄙夷，内心悲哀而忧伤，但仍有如同树枝生长挣扎的生命力。这才是文森特最想表达也最善于创作的题材。

西恩的茫然无助，再度唤起文森特内心深处对母爱的渴望。况且，在19世纪80年代笃信新教的荷兰社会，娼妓是一种见不得人的职业，因此西恩是"为神职人员所谴责遗弃"的女人，这样的同理心态让文森特想起福音布道委员会对他传教方式的不认同，以及牧师父亲对自己的不理解，文森特对西恩有种"同是天涯沦落人"的认同感。

文森特发现，海牙画派的朋友开始因为西恩远离他，莫夫更是气愤不已，前主管提斯蒂格先生也威胁要提奥中断对文森特的经济支持。文森特对此义无反顾，"我打算要跟这位女子结婚，我俩互相依附。我要经历家庭生活的喜乐与哀愁，以便从我的亲身体验中来描绘它"。[73]这是文森特有生以来，第一次与一位异性伴侣在生活方面完全结合，他早已渴望被爱，渴望家庭的温暖，这不是最好的时机吗？更何况，真正的爱绝不因对方的职业而心生嫌弃，"如果她孤独一人的话，困苦便会逼她回到老路子上；那条路的尽头是个断崖"。[74] 提奥自己也不怎么认同兄长的决定。尽管他也同情西恩，但他无怨无悔地支援文森特，乃是为了成就他走出自我，使他日后能在画坛独当一面，而如今文森特在原就经济拮据的条件之下还想多抚养至少三个人，这似乎已将原本兄弟俩的愿景扭曲了。父亲迪奥多鲁斯得知此消息后，对这个儿子已然彻底灰心，他计划取得一份证明文森特发疯的文件，以便将他送入精神疗养院。

状况似乎越来越失控，1882 年 6 月 30 日，西恩腹中的孩子出生了，取名为小威伦，西恩的母亲也以要照顾女儿的名义搬进了文森特的小套房。这么一来，提奥每月寄给文森特的生活费要养活多达五人，包括文森特自己、西恩、西恩女儿、儿子小威伦、西恩母亲，此外文森特还得添购画具，这让文森特原本拮据的生活状况更加恶化。文森特非常欣赏米勒曾讲过的一句话，"艺术即战斗"，以此时的状况看来，确实非常贴切。

的确，文森特十分向往家的温暖感觉，有爱他的妻子，两人共同抚养可爱的孩子。他曾画过一幅素描，西恩四岁的女儿跪在小弟弟威伦的摇篮前，这情景表达了他对家庭生活的柔情渴望。"若我不曾邂逅西恩，我大概已经变得冷漠而多疑了，工作和她保持了我的活泼。我应该加上一件事：由于她容忍一位画家生命里的一切苦恼和忧虑，又愿意为我摆姿势，我想我跟她在一起比和凯伊结婚，更可能成为一位较佳的艺术家。"[75] 面对亲友们的不谅解，文森特一再强调与西恩的结合将对他的艺术事业多有裨益，西恩已经完全取代了当初对凯伊的那份眷恋。

文森特对西恩如此细心呵护，百依百顺，而西恩又怎么看待这段感情呢？这点或许只能够从日后乔安娜追忆文森特的文字略窥一二，但那里尽是些负面的评述：

> 在那个女人分娩出院后，文森特一片温柔，照顾她，对她体贴入微，我们痛惜这份宝贵的爱竟然被这样糟蹋。他自鸣得意有个自己的家，但共同生活展露的事实是，和他生活在一起的是个鲁莽、目不识丁、满脸疱疱的女人，语出粗鄙，心眼又坏，抽烟酗酒，她的过去并不是无可厚非，现在又把文森特拖进她家庭的阴谋中……这段不幸的遭遇，使文森特见弃于海牙，对他有兴趣的人不再同情他。无论莫夫或提斯蒂格都反对他成家，因为他还得仰赖弟弟的经济支持，更何况是这种家庭。亲戚朋友看到他和这种懒散邋遢的女人走在一起，都大吃一惊。再没有人想与他交往，他的住处根本无人造访。他越来越孤独；一如既往，只有提奥了解他，继续帮助他。[76]

很显然，乔安娜对于西恩是极度反感的，除了大肆批评她的自身条件外，更对娼妓的既定形象进行了严厉地抨击，"语出粗鄙，心眼又坏，抽烟酗酒"，我们很难验证西恩即使过去是如此形象的妓女，但是否与文森特交往后便革去了陋习。文森特在经济拮据的情况下，竟然还得抚养西恩一家人，乔安娜对此完全无法接受，痛斥这是西恩的阴谋。乔安娜更判断，导致文森特陷入孤独困境的始作俑者，绝对就是西恩。当然，身为提奥的遗孀，乔安娜不免情绪化，略带渲染似的凸显了提奥的重要性。我们可以理解乔安娜的立场，但面对这样的史料纪录，我们当然要有所自觉。是否其他人也都抱持相同看法呢？可想而知，当年所有人几乎都一面倒地反对这段感情，百余年后的今日，恐怕我们永远也找不到一份站在西恩立场来看待这段感情的支持论点了。

事件即将进入尾声。

文森特已经捉襟见肘，负债累累，庞大的开销将使他的绘画事业面临

《哀伤》

崩盘的处境。对此西恩完全了解，她在母亲的怂恿之下重操旧业，对文森特的态度也越来越暴躁。提奥奉劝兄长及时了断这段感情，还给她和孩子们自由，文森特经过沉痛地考虑后，仍为西恩的重操旧业做了一番辩解："她从来不知什么是好的？如何能变好呢？"[77]当初收留西恩，是出自对弱势的关怀与救赎，当然文森特也极度渴望被爱与拥有家的感觉，但事态的发展却已超出文森特所能控制的范围。为了挽救自己的艺术生涯，分手似乎是唯一的选择。即使甘心放西恩自由，但文森特不免为孩子们的茫茫未来感到忧心，他始终将小威伦视如己出，"那个女人和孩子带给我很多困扰，我虽深感哀伤，可是事情就这么无奈。"[78]荷兰东北部的德伦特省有许多荒野景色以及低廉的生活费用，拉帕德建议文森特前往该地，如此才能彻底斩断他这段将近两年如此接近婚姻与为人父的生活状态。尽管内心哀痛愁苦，1883年9月，文森特仍在海牙火车站与西恩和孩子们告别，不同的生命个体至此奔向各自的轨道，再也不曾交错。

文森特继续他对生命与创作的探索。但西恩与孩子们呢？肯·威基在20世纪70年代寻访梵高足迹之旅时[79]，也深入考察了西恩与孩子们后来的遭遇，结果颇令人震惊。

和文森特分手之后，西恩将女儿交给母亲照顾，并将男孩小威伦过继给她的弟弟彼埃特·安东尼·霍恩尼克。晚年她曾嫁人，但婚姻情况并不清楚。当年她曾告诉文森特，总有一天她会投河自尽，1904年她的确这样结束了生命，看来《哀伤》这个主题始终伴随着西恩。

彼埃特·安东尼·霍恩尼克之子艾德·霍恩尼克后来成为荷兰的诗人，他在1970年已过世，肯·威基遂拜访了艾德的遗孀米斯，想要了解一些关于霍恩尼克家的历史。米斯告诉威基，小威伦长大后便离开了继父（舅舅）家，但艾德始终记得这位年少时共同生活的表哥，直到晚年艾德终于寻访到威伦的行踪，他带着妻子米斯前去探视。

原来威伦后来在水利局当技师,第二次世界大战期间,他曾支持纳粹,使得许多朋友都远离他。战后短暂被关入集中营,不久即获释,退休后住进了老人之家安度晚年。艾德夫妇在 1957 年秋天前去探视他,相隔几十年未见,表兄弟彼此都很感动。除了诉说分别之后的人生遭遇外,老威伦还决定告诉表弟,一个他此生从未与他人分享过的秘密。

威伦从小就觉得,母亲西恩并非甘愿将他过继给弟弟抚养,她时常回来探望威伦,心中似乎有许多放不下的感情与秘密。大约在 1900 年左右,西恩担心已经 20 岁的威伦没有一个合法的姓氏,参军时会受到歧视,于是决定与一名水手维克结婚,也严肃地道出了儿子的实情。

"可是,我知道他的父亲是谁,"西恩当时跟即将结婚的维克说道。"他是二十年前我在海牙同居过的一个艺术家。他的名字是文森特·梵高。"他转向威伦说,"你继承了他的名字,他的中间名就是威廉。"

威基得到这消息,简直难以置信。是否威伦在利用梵高之子的名声招摇撞骗呢?但仔细一想,威伦在世纪之交获知此项说法,彼时文森特·梵高的名声尚未如日中天;而威伦一生也从未见他并以此牟取名利。"当我还很小的时候,我偶尔会跟自己说,总有一天,我要告诉全世界这个秘密。但随着我越长越大,我就越不想说了。我一直都活在一个相当保守的环境之中,我承认我并不想让人们和我的家庭知道我母亲曾是个妓女,如果让旁人知道这件事,我的生活将会变得难以忍受,即使是我过世的妻子也不知道这件事。"威伦与艾德重聚并透露了心中深藏多年的秘密后,来年便去世了。

关于威伦是否为文森特之子,过去也曾有艺术史家做过初步推论,但大多倾向不可能。一般制作文森特·梵高的生平编年时,总是将文森特与西恩相遇的时间点定在 1882 年的 1 月,所以过去认为,威伦既然出生于 1882 年 6 月底,两人当然不可能存在父子关系。但威基却发现,在梵高书信集中，记述文森特与西恩初识的信件编号 193 与编号 194 之间还存在着一封编号 193a 的信，并未编入 1914 年乔安娜所整理出版的第一版中。后来 1953 年再度出版的版本收录了 193a，但信件的开头部分却就此消失，这里面是否抹去了什么关键点呢？

当然也有一种假设，威基认为，文森特可能早在 1882 年 1 月份之前已经与西恩接触过。尽管 1881 年下半年文森特随着家人定居在艾田，而 1881 年的 11 月他还专程跑了一趟阿姆斯特丹去找凯伊。事实上在文森特于 1881 年年底被父亲赶出家门之前，由编号 149 的信件可以看到，文森特在 8 月份就曾多次前往海牙，主要是造访莫夫。因此不能排除一种可能，就是他早在 1881 年年底之前已结识西恩，而两人直到 1882 年 1 月才开始同居。

还有一种可能，威伦或许真是文森特的亲生儿子，但文森特自己并不知道。毕竟 1881 年年底时，西恩仍在街头卖身。对文森特而言，1882 年年初开始同居前发生的事情，他或许并不在意也未曾问过西恩。有些读者也许会从反方向思考，既然"1881 年年底时，西恩仍在街头卖身"，那就说明威伦不见得是文森特的血脉啊！的确！更或许连西恩也不能完全确定小孩的父亲是谁。直到多年后，因为她心中唯一惦念的还是那位疯狂的红发画家，所以她才会向威伦认定他的生父是文森特·梵高。

只是，在找到合理的证据之前，一切的怀疑终究只是假设。21 世纪的今日，我们能否通过先进的基因科学来判断血缘关系呢？肯·威基事后又陆续追踪到威伦仍在世的两个孙子罗伯特·威利·范·维克与彼得·范·维克；同时他也联络了提奥的曾孙，威基希望双方能通过验血来鉴定血缘关系。梵高家族对这项检验并不反对，只是提出要求，希望在血缘鉴定结束之后，无论结果为何，范·维克家族都不会向梵高家族提出任何法律申诉。由于双方对于法律的程序部分各有坚持，血缘鉴定迟迟无法进行，僵持不下……这

跪在小弟弟威伦的摇篮前的素描

也是让我们感到可惜的部分。

追踪西恩和威伦等人的下落，是文森特·梵高传奇人生衍生出的另一段生命历程。我们的目的不在于挖掘八卦内幕，而是去看到这位热情、虔诚的伟大画家，同时也一样是个平凡人，不管是凯伊或西恩，于他而言，终究是渴望被爱与性需求的一种转化。不论威伦是否是他亲生的，在这两年当中文森特所体验到的"家庭"生活，绝对是相当值得纪念的一段。"不知你是否有过那种孤寂欲生呻吟喟叹的压迫感：上帝啊！我的太太在何方？我的小孩在何方？孤独的生活是有价值的吗？"[80] 或许与西恩的这段际遇，对文森特最大的启发是让他体验到何谓人世间的哀伤？生命的悲苦与荒谬究竟可以恶化到什么地步？

文森特走到这里，历经博里纳吉那悲惨辛苦的环境，看透西恩被世界遗弃的堕落状态，他的生命体悟将进一步得到充实与洗练，接下来他要通过画笔来诠释那份超脱俗世的昂然生命力。

努能岁月

在海牙生活了将近两年,文森特的绘画技巧确实进步显著。有西恩义务性地担任模特儿,他创造出许多忧郁愁苦的题材,能够以连续而柔和的线条呈现人体动作。文森特已逐渐能掌握线条笔法,充分表达黑白强烈对比下的人体。这个时期的文森特大都坚持画素描,首先,他也同意莫夫的建言,认为素描是最基本的入门,先有稳健的素描功力才能成就油画与水彩画;其次,出于经济上的考虑,毕竟油画与水彩的成本较高,对文森特来说负担也相对较大。

1883年9月11日,文森特听取拉帕德的建议离开海牙,前往荷兰东北部的德伦特省(Drenthe)。为了摆脱西恩与孩子们那段令人心酸的回忆,他到了厚贺芬(Hoogevnne)小镇,深秋时分的荒凉景象,在文森特眼中显得格外孤寂落寞,"我时常忧然思及那女人和小孩——但愿他们食宿有着落"。[81]

《租田上的房舍》(Farmhouses)是文森特刚到德伦特时所绘,一排矮小不起眼的茅屋,分列在灰泥低洼地上,凸显出一种根源自土地的生命力;在另一幅《两个田中播种的女人》(Two Women in the Moor)中,巨大的阴暗天空聚满不祥的乌云,一抹夕阳余晖下站着两个播种女人,她们没有清晰的轮廓与面貌,粗壮结实的身躯屹立在地平线上,表现出昂然坚毅的劳动者形象。德伦特时期的文森特，已经开始尝试以宽广平原与空荡的空间感来描绘天空，并在云彩和夕阳的观察上有新的突破。值得注意的是，在德伦特的田间绘画中，人物的位置都比海牙时期要远得多，这意味着即使文森特愿意付费，当地人仍对他抱着强烈的警觉性，使得文森特只能在一定的距离之外从事创作。

也因此，文森特在这里，除了农田和茅屋景观外，很难找到模特儿，也不容易买到画具，加上天气酷寒、阴雨连绵，使文森特的心情愈发沮丧。原以为此地能够激发他的创作灵感，但看来在这个冬天结束前是不太可能了。

提奥来信提到在古比尔公司处得不愉快，有意前往美国发展，文森特并不反对这样的想法，但却给了提奥更为古怪的提议，"我耽忧你也终将拾起画笔。古代和现代大师中，均不乏两兄弟同是画家，而且其作品之相似处大于相异处的例子。……因此，弟弟，来吧！来和我一起在这荒野，这马铃薯田间画图；来和我一起漫步于耕犁及牧羊人之后。"[82] 很明显，这是文森特一厢情愿的荒谬想法，他的经济来源一直仰赖提奥，假设提奥也放下工作与兄长一起漫游于荒野，恐怕两兄弟很快就要面临断炊的窘况。

文森特决定离开厚贺芬，11月时搬到26公里外的新阿姆斯特丹（Nieuw Amsterdam）。文森特在此只短暂停留了一个月左右，他画下《阿姆斯特丹的开合桥》（Drawbridge in Nieuw-Amsterdam），寒冬中的雪景格外引发孤寂的愁绪，一名身着大衣的妇女从前景中走过，一切都如此静谧，吊桥对岸的民房显得十分朴实可爱。在这样的环境下，文森特躁动的思绪逐渐缓和，他决定暂且回家和家人同住，待春天到来时，或能再回此地作画。

旅荷作家丘彦明在《踏寻梵高的足迹》一书中，曾细心地探访文森特寄居过的每一座城市。在新阿姆斯特丹参访时，她来到文森特的故居，他的房间仍保留了当年的装饰。梵高故居的导览老先生还拿出文森特在

《租田上的房舍》

《两个田中播种的女人》

1883 年年底离开时留下的一个藤编小箱子。当年文森特在小箱子里装满在德伦特省绘制的素描,请房主妥善保管,并誓言日后将取回。但文森特此生终究没再回到这里,某年冬日,房主将小箱子里的画纸都充作引火材料付之一炬,小藤箱子则被丢到阁楼深处;待小箱子被清理出来时,梵高这个名字已是世界知名了,但当年箱中那些无价的珍品早已灰飞烟灭[83],历史无意间开的玩笑怎不令人唏嘘!

而在德伦特省的短短数月,也曾被荷兰人戏称为"夹在海牙时期与努能时期之间的三明治"。

父亲迪奥多鲁斯带着家人调任新的教区努能(Nuenen),这是个位于荷兰南部的小镇,居民大多是农民与织工,全镇两千多位居民,绝大多数信仰天主教,新教徒仅约一百人。与之前在艾田的待遇和等级相比,迪奥多鲁斯在努能的教堂小得可怜,加上调到天主教重镇传教本已倍感压力,对已步入花甲之龄的迪奥多鲁斯而言,更是显得力不从心。

就在这时候,家中的问题人物——长子文森特搬回来与家人同住了。父亲的牧师会馆是一栋两层楼的石造房屋,屋后还有一座石墙围绕的花园。文森特离家两年,对于之前遭父亲驱逐,父子之间似乎仍存芥蒂,尽管家人努力维持表面和谐,但只要有文森特在,气氛便难免有些尴尬。文森特自己也深刻感觉到:

> 如今我对离家两年后的归乡感到悲观,就各方面来看,家人欢迎的态度是仁慈而诚恳的,可是对我们之间的默契,他们心底连一点改变都没有,我应称之为盲目不知……他们接纳我时的恐惧感,如他们接受的是一只野狗一样:它两脚湿湿地闯入房间;它会挡住每一个人的去路;它的吠声这么响。这只狗感到若他们收留它,只不过是容忍它在"这所房子"里。[84]

这让文森特异常难受，于是他决定向父亲开诚布公，父子俩进行了一次诚恳的对谈。文森特想要在不打扰家人生活下安静地作画，迪奥多鲁斯也乐见长子别再给家里添乱，于是协议将牧师会馆后面的洗衣间挪给文森特使用，让他能独自在里头生活作画，尽可能不打扰其他人。

努能当地有许多纺织工人，文森特对他们特别感兴趣，这是他之前未曾接触过的题材。首先，这些纺织工人可以长时间不移动地坐在室内工作，对画家来说的确省去不少心力。其次，文森特对于画织布机有着浓厚的兴趣，"从艺术的角度来看，具有隐约直线的画作自然呈现一种复合的构图。梵高必定认同这些孤独、工作过度且经济不稳定的劳动者"[85]。《织工》(Weaver at the Loom)是文森特在努能时期众多织布机主题中的一幅，画面中织工操纵梭子整理纱线的方式，与画家手拿调色盘、控制着画笔两者之间有着异曲同工之妙。经纬线的纵横交错，仿佛人生月月年年的编年记载，织布机矗立在房间明暗之交，宛如一只巨大的蜘蛛，主宰着每一只猎物已编排好的人生。

1884年1月，母亲安娜意外摔断了腿，文森特曾有在博里纳吉照顾伤员的经验，因此除了作画之外，也付出了相当多的精力照料母亲，这件事对于修补文森特与家人间的感情产生了极大的帮助。双亲在给提奥的信中称赞文森特不厌其烦的服侍，"文森特从不知疲倦，空余时间，他热情地作画"。"医生称赞文森特的能力和对母亲的照顾"。"文森特是个好看护，同时还雄心万丈地工作"。"看他这样认真工作，我真诚地希望他能成功"[86]。

但文森特自己却感到沮丧。他开始向提奥抱怨，"你也可以更努力地推销。你从未为我卖过一幅画——不多也不少，一张也没有。事实上，你连试都没试过……但愿你发现我的作品不够精彩之时，你能设法帮助我求进步；比方说，让我和一些有实力的画家接触——简言之，做些足以证明你对我的进步有信心，或者愿意催化我进步的任何事。"[87] 然而，

《新阿姆斯特丹的开合桥》

宽宏的提奥依然按月寄钱给文森特，丝毫不以文森特的埋怨为意。对文森特而言，在经济上完全依赖弟弟资助越来越是一种耻辱，他决定提出新的构想，"让我把作品寄给你，你可以留下你喜欢的，但我主张把你三月以后寄来的钱当作我所赚的。"[88] 文森特步入绘画生涯已届四年，但仍看不到任何成果，长期寄人篱下且仰人鼻息的生活模式，会产生如此负面的情绪或许可以理解，因此他提议就当作为提奥画画以换取固定收入，而这些画作便成为提奥的财产；而在提奥看来，如果换个做法，将每个月的经济资助转为艺术经理人对于画家的长期投资，藉此能让兄长更有效率地投入创作之中，当然也未尝不可。提奥，确实是一位贴心又宽容的可爱的人。

1884 年 5 月，文森特的心情逐渐平复下来。他搬到一间更宽敞的画室，是一位天主教堂司事的家，由两个房间合并而成。拉帕德也前来努能陪伴文森特一些日子，两人一起散步作画。文森特的生活又恢复了难得的平静。

命运总是喜欢与老实人开玩笑。牧师会馆后方住着三个均已超过适婚年龄的姐妹，她们在文森特母亲安娜卧床期间时常前来探望。1884 年秋天，文森特和三姐妹中的小妹变得很亲密。39 岁的玛格丽塔（玛歌）·卡罗莱娜·贝洁曼（Margaretha/Margot Carolina Begemann），既不美丽也不动人，但心思灵巧而善良。

事情似乎是由女方主动开始的，玛歌会在文森特外出作画时静静地在一旁观赏，渐渐地，两人有了共同的话题，她常陪伴文森特去探视穷人相比，两人也时常一起散步。也许对她而言，一直生活在穷乡僻壤的小镇，未曾接触过什么画家；艺术是什么，或许她也不了解。但站在玛歌眼前的，是个认真执着的男人，他不辞劳苦地照顾卧床的母亲，也关心小镇里弱势的人们，尽管满头红发、眼神也令人感到些许生畏，但玛歌知道文森特是个实实在在的好人。这种欣赏很快便转化为爱意，而文森特似乎也接受了。

令人不解的是文森特，他在给提奥的信中很少提到玛歌，与尤琴妮、凯伊与西恩这些曾在文森特生命里留下许多遗憾与感伤的女人相比，玛歌似乎并未激起文森特太大的热情。文森特曾跟提奥谈到他极度需要爱：

> 一个妻子，你不能给我；一个儿女，你不能给我；职业，你不能给我，至于金钱，你能给；但是你的钱迄今犹未结出果实来，……如果我娶不到一位好妻子的话，我宁可要个坏的；坏的总比没有好。……假如我想使我的作品更有生气的话，我的生活便该更活泼。我非常讨厌孤零零的一个人。[89]

和西恩分手后，文森特仍十分渴望被爱，渴望组织属于自己的家庭。然而这次，我们却未看到文森特如以往一般地与提奥分享他与玛歌共同经历的一切。进一步观察更可以发现，文森特从未画过她，难道"娶不到一位好妻子的话，我宁可要个坏的；坏的总比没有好"这样的观念，是文森特面对这段感情时的态度吗？

文森特书信的英译者劳勃·哈里逊（Robert Harrison）认为，玛歌对文森特的感情太过百依百顺，所以不值得在信中一提；她既不像凯伊的回绝带给文森特极大的失落感，也不像文森特之前与西恩同居时必须一再强调其正当性。而且就文森特艺术家的敏感性而言，与凯伊丧夫丧子和西恩怀孕遭遗弃的情况相比，玛歌未曾经历风霜，因此似乎并未在文森特心中激起救赎感。[90] 但这并不表示，文森特对玛歌毫无爱恋。如前所述，文森特仍十分渴望被爱，渴望组织自己的家庭，而今能有一位愿意陪伴他从事艺术、倾听他心声的对象，文森特自然愿意接受这段感情。

当玛歌主动坦承对文森特的爱意后，文森特决定与她共结连理。但玛歌的姐姐们坚决反对，众人诋毁文森特，一方面，他们为文森特缺乏正当工作而担忧。另一方面，村人仍旧将文森特视为问题人物，他从前在海牙

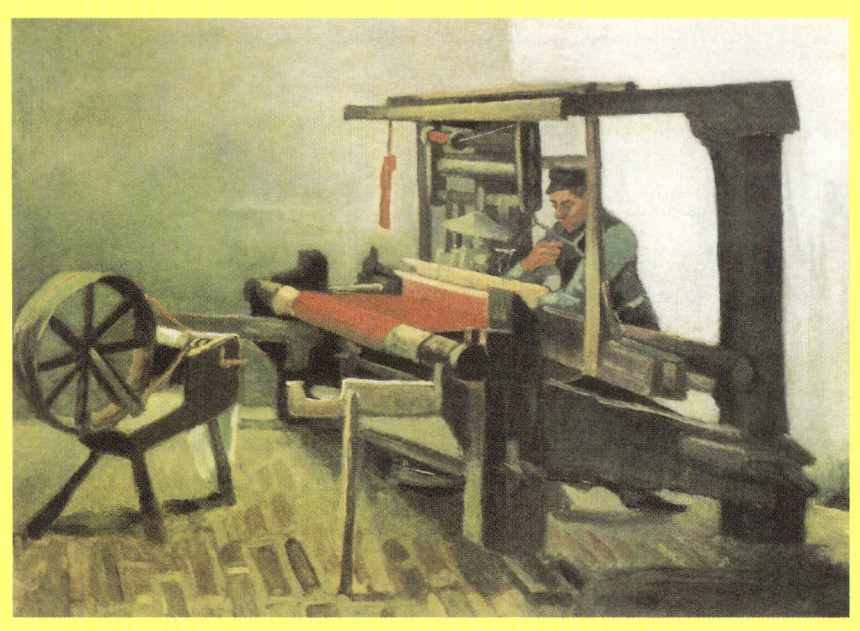

《织工》

与妓女同居的行径或许也传入众人耳中；还有女方年纪大男方太多，将来文森特肯定会移情别恋等。然而最深刻的原因或许出于嫉妒，玛歌的二位姐姐都尚未出阁，内心深处或许潜藏着激烈的竞争心态。

玛歌与家人大吵了一架之后，在郊外与文森特散步时，冷不防地服食了番木鳖碱（Strychnine）[91]试图自尽。文森特帮她做了紧急催吐处理，并赶紧送她到乌特勒支的医院。人是抢救了回来，但恐怕神经系统会留下长久的问题。文森特感到心情郁闷，"我近几天沉浸在这伤心事里，其他的一切事情都溜不进我的心坎。……据医生看来，她的身体一向脆弱得很；她太虚弱了，不宜结婚，至少目前不行，可是分离也会造成危险。……遗憾的是，

《摊开的圣经、烛台和小说》

《犹太新娘》

我该早十年认识她。"[92] 玛歌必须在乌特勒支的医院长期休养,短时间无法回到努能。尽管文森特对玛歌仍有诚挚的爱意,但他决定放弃与玛歌共结连理的念头,一段情投意合的姻缘也就此破灭。

玛歌事件引发的风波,让文森特与父亲之间原已趋渐缓和的紧张关系,再度产生了严重的摩擦。父亲认为,文森特让女方受到如此严重的伤害,本身在道义上就已理亏;再者,因文森特在村中引发的轩然大波,邻居们远远躲开牧师会馆,不希望看到文森特,这让在努能传教本已居于劣势的父亲,无形之中产生更大的压力。他觉得儿子桀骜难驯,两人之间的感觉也越来越陌生;尽管如此,身为父亲,迪奥多鲁斯仍旧对儿子的绘画事业怀抱着希望,他试着再度与文森特把话讲开,并祝福他成功。

这是 1885 年 3 月 25 日,父亲与文森特最后的谈话,仿佛是预先向亲爱的儿子做了最后的道别与祝福一般。两天后,迪奥多鲁斯外出散步,返家途中突然剧烈中风,在家门口昏倒,被发现时已奄奄一息,享年 63 岁。尽管从小到大,文森特与父亲产生过无数的冲突和龃龉,然而父亲的离世依旧让文森特心碎不已。是在父亲的影响与教养之下,文森特有了对宗教的期盼与向往,尽管在他看来父亲终究摆脱不了保守迂腐的社会观念与陈旧的信念,但一想到父亲当年为了自己受到布鲁塞尔福音布道委员会拒绝而四处奔走、不忍心儿子在如同人间炼狱的黑乡博里纳吉受苦而亲身来陪伴……文森特就感到伤心欲绝、悲痛万分。

父亲辞世后不久,文森特创作了一幅静物画《摊开的圣经、烛台和小说》(Still Life with Bible),这是以冷静的态度来缅怀父子之间动辄争吵的过往。画面中央摆着巨大厚重的圣经,是往昔父亲布道时专用的,这是迪奥多鲁斯留给文森特最深刻的遗物,象征着父亲以及权威。画中的圣经几乎占了画面 1/2 的篇幅,意味着父亲与其所代表的宗教在文森特心目中始终占有重要地位;右下方较为小本的平装书籍是法国小说家左拉 1884 年的作品《生命的喜悦》（*La Joie devivre*），左拉的文学作品向来着力揭露社会下层人民的痛苦绝望，以及随绝望而来的堕落，这是当时文学界为社会弱势发声的一种象征符号。但左拉的思想言论向来也被宗教界视为洪水猛兽，其作品则是丑陋淫秽之书。

将发黄陈旧的巨大《圣经》，与色调鲜明的平装小说并置对照，格外表达了在文森特成长过程中，新教教条（象征父亲）思想给予他极其巨大的影响，而文森特亲身接触的社会下层的痛苦绝望，则一再地冲击着旧有的宗教信念。想到这些年曾接触过的社会现实与传统宗教的冷漠，文森特藉画笔呈现了人性中的纠结。画面右方带有阳具意象的蜡烛，则代表了父亲的权威，在后来文森特绘制的《高更的椅子》里仍可看到相同的暗喻。尽管蜡烛的熄灭代表父亲离世，但，也是对教会无视下层社会贫苦的强烈控诉。熄灭的烛火，也象征着文森特心中宗教热情的死亡。

母亲安娜指控文森特是导致父亲死亡的罪魁祸首，文森特再次成为家中不受欢迎的人物。由于父亲已去世，牧师会馆只能够让全家人再待一年，文森特决定不再回家居住，搬到画室会让他更心无旁骛。他努力尝试将注意力转移到努能的织工和农民身上，与自然的融合，或许能帮助他渐渐从丧父之痛中振作起来。

为了尽快平复悲痛的情绪，文森特在 1885 年的秋天度过了一次短暂的旅行，他到阿姆斯特丹度假，除了在车站附近景点作画外，大部分时间都沉浸在国立美术馆。文森特特别喜欢此处陈列的林布兰画作《犹太新娘》（The Jewish Bride），林布兰描绘儿子提图斯搂着新婚妻子的模样，除了表达人世间的男女挚爱，林布兰也以慈父的感性关怀祝福这一对新人。文森特在画前伫留良久，不忍离去，此画让他想到过世不久的迪奥多鲁斯，直至此刻，他才深刻感受到父亲昔日对他满腔的爱。文森特觉得，"我愿意以十年的时间换两个星期坐在这幅画前，只要干面包果腹就够了。"[93]

1884 年至 1885 年之间，文森特在努能创作了许多以织工和劳动农民为题材的素描及布面油画。努能有大片的自然原野景致，恰好给文森特进行色彩试验提供最佳环境，"我认为夏日是最不容易表达的东西，至少夏日予人的感觉，不是色彩不调和，而是丑恶。春是柔和的——嫩绿的麦苗和粉红的苹果花。秋是黄叶和紫罗兰色调的比照。冬是映着黑色侧影的雪地。若夏是海的蓝对抗着小麦的橙，那么笔下的图画，便得用各种互补色（红与绿、蓝与橙、黄与紫、白与黑）来表现季节的变化趣味"。[94]文森特对色彩的掌握越来越有概念，我们甚至从他的文字中都能感觉出鲜明的色彩对照。

众多色彩当中，最让他惊奇的是蓝色，这是努能最让文森特为之感动

《掘地者》

《挖马铃薯的农妇》

《戴白色便帽的农妇》

的颜色。《掘地者》(Digger)与《挖马铃薯的农妇》(Peasent Women Digging up Potatoes)这些作品,充分表现了文森特最喜爱的农民挥汗田间的情景,类似当年米勒画中所表现过的。"我随时都在追寻蓝。[95] 此地的农人是一身格子蓝。那蓝在成熟的小麦间,或在山毛榉树篱的枯叶之前,美极了,美得第一眼便深印我心。此地的人本能地穿着我所见过的最美的蓝。那是他们自己织的亚麻布,经黑纬蓝的格纹花样。穿久褪色之后,则呈现无比素净柔美的调子,正好把肤色衬托出来。"[96] 努能有着大片的马铃薯田,马铃薯收获的季节正值猛烈北风侵袭,所以农妇们常常戴着便帽来遮住她们的头发。文森特也相当喜爱这类型的人物画像,在《戴白色便帽的农妇》(Head of a Peasant Woman in a White Bonnet)里,农妇的脸孔从画作阴暗的背景中浮现,仿佛散发来自灵魂深处的光芒,她的嘴是以刮刀快速勾勒而成,唇上一抹亮光,出色地传达了勇敢面对劳动人生的尊严。

在文森特眼中,弓着腰在田里播种的人们,绝对是世上最美丽、最动人的画面之一。自文艺复兴以来,北日耳曼地区的传统艺术家便时时关心着乡间劳动者的绘画主题。最有名的画家,例如老彼得·布勒哲尔[97],是早期最善于描绘农家与劳动场景的大师之一,他习惯以朴实无华的笔触来呈现16世纪的农村生活。又如19世纪法国写实主义画家库尔贝[98],更以震撼人心的画面凸显出劳动工人的艰辛与贫苦。随着19世纪工业革命带来贫富两极化的社会差距,以及社会主义运动的普及,以工农民为创作主题的艺术作品日渐受到艺术家青睐。文森特对低下阶层的人们向来有一份特殊关注,这恰能说明他具有敏锐的时代眼光。

除了织工和农民外,努能时期的文森特还创作了不少以努能教堂塔楼为主题的油画、素描、水彩作品,总计有35幅之多。《努能的旧塔楼》(The Old Tower at Nuenen)是这批作品里最早完成的塔楼形象之一。这座塔楼年久颓圮,1873年镇议会考虑将其拆除。十余年后,拆除工作于1885年5月开始进行。文森特的这幅油彩作品，为我们保留了旧塔楼最后几个月的样貌。虽然塔楼是画面构图的重点，但值得观者留意之处，还有塔楼旁围墙环绕的墓园，以及墙顶那一支支的十字架。文森特向提奥介绍了这幅画作：

> 我略去了些细节，我想透过这废墟表达的是，长久以来，农民便安息在他们终生耕植之处。我想要表达死亡与埋葬是多么完美的简单，就如同秋叶落下一样的简单：仅是一抔土、一个小木十字架。四周的田野是墓园草丛的止境，越过围墙，形成一道地平线前的终线，就像海平线一样。如今这废墟告诉我，信仰和宗教如何被锈蚀殆尽；虽然它曾被扎实地建立下来，但农民的生与死则亘古不变，如同墓地上茂盛的花草，持续地萌芽与凋零。[99]

文森特已经摒弃过往对宗教的狂热，这段文字里值得注意的是"这废墟告诉我，信仰和宗教如何被锈蚀殆尽"这种象征基督教信仰没落的符号，也等同于《摊开的圣经、烛台和小说》那幅画中，熄灭的烛火象征着文森特心中宗教热情的死亡。当然旧塔楼即将遭到拆除的命运，也似乎象征着父亲在努能凋零的结局，塔楼周遭那布满墙顶的一支支十字架，使得死亡的概念显得格外凝重。

任何一本有关文森特·梵高的传记或艺术书籍谈到文森特在努能岁月的最后阶段时，绝对不可不提的作品即《食薯者》(The Potato Eaters)，此画堪称是文森特进入巴黎时期之前的最佳代表作。无可否认，文森特对于这幅画的确非常用心，花费了好几个礼拜才完成它，而如果将正式下笔前的人物、构图、用色等素描习作也计算进去的话，仅仅这幅 82 × 114 公分大小的布面油画，已耗去他好几个月的心力。在此之前，他不曾对哪幅作品有过如此彻底的演练习作以及精密的构图思考，可想而知《食薯者》在文森特心中的重要性，他相信他已画出了"农民的心声"。[100]

《努能的旧塔楼》

《以马忤斯的晚餐》

努能盛产马铃薯，它也是这里最重要的主食，农民们种马铃薯、吃马铃薯、卖马铃薯，一辈子可以说就是一个"马铃薯人生"。所以在努能时，文森特也特别花了许多心思去描绘农民们掘马铃薯田、削马铃薯、吃马铃薯的样貌。这些可以说都成为最后能够完成《食薯者》的前段练习。

昏暗的灯光下，辛劳一天的贫困农家，坐在只有马铃薯的简陋餐桌前，虽然每个人面朝不同方向，但目光中都流露着呆滞，似乎传达出身心的疲倦，而唯有这顿属于全家人的晚餐，才能抵销辛劳一整天的饥饿与疲惫。

《食薯者》

《煎蛋的老妇》

在仅有一盏油灯衬托的阴暗室内,隐约可见的梁柱,不止为画作增添了一份庄严与空间感,也象征农民在希望渺茫的艰苦困境中,毅然展现出的求生意志。"我尝试表露这些正在吃马铃薯的人,如何以其掘地的一双手伸入盘内;让图画来诉说劳动者如何诚实地赚取他们的食物。我欲使观者感知那是一种迥异于我们文明人的生活方式。因此,我一点也不渴望每个人立即喜欢它或赞美它。"[101] 文森特熟知,那双手是他们年复一年用来挖掘泥土、种植马铃薯的手;是用来剥开、削去马铃薯的手;现在抓着马铃薯进食的也是同一双手,这样的手不会好看,它是因岁月苦痛操劳而弯曲变形的。文森特如此刻意的表现方法,也是为了贴近他对他喜爱的画家米勒的评价:"他笔下的农民似乎是以播种的泥土所绘。"

某些艺术评论家认为,《食薯者》象征着文森特对于学院传统审美观的一种反动抗衡。艺术史家布莱德利·柯林斯将它视为文森特对"粗鄙丑陋"的赞扬,并进一步认为,这幅作品是向罗浮宫珍藏的林布兰大作《以马忤斯的晚餐》(Supper at Emmaus)致敬,并将前景中神秘的孩童视为基督在使徒面前显现,左侧男子的后方墙上则挂了一小幅耶稣受难像,回应着这份宗教信仰[102]。但倘若如前面讨论过的,文森特心中的宗教狂热如同熄灭的蜡烛与即将崩解的教堂旧塔楼一般,已渐趋平息,那么我们很难认同柯林斯的观点。另外,斯坦福大学的精神分析学家艾伯特·鲁滨(Albert Lubin)认为,那个如幽灵般背对观者的孩子无意识间象征着"前一个文森特",但由于他未能拥有具体的身份或特定形体,所以画中小女孩只能背对着观者。但她在画中占据的位置,从视觉上象征着文森特自小就被他的同名哥哥取代。画面左侧的男子即文森特自身的投射,而右方的年长女性则象征着母亲安娜,她被愁云惨雾笼罩,一道诡异突出的隔板将她与其他人阻绝,同时她也无法迎上年轻人恳求的目光。她往下凝视,令人难以理解地用手指向地面,仿佛把注意力全都集中于小文森特的坟墓上。[103] 以宗教或心理学来分析画作的内在意象，常会出现许多令人惊愕又半信半疑的论点，也因此，近年来如《达·芬奇密码》这一类艺术宗教小说会吸引无数读者吧！

艺术史学者方秀云则认为，《食薯者》的部分构图，是文森特对巴洛克时期大师维拉斯盖兹[104]所绘《煎蛋的老妇》（Old Woman Frying Eggs）的一种致敬。她认为，尽管吃马铃薯的人与喝咖啡的人围着同一张桌子，但用餐与喝咖啡是两码事，不可能同时进行，因此画面左右应属两个独立分开的区块。若将视觉专注于右侧，就会发现与《煎蛋的老妇》架构相当类似。首先，煎蛋的手势与倒咖啡一样，从妇人的头部往下沿着左肩、手臂到手腕，整个轮廓是相同的。其次，《煎蛋的老妇》左方"抱着南瓜的男子"与《食薯者》当中"讨咖啡"的男子，二者想必都饱经沧桑，使得他们看起来皆比实际年龄大上许多。再次，两张画的妇女与男子的轮廓都形成一个波形（男子的∩、两人之间的∪与妇女的∩）。最后，这名讨咖啡男子在整幅画中的位置和姿态，说明了他并不属于这家人，妇女倒了四杯咖啡却未把这名男子算进来，在此他算是一个局外人。从他沧桑世故的脸庞与几近中年的老成来看，这名"讨咖啡"的男子应该就是文森特·梵高自己的内心写照，如同他的现实处境一样，受家庭、社会、友人摒弃，是一位彻头彻尾的"局外人"。[105]

美学研究者蒋勋先生采取一种较为稳健踏实的解读，"梵高把对劳动者的同情升高成为一种安静的凝视，他要观者静观一种生存的庄严。'吃马铃薯的人'像一种仪式，像基督福音书里的'最后晚餐'。然而正中央挡着一个背影，使观者无法进入这个世界，我们只好安静旁观。"[106] 无论学者们如何评论这幅画，我们可以确定的是，《食薯者》对文森特的重要意义毋庸置疑。这绝对是他选择绘画道路五年来，在精神与艺术价值上最具匠心的作品，其蕴含的意象也在后来的《夜间咖啡馆》（The Night Café）等作品中反复出现。

拉帕德对《食薯者》却深深地不以为然，给了文森特极大的批评。例如，画中男子没膝盖又没胸，手臂与鼻子也极度不自然；旁边女子的手画得极假；最右边女子的鼻子却长得像支烟杆似的……如此高傲不客气的口吻令文森特大怒，将原信退回。两人多年的友谊也因此起了芥蒂，逐渐中断联系，这不能不说是因此画而衍生的一段憾事。

最后让我们再看看此画。男子旁的年轻女性，是画中唯一可以确定身份的真实人物，她叫席安·德·格鲁特（Sien de Groot），戴着一顶宽大的包头软帽。她当年17岁，有着一头乌黑浓密的秀发，与性感丰满的嘴唇，文森特时常请她做模特儿，前面那幅《戴白色便帽的农妇》的主人翁就是她。可怜当时席安与人珠胎暗结，不敢说出腹中孩子的生父，天主教区神父便毫不考虑地直指努能的问题人物——文森特即罪魁祸首，因为他时常单独与席安相处，分明是借口画画来诱拐她。基于此，神父禁止教民当文森特的模特儿，也不要接近他，最后还收回文森特在天主教堂司事所内的画室使用权。文森特百口莫辩，厄运又再一次地找上门来，村民们也再次与他反目，对他极尽污辱与唾弃。文森特感到心力交瘁，不明白为何想当一个安静度日、与世无争的画家有这么难？

他早已从牧师会馆搬离，而今画室被收了回去，他在努能已经四面楚歌，势必得离开这个对他不友善的环境了。于是在提奥的建议下，文森特在1885年11月离开待了两年的努能，前往比利时的安特卫普（Antwerp），提奥特地为他报名了艺术学院的课程。[107] 文森特怎么想得到，这一别，便是永远地离开了家乡荷兰。

荷兰作家威基制作1972年追寻梵高足迹的专题时，也特别来到努能小镇。他非常幸运地找到一位98岁高龄的老先生接受访问，这位彼埃特·凡·霍恩老先生，是威基寻访梵高足迹之旅时，全世界最后一位还在世的，曾和文森特·梵高接触的人。[108]

彼埃特老先生回忆，当时因为教区神父的禁令，文森特无法找到任何人担任模特儿，所以他转而用一种含沥青的黑色颜料来画静物。文森特画了许多苹果、马铃薯和鸟巢，就在这个时候他结识了年仅10岁的小彼埃特，并请托小彼埃特为他收集一些鸟巢来作画。彼埃特老先生受访时说道：

> 噢，是，我的老朋友梵高，没有人能够忘记他。我当时只有十岁。但我记得所有的事，历历如昨，那个红胡子的男人和他的画。我第一次见到他的时候，他就坐在那条路上。那是一个阳光普照的下午，就像今天一样。……他的身材短小结实，我们都叫他"小画家"。他戴着一顶草帽，身上是一件农人穿的罩衫，蓝色的，嘴巴里总是叼着根烟斗。以前，我从没见过他这样的人。我的同学和我常聚在一起问他问题，但他总是心不在焉地短短回答几句。……我常常看见他跪着，双手举到眼睛的高度。然后，他会左右摆动，将他的头从一侧偏向另一侧。有些人觉得他疯了，其实这也难怪。……村里的人都说他疯了，但他并不给我这种印象。他只是看起来怪而已，因为他的生活方式和别人不一样。

彼埃特老先生讲述了为文森特寻找鸟巢的经过，更具体形容文森特作画时的模样：

> 文森特的样子，看起来很怪异：他身上只穿了件长亚麻内衣，但还是戴着草帽，抽着烟斗，当时他正在画一棵树。他朝一个方向走三步，又转一个方向再走三步，我从没看过像他这样的人。"梵高先生，"我稍微大声地叫了他，但他还是没听见。他远远地站在画架前面，双手抱胸——他常这么做——很长一段时间都瞪着他的画。然后，他会突然跳起来，好像要去攻击帆布一样，迅猛地在画布上画个两三笔，然后跌回到他的椅子上，眯着眼睛，擦拭他的额头，揉搓他

的手。直到他似乎对结果感到心满意足了，他看看周遭，这才发现我站在那里。他一看见鸟巢和树枝，就马上睁大了眼睛，放下他的调色盘，把烟斗从嘴上拿下来，大声说："干得好，小伙子！"

彼埃特说，席安的丑闻使得文森特必须离开努能，但他临走前曾说他只是离开两个礼拜，而把所有的画作（除了已寄给提奥的一批外）几乎都留在家里。那位令文森特从小就感到疏离的母亲安娜，后来勒令烧毁了文森特的几幅作品，剩下的捆扎起来卖给造纸厂，后来有些以每幅5~10荷兰分的价钱四散各地。

"可怜的文森特，我记得，当我听说他不再回来以后，心里难过极了。"老彼埃特叹了口气说道。

做这段访问时，看着这位老人回忆自己九十年前的经历，威基惊叹不已。他忽然意识到，他正通过一个活着的人的记忆，瞥见文森特·梵高的人生点滴。

值得庆幸的是，威基在1972年及时做了这趟旅程的相关人事物访谈，两年后老彼埃特就以百岁高龄去世了。也许在众人都视文森特为疯子时，只有纯真的孩子能感觉到文森特的真诚；即使时间流逝，这孩子也不曾忘记这位童年相识的古怪画家。对文森特的怀念与印象，持续了九十年的岁月，也是老人一辈子最珍贵的记忆。

1885年的11月底，文森特到达了安特卫普。文森特很喜欢此地的港口风景、喧嚣繁忙的日常景象，也认真观察投射在甲板与建筑物上的日影变化。他在一间颜料商店的楼上租了个小房间，屋内墙上钉了许多张日本的浮世绘，文森特此时还不曾料想到，这些来自东洋的艺术将会对他的风格形成强烈的影响。安特卫普是当年巴洛克画家之王鲁本斯[109]的故乡，文森特希望通过博物馆、画廊以及到安特卫普艺术学院习画，能够更加亲近和学习其作品风格。

在安特卫普的时间仅有短短两个月,许多梵高传记或艺术书往往跳过不谈。但我们在此要指出,至少有两项有关文森特艺术创作的变化,都在这个时期展开的。

首先,在文森特踏入艺术道路近六年后,他在安特卫普终于绘制了"自画像"。这是两幅用炭笔所画的《戴舌帽的自画像》(Self-Portrait),他露出四分之三的侧脸,头戴一顶舌帽,身穿宽领外套。他开始采用速写的方法,运用素描所产生黑白光影对比,仔细观察镜中的自己。很明显地,这种"自画像"的传统其来有自,文森特所欣赏的林布兰、鲁本斯、米勒等人当年都留下许多自画像,这是作画者观察自己、审视自我,乃至于反省自我的最佳机会。文森特在安特卫普街上看到许多摄影工作室,这些摄影师们掌握新时代的写真技术,在当时相当吃得开。但文森特对这种新技术并不以为然,"挂在他们工作室里的肖像画,显然是画在照相得来的背景上。但往往是同样的眼睛、鼻子、嘴巴、蜡像般地没有表情!总是死气沉沉。一幅肖像画有其自己的生命,那生命直接源自艺术家的灵魂。这个城市里似乎有无数美女,我确信可以靠绘人像来赚钱"。[110]文森特对这种黑白摄影写真,显然一点也不欣赏,他认为唯有绘画才能表达人的生命力与灵魂,这是摄影技术无法相提并论的。我们也观察到,文森特的后半生几乎不曾留下什么照片[111],对他而言,用绘画来记录自己的人生,才是最富感染力与生命力的写真。

其次,文森特除了首绘自画像外,也特立独行地画了三幅骷髅头骨的造型。我们看到这幅《叼着烟的头骨》(Skull of a Skeleton with Burning Cigarette),这并不是以往画家们常选择的题材。画中骷髅轻松地吞云吐雾,仿佛在嘲弄生命或是时间,令人匪夷所思。文森特在安特卫普艺术学院的绘画课程中,再次感到与学院派艺术格格不入,犹记在海牙时他就很反对

《戴舌帽的自画像》

《叼着烟的头骨》

莫夫要他临摹石膏像与模特儿裸体，觉得这些都是死板而无生命力的艺术表现方法。另外两幅头骨也是学校的指定作业，本该在学院派的正规训练下严谨逼真地临摹骷髅头，但文森特却把它画得像是另类的自画像，或许是想藉此表达对生命的调侃以及对学院派艺术的蔑视。

在安特卫普住了两个月后，文森特的身体开始出现许多不适症状。一来由于长期营养不良，他的牙齿状况变得很差。"通常我的早餐来自我寄宿的人家，晚餐则在牛奶店里买杯咖啡和面包，或者从旅行箱里拿出一块黑面包。……所以当我接到你的钱时，我的胃对我买来的食物没有消化作用。只要我画图，总有胜过饱食的感受，可是模特儿离去之际，一股虚弱感便油然升起；露天下的工作实非我所能承受的，我觉得不支欲晕。……和别人相较之下，我显得有点生硬笨拙；我看起来好像是在监狱里待了十年的人。我实在应该改变我的外貌。我忙着看牙医；我已失掉或可能失掉的牙齿不在十只以下；这数字太大了，如此令我有超过四十岁的模样。"[112] 除了牙痛外，文森特的肠胃也不好，并时常咳嗽不止，据他信中所言，从5月在努能时一直到年底身在安特卫普，半年多来他只吃过六七次热食。由于作画费用开销太大，以致他都未能好好吃顿饭，文森特在信中还特地交代提奥，别让母亲与家人知道他三餐不继的生活状况。

更令人意外的是，威基在追寻梵高足迹之旅中，从文森特当年在安特卫普时使用的一本速写笔记访查到，文森特这个时期还因为梅毒而向一位卡文奈尔医生寻求协助。事实上，文森特早在与西恩同居时就得过淋病，还住院好几天。梅毒症状也让文森特虚弱不适，在那个青霉素尚未发明的年代，卡文奈尔医生为他开的处方是水银，以及坐浴治疗，但这些根本无法治愈梅毒。威基怀疑，梅毒是否会是导致文森特日后发疯的一个原因，尽管也不排除还有其他因素存在。[113]

这段时期文森特给提奥的信件中，胃病、牙齿脱落、身体虚弱都曾提及,但却未见他因梅毒接受治疗的任何蛛丝马迹。因此有研究者表示,文森特在安特卫普时发生了某些性格上的变化,他第一次以自画像的形式呈现内省、骷髅头骨来透露他对死亡议题的关注,以及他对提奥表达害怕因才华未得到认可而发疯死亡的恐惧,这些绝对都和他发现自己得到了梅毒,疾病终将侵袭他的大脑有关。

文森特无法继续忍受艺术学院的制式教育,经济上的困顿也连带让健康亮起了红灯,到了1月,他向提奥提出前往巴黎的要求,如果兄弟俩合住在一个屋檐下,相信能减轻不少生活压力。但提奥连忙劝阻兄长,说他在巴黎蒙马特(Montmartre)的公寓拥挤狭小,并不适合两人居住。只不过现下安特卫普已经没有值得留恋之处,1886年3月1日,文森特在未曾知会提奥的情况下就突然搭乘火车抵达巴黎,并且在车站写了一张便条给提奥:

> 我这样子突然冲来,请别跟我生气;我已经想了很多,我相信这样,我们不必浪费时间。若你愿意,中午之后或更早一点,我们在罗浮宫相见。……我们一定可以将事情摆妥,你会了解的,所以尽快来。[114]

文森特极度渴望前来巴黎,不仅是希望能学习,而且也是因为此时没有其他城市足以容得下他的雄心壮志。艾田、海牙、德伦特、新阿姆斯特丹、努能、安特卫普……都是文森特绘画生涯沉潜阶段的试炼场。在《食薯者》之后,他的荷兰传统风格已日渐稳固,19世纪欧洲艺术中心巴黎,将提供给文森特更为缤纷的艺术舞台。

巴黎，在大多数人印象里

是浪漫的象征

也是兼具古典美与现代感的大都市

四通八达的大道、清新宜人的塞纳河

绿意盎然的大小公园、引领时尚的名牌店面

还有知性典雅的美术馆

对于全世界人来说，巴黎的美无可取代

海明威也曾说，巴黎是一席流动的飨宴

③

流动的飨宴——巴黎

印象派艺术

巴黎，在大多数人印象里，是浪漫的象征，也是兼具古典美与现代感的大都市。四通八达的大道、清新宜人的塞纳河、绿意盎然的大小公园、引领时尚的名牌店面，还有知性典雅的美术馆，对于全世界人来说，巴黎的美无可取代。海明威也曾说，巴黎是一席流动的飨宴。

走在巴黎街头，徜徉在琳琅满目的品牌与美不胜收的景致里，很少有人会去追想一百多年前巴黎亦曾历经的沧桑岁月。事实上，从18世纪末到19世纪，巴黎面临多次政治冲击与炮火摧残，政权的屡次更迭使得不同的艺术思潮在此交互激荡，古典主义、浪漫主义、写实主义和印象派相继而起，多元文化将这座城市淬炼成为欧洲艺术中心，并向全欧洲乃至全世界绽放。

文森特于1886年3月来到巴黎，他迫不及待要汲取这里丰富的人文气息，也对投入此地的文艺界跃跃欲试。在此之前数年，巴黎画坛正掀起印象派的热潮，而这又将会对文森特的艺术创作产生何种冲击？

在西方艺术史漫长的发展过程中，对当今影响最重大的便是由传统艺术向现代艺术的转变。西方传统艺术的根本特质是写实求真，而现代派艺术基本上却反对写实，而由彼到此，介于两者之间的过渡环节，便是印象派。

西方自文艺复兴以降，求真写实的特质贯穿整个艺术史脉络，讲究透视法、比例原则，解剖学构图成为数百年来画家们依循的绝对法则。然而，19世纪时开始有人追问，所谓的艺术之美就只是纯粹表现一种客观事物吗？果真如此，那么人们直接去欣赏客观事物本身即可，何需艺术多此一举呢？难道所谓的艺术没有其他存在的价值吗？19世纪时，照相机发明了，无论人像或景物，都能通过它更快速更真实地呈现。那么，艺术又该何去何从？

至此，艺术界面临一个严肃的课题：求真写实的路线已经走到了尽头，艺术工作者们必须探索全新的风格。印象画派就是在此时空背景之下登上了西方艺术史的舞台。

19世纪中期以前，入选法国官方的"沙龙展"，是画家唯一公开展示作品的机会，而私人展览在当时少之又少。官方沙龙展有着久远的历史，早在17世纪路易十四（Louis 14）统治时期，罗浮宫的方形沙龙厅便会不定时展出法兰西艺术学院成员的作品，目的在于奖励创新的艺术家，以及提倡艺术展览风潮，但当时罗浮宫沙龙展服务的对象纯粹是王公贵族阶层。法国大革命后，罗浮宫成为博物馆，沙龙展正式改为每年举办，而评审按例只能由艺术学院成员或受国家颁发奖牌的艺术家担任，如此一来便造成了学院派艺术家长期垄断沙龙展参展资格，并引领法国艺术潮流的发展走向。

长期受到垄断的沙龙评选标准，入选作品的风格与派系几乎年年相同，这逐渐引起民间艺术家的反感与抗议。1855年，画家库尔贝交了两项作品参展，却遭到评审团退回。在怒不可遏的情绪之下，他自费架起了庞大的写实主义展览帐篷，于其中展出了多幅写实主义作品，即刻引发艺文界一阵骚动。库尔贝主张不假雕饰地如实表现生活场景，强烈反对学院派一贯的唯美精致路线，他曾说："我不会画天使，因为我从来没有见过他们。"

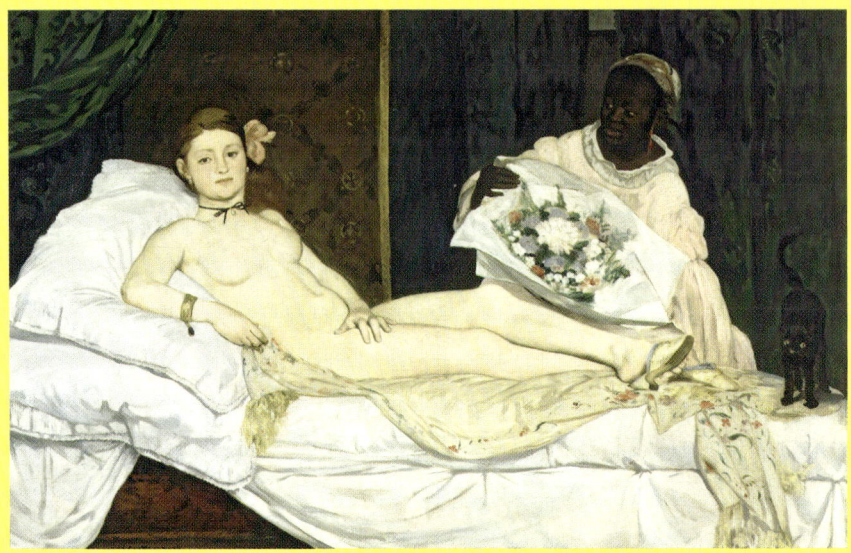

《奥林匹亚》

《乌尔比诺的维纳斯》

《草地上的午餐》

一时之间，写实主义吸引许多年轻画家追随，他们勇敢地坚持自己的理念作画，公然向学院派美学的陈腔滥调宣战。

1863年，拿破仑三世（Napoléon 3）核准在工业宫（Palais de l'Industrie）举办"落选沙龙展"。官方试图将展览的主导权交还给艺术家，也通过沙龙展与落选展的同时举办，让民众自己评比其优劣。正是在这样的背景之下，西方绘画史即将掀开崭新的一页。

青年画家马奈[115]是这次落选沙龙展上最受争议者，他参展的作品《草地上的午餐》（The Picnic）引发了轩然大波。观者认为，他全然不顾现实的道德规范，光天化日下，一名全身赤裸的女子与两位穿戴整齐的男子，泰然自若地坐在树林草地上午餐。马奈的这幅画之所以被沙龙展评审团淘汰，最大的原因在于主题太过惊世骇俗。在西方艺术史上，女性裸体往往必须以女神的形体现身（至少是假托为女神），然而这幅画公然以现实生活里的女性配上两位衣冠楚楚的男士，被视为是伤风败俗的堕落之作，激起了卫道人士的反弹。许多观众和评论家疯狂地叫骂，连拿破仑三世也不得不摇头，否决次年度再办落选展。

但无论外界怎么解读，舆论如何挞伐，时年31岁的马奈一夜之间红遍法国艺文界。而两年后的沙龙展，他以一幅《奥林匹亚》（Olympia）入选，再次震惊艺坛。一个全裸的妓女斜倚在床上，以媚惑的眼神注视着观赏者，《奥林比亚》这幅画已将从提香[116]以来的维纳斯审美的观念打乱了，马奈期望呈现真实的形象。尽管马奈受尽无情的批评与嘲讽，但他坚持以写实手法追求日常生活的美感，这令他很快成为后来印象派画家追随致敬的对象。

马奈认为，只有入选官办的沙龙展才能彰显真正的艺术价值，因此他坚持只参加沙龙展，而从未承认自己是印象派画家。不过由于他在短时间内人气飙升，成为当时极具话题性与争议性的人物，一群常在沙龙展中落选的青年画家，渐渐地聚集到他的身边，包括年长马奈两岁、当时尚未成名的毕沙罗[117]，还有莫奈[118]、雷诺阿[119]、西斯里[120]、巴齐耶[121]等人。这批年轻人对学院派陈旧的艺术观念、体系和方法感到厌倦，崇尚新的美学观点，厌弃希腊罗马的古典理想风格，勇于面对自己的时代，离开画室向大自然求教，并从日常生活中取材。工业革命后的新城市，以一种商业繁华昌盛之美为标的，车站、咖啡厅、舞厅、歌剧院、街道，与现实生活联结的一切才是值得歌颂的美学题材。再者，他们也洞悉到室外的阳光与以往在室内呈现出来的光线完全不同，因此他们坚持将画架搬到室外，可以对太阳光的瞬时变化做出精确的观察研究，所以后来印象派也被称为"外光派"。

这群青年艺术家时常聚在盖伯瓦咖啡馆（Café Guerbois）交流彼此的艺术观点，由于都曾数度在沙龙展落选，并受到当时学院权威派的挤压，因此这更使他们有同仇敌忾之感。在此期间，他们又陆续结识了窦加[122]、塞尚[123]、莫里索[124]等人，尽管每个人的艺术理论与观念不尽相同，但对于旧时代学院派的反抗，以及想突破传统的决心，每个人的目标都是一致的。

1870年，普法战争爆发。巴齐耶不幸在战场上阵亡，他的去世对雷诺阿和莫奈两人的友谊和经济支持影响很大。西斯里等人纷纷逃离动乱中的巴黎，莫奈与毕沙罗也前往伦敦避难，不过逃难中的莫奈也因祸得福，见识到英国浪漫风景画家康斯塔伯[125]与透纳[126]的作品特色，并从中激发了莫奈对色彩研究方面的创新。战争结束后，这群好友陆续回到巴黎，在此期间每个人都创作了一些作品，他们决定共同举办一次联展，取名为"无名画家、雕刻家、版画家协会"画展。1874年4月15日，他们向赫赫有名的摄影家纳达尔[127]租借位在巴黎歌剧院附近卡普辛大道（Boulevard des Capucines）上的工作室，开放给大众进场观展。

不料，这次画展给外界的观感远远超乎他们预料，不管是专业评论或一般群众，对这次展览都给予了无情的指责和嘲讽。尤其莫奈的《印象·日出》（Impression, soleil levant）更被批评是"一味追求印象般的效果"，莫奈以红、黄、蓝等鲜明的色彩来表现日出的氛围，是对色彩运用的全新尝试。但当时的观赏者向来习惯传统的构图与透视法，完全不能接受这般的色彩涂鸦。记者也在报导中讽刺莫奈这群年轻人所组成的艺术团体为"印象派"，但这群年轻人似乎不以为意，因为这个语带讽刺的名称刚好符合他们欲掌握光影瞬间变化的艺术特色，不久他们便欣然地以此自称起来。"印象画派"于焉诞生。

从此之后直至1886年的12年时间里，他们始终用"印象派"的名称举办联展，总共展了8次。但要把这么一群各拥才华、性情、风格截然不同的绘画英才长期聚集在一起，实在是令人为难的事。在他们当中，马奈坚决不参加印象派联展，仅给予友谊上的支持；莫奈喜欢研究光线；窦加和莫里索偏爱描绘人的各种形象；雷诺阿特别喜爱掌握生命中美好的事物。有人喜欢在户外写生，有人却偏爱在工作室作画；毕沙罗热衷政治，窦加与塞尚则性格孤僻，喜离群索居。也因此并非每一位印象派成员都参加了这八次联展，随后的参展者也并不限定是印象派成员[128]。唯有毕沙罗一人自始至终参加了每次的联展，足见他对于推动印象派有极大的热情。

1886年，文森特正好在这一年来到巴黎，及时赶上了最后一次印

《印象・日出》

象派联展。这次展览为他带来艺术眼界与技法上的冲击,当然他也见证了八次联展的休止符。

在第八次联展中,印象画派里潜藏多年的矛盾终于爆发了。中国古代文学家及文学理论家曹子桓先生曾说:"文人相轻,自古而然。"[129] 这是中外古今文化界的顽疾,是文人酸腐本质的体现。这么多位不同性情、脾气和风格的画家齐聚一堂,总难避免一些小摩擦。初期他们还有一致的目标,反抗传统学院派及其垄断沙龙展的威权体制,但自1874年印象派首次画展以来,成员们在名声与艺术评价上逐年提升,各自发展出一片天地。这当中不免出现一位不认同另一位的观点,或甚至衍生出不见容彼此参展的非理性言论。这也就难怪前面提过,每个人参与联展的次数皆不同,也或许有些人在过程中认为与联展理念不合,后期便逐渐淡出。尤其在1886年联展时,毕沙罗决定让27岁的青年艺术家修拉参展,此举却让莫奈、雷诺阿这些元老大感不满,从而退出了这次的联展。修拉的加入,为何会使莫奈等人如此反感?

修拉[130]在当时还名不见经传,他是以《大碗岛的星期天下午》(A Sunday on La Grande Jatte)这幅画参展,大碗岛是塞纳河上一个风景秀丽的小岛,每当假日总聚集许多游客前来休闲。而这幅画在展出之后,也如同马奈的《草地上的午餐》、《奥林匹亚》和莫奈的《印象·日出》命运一样,遭到了当时社会舆论的非议。

不同于传统印象派擅长用粗犷的笔触描绘自然的光与色,在修拉的这幅画中,我们可以看到许许多多的小色点,组成了画面中的人群、树木、河水与阴影,对那个时代观众而言,这是多么可怕的一幅画!这些印象派的画家若不是仅靠着随意几笔印象来作画,便是以这些小色点来构图,他们究竟要把艺术搞成什么样子?事实上,只要看看连莫奈等元老亦无法接受修拉的表现方法,就无怪乎当时一般民众会格外排斥了。修拉的绘画方法称为"点描法"（Pointillism），点描法的运用与色彩理论的发展息息相关，技法上是根据光学原理，将原色（黄、红、蓝三色）以点状的笔触画在画布上，让双眼在观画时于视网膜中自动调色，藉此形成更高纯度的色彩感受。19世纪末，西方科学理论与科技文明的发展突飞猛进，这种科学至上的观点也逐渐进入艺术创作，而点描法正是最好的代表。修拉因为此画一炮而红，后来他与同门师弟席涅克的这个画派就被称为"点描派"、"分光画派"，或是"新印象派"。

之所以仍称呼他们为"印象派"，是因为他们与前辈印象派画家一样，都追求光与色的呈现，不同之处只在于，印象派是将色彩调匀混合，而点描的方法是分割色点，运用周围互补色的原理，让人类的视网膜来做后续的混合。很显然，第八次联展时，传统印象派已经名存实亡，此时连毕沙罗本身都迷上了点描画法，例如，他的这幅《巴黎蒙马特大道》（Boulevard Monmartre in Paris）就是在色彩调匀后增添点描法的呈现，无怪乎他坚持要让修拉参加此届联展。

举办了十二年的印象派联展到此告一段落，但当年默默无闻的青年艺术家们，此时都已独当一面，可以凭自己的名气与实力驰骋于巴黎画坛。印象派说来不全然是一种绘画技巧，它其实与工业革命后的城市商业关系密切。莫奈画出了公园里野餐的绅士淑女，雷诺阿的视野扫向舞会中的时尚男女，毕沙罗喜爱呈现熙来攘往的巴黎街道，窦加格外强调舞厅、咖啡厅里的真实场景——所有的题材，都代表着新时代的新时尚，象征中产阶级活跃下的巴黎———一席流动的飨宴！

文森特来到这样的巴黎，面对许多大师的全新技法和绘画视野，举目所见皆令他惊叹，这些都是他在荷兰与比利时六年的习画期间从未接触过的。他决定尽快学习、吸收，试图从中融合出自己的风格。

《大碗岛的星期天下午》

豁然开朗

故事的焦点回到文森特身上。

1886年3月，文森特与提奥共同居住在蒙马特的拉瓦尔（rue Laval）街上。自从十年前离开古比尔画廊后，文森特便不曾到过巴黎，而这十年几乎正是印象画派风潮席卷法国画坛的全盛时期。对于这段时间以来巴黎的艺术脉动，文森特是陌生的，即使在与提奥的往来信中偶尔会提到印象派，但文森特对他们的特色与技法仍然不熟悉。

就大部分的观赏者而言，也许不见得能分辨文森特在1881年与1885年的画作，但若拿一幅1887年前后的作品来与比利时、荷兰时期比较，相信不太会有人看走眼。最明显的差别在于，文森特已经脱离早期在北方那种米勒风格的大地暗沉色系，到了巴黎的他转而运用更明亮鲜艳的色彩。此外，他在构图与技法上也有深刻的改变。

这几年来，提奥一直欣赏且支持着印象派的创作理念，他藉升任古比尔巴黎分店店长之便，常常向顾客与总公司推荐印象派作品，但古比尔公司的高层显然不怎么买单，毕竟印象派在一般眼光看来仍旧存在两极评价，收购他们的画作不见得有增值的空间，古比尔公司甚至有些怀疑提奥的眼光与专业能力。

尽管如此，为了帮兄长恶补这几年错过的法国当代艺术脉动，提奥找了时间带文森特前往艺廊欣赏印象派的画作。其实文森特初见这些作品时，心中也相当不以为然：

> 一个人听到别人谈论印象派画作，就对它们怀有浓厚的期待……然而第一次看到这些画，却感到非常、非常失望，认为它们草率、丑陋、画法拙劣、用色拙劣，一切都很差劲。[131]

两个月后，文森特参观了第八届的印象派联展，在这里他看到修拉的《大碗岛的星期天下午》，也见识到毕沙罗和席涅克的点描手法。提奥介绍文森特与他们互相认识。对文森特而言，印象派与他同样反对学院派权威与传统审美观，然而印象派那种色彩的调和、浓抹与快速松散的笔法，不见得是文森特所欣赏的。所以在文森特巴黎时期的代表作品里，我们见不到他像莫奈一样，为了捕捉光线与色彩的瞬间变化而不断重复同一景物；也未能见到他如同雷诺阿，时时刻刻追寻着俗世美好的浮光掠影。典型的印象派题材，如船上的欢乐宴会和咖啡馆里的音乐表演，或者城市大道里的车水马龙，文森特对此几乎没有半点着墨，最根本的原因还是在于他不擅长绘画人像。相对于传统印象派技法，他比较认同点描画派的分光试验，花都巴黎向来有夺目迷人的斑斓色彩，这是文森特在北方很难观察到的，他也从未想过可以运用科学的方法，将原色以互补色的方式透过视网膜重新对焦。对于这些新印象派的表现手法，文森特也乐于尝试。

文森特的这幅《餐厅内部》(Interior of a Restaurant)，就是他尝试以点描法完成的最著名的作品。画中墙面的红与绿、地板的黄与灰紫，以及菊黄色的桌椅和蓝色的桌布，都是文森特利用点描方法，经过缜密的巧思绘制而成。但值得注意的是，文森特并没有完全遵从点描派的构图规则，将所有对象全都打散成色点，例如，桌椅并非以点，而是以长形笔触构成，上方的灯罩与高挂墙上的高礼帽，也都非纯粹的点描笔触；甚至是墙上的海

《巴黎蒙马特大道》

报与挂画,皆呈现出传统写实画法的阴影。这表明此画应该是文森特对于点描手法的练习之作,他并未完全接受此派的风格,尽管点描让他有机会在色彩运用和笔触上更进一步尝试,但由于太过拘泥于教条形式,且无法充分展现个人风格,新印象派终究没能成为文森特选择的道路。

　　初到巴黎,文森特花了许多时间在花卉静物的色彩练习上。他也藉此跳脱了在北方一贯使用的暗淡灰色,粉红、嫩绿及鲜绿、浅蓝、蓝紫、黄、橘和鲜红,成为他画中争奇斗艳的主角群。此时文森特受到蒙提且利[132]这位画家影响,大量采用以厚重颜料涂抹的技巧来快速画出花卉。我们探讨梵高艺术的书籍皆鲜少谈及这位蒙提且利,此人是普罗旺斯画家,却过着波西米亚式的流浪生活。文森特到巴黎不久,即听说他在马赛过世的消息,

《餐厅内部》

死前孑然一身，而且也出现过精神失常的症状。除了林布兰、米勒、德拉克洛瓦这些知名的画家外，文森特也相当欣赏蒙提且利，画风有多处受其影响，文森特甚至说过，时常感觉蒙提且利仍活在他的心中。

在文森特与提奥住处附近的克罗泽尔街（rue Clauzel），有一间唐基老爹（Père Tanguy）开的颜料商店。唐基是一位和善慷慨的老者，向来很支持艺术家们的创作，对于那些一时付不出钱的穷苦艺术家，他总让他们暂时赊账，先带回画具再说。青年艺术家们当然也非常乐意接近他，大家都亲昵地称呼他为老爹（Père）。

实际上，1871年时唐基老爹还是个热血男儿，前一年爆发的普法战争，法军战败，拿破仑三世宣布投降。来年巴黎街头便爆发了革命运动，许多工人阶级与下层民众将对政府累积已久的不满宣泄出来，他们组成"巴黎公社"（la Commune de Paris），主张成立新政府，唐基也加入了响应的行列。但巴黎公社只短短管理了巴黎两个月，便遭到法国当局残酷的血腥镇压，遭处决的民众尸横街头，上万人遭到逮捕，一时之间监狱人满为患。唐基也被捕入狱，满腔的热血梦想随之破灭，比较幸运的是，经过一些友人的奔走营救，唐基幸免于难，不久即被释放。

唐基向来信奉19世纪欧洲的无政府主义思想，主张社会公义，反对贫与富的差别待遇，认为应该消弭一切阶级形态。尽管他所献身的理想最后化为泡沫，他也因年老体衰而淡出社会运动，选择在蒙马特地区经营一间小颜料店，但通过关怀穷人、照顾弱势者，唐基老爹心中的热血精神依旧不减。他的名言是："每天花用的生活费超过半法郎以上的，就是个混蛋！"

文森特到蒙马特不久，也认识了这位侠肝义胆的老爹。老爹的豪迈与善心，与文森特向来同情工农、妓女、穷人等弱势族群的理念不谋而合，他们很快便成为忘年之交，彼此惺惺相惜。老爹除了常帮助一些潦倒的艺术家之外，也会在店里展示他们的作品，作为免费宣传。因此文森特除了常得到老爹的资助外，他的画不久后也悬挂在老爹的店里，除此之外，通过唐基老爹，文森特正式接触到日本浮世绘之美。

这幅文森特所绘的《唐基老爹》（Père Tanguy），我们首先可以察觉到文森特由原本暗郁深沉的色调转为明亮，像是忽然之间整个轻松了起来。可以理解的是，刚来到巴黎修行的文森特，就像一块海绵急切地吸收一切见闻，印象派理论、新印象派技法、日本浮世绘……这段期间文森特绝对是快乐无比、积极向上的，这种愉悦欣喜也充分表现在他的作品里。画中的老爹交叠着双手，神情轻松，背后琳琅满目地陈列着他收集的日本浮世绘。文森特这幅肖像画的表现手法也同当时的摄影正面对焦一样，将人物包围在众多能说明其身份的元素下。尽管我们感觉得出主角与背后的浮世绘之间缺乏角度与透视深度，然而文森特以叠加与交错的笔触呈现出人物的内在特质，却正是此画最不凡之处。

在唐基老爹的店里，文森特也逐渐认识许多常来光顾的青年画家，如贝尔纳（Emile Bernard, 1868~1941）、罗特列克（Henri de Toulouse-Lautrec, 1864~1901）与安格丹（Louis Anquetin, 1861~1932）等人。

贝尔纳比文森特小十五岁，来自里尔（Lille）一个纺织商人的家庭，他的父亲坚决反对他从事绘画。贝尔纳与父亲大吵一架后，便独自前来巴黎学画。在唐基老爹这里，贝尔纳得到了许多关怀与安慰，不久他结识了文森特，两人常互相交换画作，在彼此激励切磋之下，友谊迅速滋长。

贝尔纳的祖母爱孙心切，花了一笔钱在巴黎郊区的安涅尔（Asnieres）盖了一间画室给贝尔纳，从此文森特常受邀前往作画。两人曾在画室附近的塞纳河畔，留下一张吊尽后世胃口的照片。相对而坐的两人，贝尔纳正对着镜头，文森特则背面入镜，以致我们无法从这张也许是文森特在世的最后一张相片中看见他的面貌。贝尔纳与文森特之间的友谊相当持久，这是文森特一生中少见的现象，有研究者认为，这应该归因于贝尔纳较文森特年轻许多，不像父亲迪奥多鲁斯、表姐夫莫夫以及高更这几位年长的男性一样，容易让文森特产生又爱又恨的复杂心态。贝尔纳后来也和高更一同作画，并辗转介绍两人认识，而他也成为文森特与高更之间另一座沟通桥梁，这留待后面我们再叙述。

另一位与文森特结下友好情谊的青年画家就是罗特列克。全名亨利·德·土鲁斯-罗特列克的他，是现今法国第四大城土鲁斯（Toulouse）的伯爵之子，所以他承袭了土鲁斯这个中间名。身为贵族之子的他从小过着养尊处优、衣食无虞的生活，但两次意外跌伤却让罗特列克的左右腿骨骼停止发育，成为身高仅150厘米的侏儒。原为家族第一继承人的他，此后

《唐基老爹》

不免遭到父亲的冷落。罗特列克失去了许多自由活动的能力，转而朝素描绘画这类静态活动发展。他在青年时期来到巴黎学画，并与文森特、贝尔纳等人结交，日后他以全新概念创作的彩色画报带动了海报设计的创新，也通过描绘妓女、舞伶等下层人物的写实形象，成为19世纪晚期巴黎夜生活的代言人，被称为"蒙马特之魂"，不过这些都是文森特无法看到的身后之事了。

或许罗特列克潜意识里受到身体残疾的自卑情绪影响，他自我放逐于杯中物与性爱之中。当时人们几乎天天可以在红磨坊看到他的身影，他常以免费为红磨坊绘制宣传海报来折抵每晚的消费，酒足饭饱后就把妓院当作休息处，或许，残疾的他唯有通过不断追寻刺激才能求得一丝慰藉。坐拥万贯家财，内心却看不见未来，他用大量的金钱来买醉、买爱情，红磨坊与妓院成为他用来疗伤的温柔乡。罗特列克后来因酒精中毒而导致精神失常，在37岁的盛年离开人世，无法不让人联想到，这与他长年与醇酒美女为伴的生活习性有密切的关系。

在文森特与罗特列克结交的两年里，他们除了是相互切磋画技的画友之外，还是亲密的酒友。罗特列克曾有一幅作品《梵高》(Portrait of Vincent van Gogh)，是以粉彩画精准地捕捉了文森特喝酒时的神韵。画中的文森特身体微微倾向桌面，双手交握置于桌上，面前有一杯淡绿色的苦艾酒(Absinthe)。[133] 文森特穿着合身剪裁的衣服，若有所思地望向前方。有研究者认为，此刻文森特处于微醺状态，他目露凶光，仿佛随时准备好扑上前去，是一种初到巴黎跃跃欲试的强烈企图感。[134] 但也有人认为，罗特列克此画表现出文森特与巴黎乃至于蒙马特红磨坊的格格不入。文森特终究是个成长于朴实乡间的农民画家，灯红酒绿的生活并不适合他，这也是罗特列克后来建议文森特返回农村小镇追求阳光、前往阿尔的重要原因。[135] 不过另有人表示，文森特此时只是一边喝着苦艾酒，一边与同桌的艺术评论

梵高与贝尔纳合照

罗特列克

家费利克斯·费内翁（Félix Fénéon, 1861~1944）谈天罢了。

在唐基老爹的店里，文森特认识了这几位青年艺术家，得知他们正在柯蒙（Fernand Cormon, 1845~1924）的画室学画，于是文森特也欣然加入。柯蒙是传统学院派的画家，也担任巴黎高等美术学院教授一职。他声誉卓著，吸引了相当多的青年画家到他的画室学习，不只是文森特与罗特列克，包括日后野兽派的创始者马谛斯[136]，中国近现代美术大家徐悲鸿[137]、林风眠[138]等都曾向他学画。或许敏锐些的读者已经看出些端倪，向来对于学院派艺术风格颇为反感的文森特，为何却选择加入柯蒙的画室呢？尽管柯蒙是正统学院派出身，但他性格相当宽容敦厚，这也正是他获得许多学生甘愿追随的魅力所在。文森特虽然无意再进入制式的教育环境中学画，但柯蒙教授的课堂较为随性，不会干涉文森特的创作题材，加上文森特渴望能与罗特列克、贝尔纳齐聚作画，而且画室又有免费的模特儿可供临摹，于是他暂且压抑对学院派的鄙夷态度而加入画室。不过，文森特很快便发现，柯蒙的教导方法仍旧是从临摹石膏像、模特儿入手，待进阶后才加入实景写生；在上过几堂死板的制式课程后，文森特大失所望，加上贝尔纳也有了自己的画室，文森特遂不再去上课了。

尽管文森特的再度"失学"将令提奥感到苦恼，但文森特其实不曾因此而松懈，在蒙马特居住的期间，他用敏锐的双眼和带感情的画笔，为我们捕捉了19世纪80年代末蒙马特的历史景象。在《煎饼磨坊》（Le Moulin de la Galette）里，我们看到蒙马特朴实粗犷的一面。位于今天巴黎北方18区的蒙马特，当年尚未开发，还没有巍峨的圣心堂（Basilique du Sacré-Coeur），小丘广场（Place du Tertre）上也不像今日聚集了众多的街头艺术家，浣衣舫（Le bateau Lavoir）还得再等待十多年才会有一批传奇性的艺术家来此聚集[139]，山顶上还有许多早期用来辗压香鸢尾根（Iris pallida）的风车，不过文森特到巴黎之际，这些风车已经改建为餐厅或舞厅，因此每到假日总会吸引一大群年轻人前来寻欢作乐。在雷诺阿的成名作《煎饼磨坊的舞会》中，我们看到的蒙马特是舞池前挤满了年轻的男男女女，在缤纷夺目的露天舞场社交互动着，的确记录下生活最美好的一面；反观文森特笔下的蒙马特，焦点集中在人烟稀少的街道、空荡荡的餐厅、废弃破旧的传统建筑，呈现出与雷诺阿笔下截然不同的风情。此外，蒙马特地区也聚集了大量的妓女、偷渡者、扒手、流浪汉等，这反倒让文森特觉得格外亲切。总而言之，蒙马特之于文森特仍保有乡村与青春的特质，他尤其钟爱这里清新的空气。

罗特列克,《梵高》

《煎饼磨坊》

柯蒙画室

　　文森特眺望蒙马特的山顶，画下了当地的麦田，也画下了高地的建筑物与风车。在画室中，他也勤奋地对花卉展开静物练习，不管是红色的罂粟花、蓝色的矢车菊还是白色与粉红色的玫瑰。通过研究蓝橙、红绿、黄紫各色的对比关系，他不断地提高画作的彩度和亮度，越来越能利用色彩来掌控整个画面，也尝试运用色彩来表现出立体感。

　　由于文森特与提奥居住的拉瓦尔街公寓实在太过狭小，不久后他们搬到勒必克街（Rue Lepic）54号，在这里文森特将有自己的画室。1886年年底前，文森特又尝试画了多幅《自画像》，此时期自画像所展现的色彩、线条都显得强而有力，一双锐利的眼睛常流露着不安，他试图探索一种林布兰式的自我认同。有时他运用点描派的表现手法，透过小点方式呈现煤气灯的光晕，或是表现头部周围的空气。在这样的表现手法下，画中人物的头部似乎拥有一圈"光环"，或是虚幻的闪光，这或许可以解释为文森特潜意识中的救赎心态，试图经由不断观察镜中的自己，探求对茫茫绘画前景的指引。

在蒙马特有间名为"铃鼓酒店"的小型酒店，是由一位徐娘半老但风韵犹存的意大利老板娘塞嘉托莉（Agostina Segatori）所经营的。塞嘉托莉为人大方豪爽、不拘小节，她像唐基老爹一样，酒店的大门永远为巴黎众多落魄的青年艺术家们敞开。昔日她曾经担任过科罗[140]和库尔贝的模特儿，与窦加也交情匪浅，窦加在她的酒店墙上悬挂了许多日本浮世绘。文森特也曾为塞嘉托莉画过肖像，她坐在自己店内具有铃鼓特色的桌前，一头鲜红色的高发髻，展现了该时代声色风月场所的女性标志，手上的香烟与桌上的啤酒，配合着落落大方的表情，充分展现出她来自拿波里（Nàpule）那直来直往、不扭捏做作的爽朗性格。

文森特常以自己的画作来抵酒馆消费，所以酒馆餐厅墙上很快便挂满了文森特的作品。文森特甚至后来还以餐厅为场地，邀毕沙罗、贝尔纳等人举办了一次小型画展，并自称为"小巷印象主义画家"（Impressionist of the Petit Boulevard），这是文森特为有别于他称呼为"大街画家"的第一代印象派而命名。尽管许多画商相偕观展，但文森特仍旧没卖出任何一幅画。

塞嘉托莉大方地将餐厅空间借给文森特办画展。关于两人之间是否存在感情，向来众说纷纭。餐厅后来经营不善，转手出让，据闻当时文森特已经和塞嘉托莉闹翻，在酒店大门上锁的情况下，文森特破门而入，取走了他留在酒店的作品。文森特还曾向提奥表示过，"说到塞嘉托莉……我对她还是有感觉的，我希望她也和我一样，对我还有些眷恋。"[141]这段充满暧昧情愫的文字一直备受争议。塞嘉托莉的确颇为符合文森特欣赏的类型：成熟、饱经风霜、属于社会底层。巴黎时期的文森特与提奥朝夕相处，通信不多，兄弟俩仅在提奥短暂回荷兰期间曾于信中提及此事，所以后人也很难再对这段若有似无的罗曼史一探究竟。

不过，就在文森特与提奥搬到勒必克街54号之后不久，恰好也是提奥回乡探视母亲期间，另一位谜一样的女人来到了勒必克街的公寓。

关于这个女人，始终是梵高兄弟传奇中一道难解之谜，在兄弟俩的来往信件中仅以"S"来称呼这名女子。既然文字史料无从考证，势必得通过相关的口述历史访查，由侧面来对真相逐层抽丝剥茧。

威基在1972年的梵高足迹探访中，也曾访问到时年86岁的法兰丝瓦丝·邦杰女士，她是安德烈·邦杰（Andries Bonger）的第二任妻子，安德烈与提奥是连襟，他的妹妹乔安娜嫁给了提奥。法兰丝瓦丝女士的这段回忆专访非常重要，因为文森特在巴黎时几乎没有留下多少书信记录，而安德烈与梵高兄弟俩都是好友，更何况他还曾与兄弟俩一起住在勒必克街54号。所以通过安德烈在世时转述给妻子的回忆，或多或少能让我们了解梵高兄弟当时的生活状况。

安德烈是个保险经纪人，他在努能就已认识梵高兄弟。他认为文森特是个怪异的人，很难融入牧师会馆的家庭生活，相比之下提奥就显得正常许多。两年后，梵高兄弟搬进了勒必克街54号，由于"兄弟俩的相处糟糕透了"，所以提奥请求安德烈搬过来一起住，作为两兄弟之间的缓冲。

也许这番叙述让很多人感到惊讶，"兄弟俩的相处糟糕透了？"他们不是一对感情深厚的兄弟吗？确实，这点不容置疑，但与文森特同居实在令人难以忍受：公寓变得像是颜料商店，早上起床时不小心就一脚踩在颜料上；文森特又常喝了一夜酒才回来，回到家还会把提奥吵醒；他常穿提奥的衣服，之后就随意将衣服与颜料、画笔丢在一起；每当提奥结束工作疲惫地回到家时，他只想舒服地躺下大睡一觉，但文森特却会拉张椅子坐在床边，滔滔不绝地向提奥倾吐他对艺术的想法……与文森特同居显然不是个好主意，安德烈也常期待文森特带着画架去乡下漫游，这样他就能过上几天清静的日子。

法兰丝瓦丝接着又叙述，她曾在安德烈过世后，发现他当年写给提奥

雷诺阿,《煎饼磨坊的舞会》

《1886 自画像》

《铃鼓酒馆的老板娘》

的信中也曾提到那位"S"小姐。为何梵高兄弟与安德烈三人都仅用代号来称呼她，这实在令人费解。在安德烈的信中，"S"小姐是一位精神状况非常不稳定，同时身患疾病的人。她曾与提奥交往并同居过一段时间，或许这就是提奥之前曾试图阻止兄长前来巴黎的原因。[142]

提奥与"S"小姐的恋情，大约在文森特抵达巴黎之际已画下句点。尽管如此，"S"小姐依旧缠着提奥，只要心情不好或缺钱时便会回来寻求提奥的慰藉。如今就在提奥暂时回到荷兰老家时，她又现身在勒必克街的公寓。文森特似乎不认同提奥与"S"交往，但也不同意将她弃而不顾，他甚至在给提奥的信里提议：

> 要解决 S 小姐的问题……解决这种"不是她滚，就是我走"的困境，如果找到切实可行的方法，其实可以简单处理的。……我和邦格说的，就是我和你说的，我认为你应该把 S 小姐转让给别人……而其中一个可行的选项，就是把她转介到我这边来，这应该会看起来很明显……我已经准备好要帮你解决 S 小姐的问题，当然可以的话，最好是我不需要娶她，但如果最糟的情况已经无法避免，我甚至会使出权宜之计而同意结婚。（1886 年 8 月）[143]

对于文森特这个令人震惊又摸不着头绪的提议，安德烈即刻跳出来反对，他认为尽管提奥先前在处理"S"小姐的方法上做错了，但"S"的精神状态的确是有问题的，她对提奥的感情并不能说是爱意，而只是一种依赖。安德烈认为只要让"S"去和某人同居一个月，并让此人满足她肉体上的需求、照顾她，那么她应该就能逐渐恢复健康，将提奥忘掉。看得出来，安德烈的提议与文森特有若干符合之处，差别在于那位某人并不应该是文森特，他反对梵高兄弟俩再去蹚这浑水。

我们不清楚"S"的职业身份为何，有研究者认为，提奥与"S"的关系正好是文森特与妓女西恩的翻版，兄弟俩都对命运坎坷、饱受风霜的女子格外同情，进而与她们同居交往，但也都衍生出复杂的人际与金钱问题。也有人怀疑，"S"是否就是西恩？相隔四年，她从荷兰来到巴黎找这对兄弟。我认为，这样的推论毫无根据而且也不合理。还有一种看法是"S"是塞嘉托莉，对于这项怀疑我同样也不能认同，果真如此的话，何必使用代号来称呼她？何况在同时期巴黎画家的记述或口述当中，也未曾发现过提奥曾与塞嘉托莉交往的蛛丝马迹。

事情的结局也显得扑朔迷离。

提奥从荷兰回到巴黎后，安德烈介绍了他的妹妹乔安娜（Johanna Gezina van Gogh-Bonger, 1862~1925）与他认识，两人的感情发展迅速。乔安娜发现到有"S"这号人物，她坚持"S"小姐必须退出提奥的生活。由于安德烈当时已经搬出梵高兄弟的公寓，所以并不清楚最后提奥如何解决"S"这块烫手山芋，日后他再随口问起兄弟俩"S"小姐的下落时，文森特与提奥都选择避而不谈。

这也许只是文森特在巴黎的一小段插曲，但由于颇有话题性，许多介绍文森特·梵高生平的作品都会带上一笔。尽管终究无从得知"S"小姐的身份，但这段插曲让我们对提奥的性格也有了更进一步的了解，显而易见，兄弟俩都具有关怀弱势、同情下层人物的恻隐之心。

梵高兄弟的小妹威廉明娜向来崇拜两位兄长，她也是除了提奥以外与文森特感情最亲密的家人。在提奥结束回到荷兰与家人团聚的短暂时光后，威廉明娜写了一封信给友人黎恩·柯塞（Line Kruysse），提及她对文森特的关怀之情：

> 我二哥、那个巴黎来的提奥，昨天他才刚走。他人真的很好，告诉我们好多文森特的事情。文森特是我们的大哥，现在跟我二哥

一起住在巴黎。文森特的画作变得好棒，开始和其他画家交换作品，随着时间过去，一切都没问题的。提奥他是这么说的，文森特的名气绝对会越来越大，不过我们倒没有任何幻想，他现在有这么一点小小的成就，我们就很感恩了。你当然不知道文森特一路走来多么辛苦，而且谁也不晓得眼前还有什么正等着他。这份失落让他饱尝人生苦涩，但也让他与众不同。我爸妈很难接受，无法理解他在想什么，经常误解我大哥。我爸这人很拘谨，他遵循一切的传统价值，但大哥却从来都不把那些事情当一回事，不用说，父子之间的冲突怒骂是家常便饭，而他们俩都很难轻易忘记那些火爆的时刻。过去八年，我大哥一直是所有争执的焦点，但大家也轻忽了他与生俱来、灵气才华的神性；可惜现实总是和表象差距太大。文森特大哥这几年在家工作，和我们一起住，但自从我爸走了之后，安娜（指大姐）认为文森特搬出去对妈妈比较好，强烈要求大哥离开，这对他的打击很大。在那之后，他就不和我们联络了，得通过提奥才能听到他的消息。[144]

威廉明娜的信，仿佛为我们重新整理了一次文森特从努能时期至巴黎的经过，当然也由此看出，身在荷兰老家的亲人中，仍旧有人默默地关心着这位大哥。提奥此行，除了与久别的家人短暂团聚外，恐怕还肩负着将文森特近况告知家人的重任，即便大家不愿再与他同住，但"打断骨头还连着筋"，文森特在巴黎的生活近况仍旧是家人所关注的。

对文森特而言，巴黎时期除了接受印象派理论与新印象派技法，并积极与贝尔纳、罗特列克等人相互砥砺切磋之外，还有另外两件相当重要的事，那就是认识高更以及接触日本浮世绘，这两件大事都即将影响文森特离开巴黎之后的生活。

高更与浮世绘

文森特与高更的首次会面,由于缺乏文森特这个时期的信件描述,以致无从探索。文森特直到抵达阿尔后,才开始在信件中向提奥提及高更。提奥也许早就通过窦加或毕沙罗等印象派画家,间接认识高更,而文森特或许也从贝尔纳那里得知了这号人物。这位即将与文森特在艺术创作中激荡出璀璨火花的高更,究竟是何许人也?

保罗·高更(Paul Gauguin, 1848~1903)出生于巴黎,父亲是一位具有激进共和思想的记者。1849年,父亲带着高更母子前往高更母亲的祖国秘鲁,打算去那里投资报社事业。但不幸的事情发生了,高更父亲在漫长的海上旅途中因急病去世,这对孤儿寡母只好暂且回到秘鲁娘家,幸而高更的外祖母非常疼爱这个外孙,对其照顾有加,高更的童年才不至于缺乏关爱。这段童年的异乡生活,对高更日后的流浪漂泊意识与绘画风格中的反城市文明心态,产生了深刻的影响。

七岁时,高更随着母亲回到法国定居。成年后他当过船员,也曾加入海军,远渡巴西、巴拿马、大洋洲和北极圈等地。海上航行的经验,加深了高更对异域文明的好奇,触发他潜意识里的流浪精神。二十多岁时他从海军退役,由于母亲在高更于海上航行时就已去世,于是其经由他的监护人阿罗沙（Gustave Arosa）的介绍投身证券交易市场，这是他转换为中产阶级身份的开始。

在一次为阿罗沙举办的庆功宴会上，高更结识了丹麦女子玛蒂·苏菲·嘉德（Mette Sophia Gad），这是一位皮肤白皙的高挑儿女子，正在一名地主家中担任家教。玛蒂不仅身材高大，而且装扮带有阳刚之气，这立刻引起高更的注目并展开热烈追求。有研究者认为，这多少与高更年幼失怙的补偿心态有关。两人交往一年之后，很快便共结连理，玛蒂日后为高更生了下五名子女。至此，高更俨然是今日所谓的"人生胜利者"，拥有成功的事业，并得到贤内助的支持，膝下儿女成群，他的人生还欠缺什么？

无独有偶，高更当年的监护人阿罗沙除了是高更投资事业的引荐者与婚姻媒介之外，还是一位懂得艺术投资的生意人。高更在阿罗沙的住处，见识到许多库尔贝和巴比松画派的收藏品，不过最令他感到眼界大开的，是阿罗沙家中珍藏的许多印象派画作。高更也开始收集艺术品、陶器、异国摄影图像。而通过阿罗沙的介绍，高更结识了毕沙罗，由毕沙罗指导，开始学习绘画。

或许高更第一眼就爱上了印象派，不过一开始习画，高更只是想自娱，当个业余画家，然而在毕沙罗的鼓励之下，他鼓起勇气参加了后五届的印象派联展，自此，他心中对艺术创作的热情与追求也一发不可收拾，他日益醉心于绘画，事业与婚姻都亮起了红灯。1882年股票市场狂跌，高更也无法继续证券交易所的工作，为了一家老小的生计，他去推销防水帆布、张贴海报。为了债务问题，在10年中搬了6次家，但妻子玛蒂实在过不惯粗食布衣的生活，并眼见高更已下定决心成为画家，于是玛蒂也带着儿女回到了哥本哈根。

高更离开了妻女，专注于绘画，除了1891年和家人在哥本哈根曾短暂相聚一周之外，他再也不曾享受过天伦之乐。但他并不以为意，尽管他仍通过书信来关心子女，但高更生命的重心与目标已全然投入了艺术。1886年，高更第一次来到布列塔尼的阿凡桥（Pont-Aven），此地有悠久的文化传统、崎岖的景致、中世纪古建筑、独特的语言与服装以及传统的农民，布列塔尼特殊的风土民情唤醒了高更童年的异国印象，他的心中开始滋生对原始艺术的憧憬。

为了筹措在阿凡桥作画的基金，高更开始寻找工作，他曾到巴拿马（Panamá）当苦力，但不久在马丁尼克岛（Martinique）染上疟疾，相当痛苦地大病了一场，之后拖着疲惫的身体回到了法国，大约在这个时候，他认识了梵高兄弟。

我们已无法得知他们在何种情形之下会面，也很难推测最初相见时对彼此的评价，但可以肯定的是，此时文森特已相当推崇这位具有流浪性格的前辈。经过阿凡桥与南美之行的高更，已经脱离印象派风格的影响，逐渐走出自己那色彩鲜明、线条粗犷的原始风味。令文森特感到兴奋的是，高更对他画的两幅向日葵赞赏有加，他们互相交换了画作，高更随即回到阿凡桥。他们的会面尽管相当短暂，却在文森特心中深刻地种下了希望的种子。面对这位性格粗犷、特立独行的前辈，文森特倾心不已，高更不同于毕沙罗的敦厚温和，更不像罗特列克、贝尔纳这些躁进轻浮的年轻人，继父亲迪奥多鲁斯与莫夫之后，文森特再度将高更视为潜意识中追随的父辈角色。但是，冲击两人未来命运的伏笔也就此埋下。

在巴黎的岁月，印象派的各位大师令文森特眼界大开，然而，最后完全征服文森特内心的是来自日本的浮世绘。

19世纪的巴黎，兼容着来自世界各地的文化表现，日本、中国、越南、印度尼西亚乃至非洲的传统文化，以及音乐、艺术、建筑、戏剧与服饰等多元形式，都成为巴黎最流行的时尚元素。除了印象派画家喜爱的日本浮世绘之外，雕刻大师罗丹[145]和音乐家德布西[146]作品中的东方元素，以及稍

《梅花》

《桥上骤雨》

后毕加索与莫迪里亚尼等人钟情的非洲土著原始艺术，都象征着19世纪的欧洲从单一主流思想时代走向多元百家争鸣的时代。

日本自从1853年因黑船事件[147]被迫门户开放以后，欧洲各国相继接触到日本文化与艺术，其东方装饰性的主题、重视视觉传达的色彩对比，令当时欧洲艺文界为之疯狂，争相收购日本艺术品。艺术家们也常从日本浮世绘版画的构图与色块中获得新艺术思潮的启发，像是莫奈就采用浮世绘来装饰公寓墙面，窦加在塞嘉托莉的铃鼓酒店里亦然，唐基老爹也有相同的审美嗜好，日本艺术在当时的巴黎的确蔚为风潮。

来到巴黎不久，文森特也感染了这股风气。在唐基与塞嘉托莉的店里，他尽情地欣赏浮世绘。随后他也开始狂热地收集这些画作，开始尝试以油画素材来临摹浮世绘。在这些画家当中，歌川广重与葛饰北斋是文森特最欣赏的两位画家。

歌川广重（1797~1858）是出身于江户的浮世绘画家，早年以55幅风景画《东海道五十三次》奠定其知名度，一生创作了5000多幅浮世绘风景画，是当时代最受欢迎的画家之一。葛饰北斋（1760~1849）是与歌川广重同时代的名画家，他结合中国画和西洋画的不同长处，使自己的绘画表现手法多样，无论在风景、人物或花鸟各方面都极具特色，其浓彩色染强而有力。他以《富岳三十六景》中一系列的富士山风情画掳掠了同时代日本人的心，堪称浮世绘画家中的大师。

浮世绘兼具线条与色彩的双重之美。它承袭了中国宋元文人绘画中的优雅线条，这种线条也配合着书法汉字的呈现，使画面中的字体与形物各自都有勾勒的美感。文森特不懂中国汉字，但能欣赏汉字线条之美，他临摹歌川广重的《桥上骤雨》（The Bridge in the Rain），一笔一画临摹着如同对联的汉字，稚拙中又带点可爱。可以想见，文森特当时对日本文化的热情投入。在另一幅《梅花》（Flowering Plum Tree）当中，文森特的临摹要比原作的色彩更加丰富，稳健厚实的桃树、李树的树干枝叶，也能看出文森特掌握线条的功夫恰如其分。

除此之外，不同于西方艺术讲究单点透视法则，东方艺术中的浮世绘，与中国传统绘画一样，常在画面当中采取多元的视点。浮世绘对于文森特日后作品最大的影响，就在于这种多元视点，"可以仰观，可以俯看，可以左右浏览，这种东方特有的立轴或长卷形式的透视法在中国宋代形成，给予梵高极大的自由，使他从此可以不拘束于西方学院的焦点透视，可以海阔天空，创造出之后非常自由的田野、星空的主题，创造出画面开阔自由的作品。"[148]

另外，透过浮世绘中的视觉造型，文森特感受到那当中存在日式的哲学思维，神秘与玄想交杂。葛饰北斋的《神奈川冲浪里》，描绘那道滔天巨浪掀卷着渔船，船工们为了生存而努力抗争的图像，在文森特虔诚的心中泛起一阵阵涟漪。随着心中涟漪逐渐地扩大、加深，在圣雷米时期的文森特，将通过旋转如浪花飞卷的星云达到艺术史上完美的发酵。

通过临摹浮世绘，文森特得以亲近东方艺术，体验东方的哲学，能够抱着更谦卑虚心的心态来观察大自然。于他而言，日本是东方的梦土，和煦的阳光下能够呈现文森特前所未有的斑斓绚丽色彩，然而财力有限的文森特当然无法亲身跨越半个地球到达遥远的东方。依罗特列克建议，法国南方普罗旺斯（Provence）似乎也有着类似的阳光与静谧的风景，这似乎是个可行的替代方案。

梵高兄弟同居将近两年的巴黎生活，确实让提奥相当委屈煎熬。生活习惯与作息的不尽相同，使得兄弟之间的嫌隙越来越明显。提奥觉得兄长不佳的卫生习惯导致越来越少的朋友与客户愿意来家中拜访；此外，文森特总是喝个烂醉，将画架立在交通要道上作画，并跟劝阻他或批评他画作的人爆发口角，因此常被扭送警局，以致提奥时不时就得去警局接文森特

《神奈川冲浪里》

回家。

就文森特的健康情形或心理反应来看，巴黎充斥着太多的刺激与生活压力，不适合文森特久住，长期的夜生活与沉迷酒色，对文森特的身心健康都产生了不良影响。更何况，提奥也需要一个安静空间，下班后能放松休息，偶尔能接待前来拜访的朋友或顾客，如果文森特愿意离开巴黎，提奥相当乐意资助他一切费用。

文森特需要再次换个地方沉淀一下。他的一生与高更相似，总是在流浪。但对于前半生对宗教狂热而后半生献身艺术的文森特·梵高而言，他总是希望藉由迁徙来沉淀自我、救赎自我，一如他在海牙、德伦特、安特卫普和巴黎的心态，如今那片有着如同日本乡村风光的普罗旺斯，将是他渴望寻求下一份救赎的地点。

普罗旺斯也许是罗特列克无心的建议，却让文森特毅然决定前往。既然要到普罗旺斯寻找日本式的静谧与阳光，那么最后文森特为何偏偏选择小镇阿尔？这似乎是个谜。法国南方的普罗旺斯有很多著名的城市，像是马赛（Marseille）、尼斯（Nice）、亚威农（Avignon）、坎城（Cannes）等。或许，从土地中生长出来的农村小镇，一直都是文森特心中最理想的安居之地！

阿尔不曾有过画家居住，但文森特心中已经有了新的计划，由他自己打头阵，到法国南部成立"南方画室"（Studio of the South），就如同高更在阿凡桥作画，身边追随着好几位年轻晚辈一样。文森特知道高更拥有受人崇敬的魅力，假如以高更作为活广告，南方画室一定可以渐渐吸引一批年轻艺术家前来；他还打算找上贝尔纳等人，如此一来，在法国南方建立一个艺术据点的梦想将指日可待。

1888年2月底，文森特搭乘火车离开了居住两年的巴黎。出发的前一晚，文森特与贝尔纳合力，将文森特的画作挂满整片公寓墙面。文森特希望通过这样的贴心举动来让画作替代自己陪伴提奥，大批的自画像也向提奥传达了他的精神。

向来讲述文森特·梵高的故事时，讲到这里都让我们开始紧绷，因为我们知道，文森特的名画《向日葵》、《星夜》、《露天咖啡座》等此时都尚未出世，但文森特已迈入生命最后的两年半。在这最后的岁月里，文森特·梵高将会燃烧出世间最灿烂、动人的艺术。

与世隔绝的日子
浪迹天涯的岁月
有志难伸的人生
这是文森特十年创作道路走来最深刻的总结
他运用拉长的点描笔触表达与满天星斗的对话
这当中有星辰流转的声音
也有云绕回旋的安抚

4

燃烧的星空

阿 尔

1888年2月20日，文森特·梵高抵达阿尔。这一年的冬季特别不同，鲜少下雪的阿尔今年仿佛是要为即将改变小镇命运的旅人接风洗尘似的，文森特甫出车站便见到一片白雪皑皑，远处积雪的山峰，映衬着明亮剔透的天空，文森特的直觉告诉他，这就像是浮世绘中的冬景图。

伊尔文·史东的《梵高传》在叙述文森特到达阿尔时，似乎并未考虑到当时是冬季，字里行间不时出现"那酷热，那分外澄明的大气"、"从最淡的柠檬黄和娇艳的粉红到夺目的淡紫和泥土的浓褐色，只见七彩杂呈"、"四野的色彩。天空蓝得如此强烈……展开在他脚下的这一片绿田，可谓绿色之精，且中了魔"[149]。或许是史东想直接切入文森特对南法阳光和色彩的感受，与巴黎时期做出强烈的对比，因此略去了冬季的场景。事实上，文森特到达阿尔之际，天空仍不断地飘着雪花，他在抵达之初也画下一幅以小镇为背景的雪景图，以及两幅在雪中兀自开花的杏仁树。

文森特暂时在骑士街（rue Cavalerie）30号的卡雷尔（Carrel）餐厅旅馆安顿下来，他跑遍阿尔的杂货店与书店，却找不到想要的颜料与画布，只好立刻写信，托提奥向唐基老爹购买。阿尔从未有过什么知名画家客居，这里的人们似乎也不理解何谓绘画，对于这个满头红发、行为怪异的画家，居民们议论纷纷，避之唯恐不及。再加上当地民众大多以普罗旺斯方言交谈，文森特在这里很难找到可以沟通的对象。

几天后，天气开始转晴，"天空一片蔚蓝，大而亮的太阳似乎要消融所有的积雪，但是风儿严寒而干燥，使人起鸡皮疙瘩"。[150] 原以为降雪已停，终于可以开始作画，但文森特直到抵达阿尔，才见识到此地特有的"密斯托拉风"（mistral）[151]，尽管他数度漫步于附近乡间，寻找适当的作画地点，但在这种又干又冷的强风吹袭下，几乎什么事也做不了。

文森特极为想念提奥，也想念威廉明娜、高更、席涅克、贝尔纳、罗特列克等人，过去在巴黎与友人畅谈艺术、觥筹交错的日子令他难忘；他勤奋地给他们写信，除了罗特列克从不回信之外，其他人的来信，对孤身异乡的文森特而言，都是弥足珍贵的体贴与安慰。

至于提奥，尽管文森特离开巴黎使他的生活舒缓了许多，不用再那么紧绷神经，但在提奥的心中，仍对兄长相当不舍，他写信给威廉明娜提到：

> 文森特上星期天（2月19日）离开南方了……好几年的忧郁与灾难并没有使他更强壮，他感觉需要待在一个气候更好、更温暖的地方……我相信那对他的身体会是好的，对他工作也会有帮助的。当他两年前来我这里的时候，我就不认为我们会很亲近，但是现在我再一次自己住，感觉没有他，房里空空的……他丰富的知识及对世界的看法真的惊人。因此，假如他还有一些年可活，我确定他将会很有名气，通过他，我跟许多他非常尊敬的艺术家们联络，他真的是鼓吹新观念的倡导者啊！[152]

一般介绍文森特·梵高的书籍，大多是从兄长文森特的角度来看待兄弟俩的相处，较少从提奥的心理去探究这对同气连枝的想法和态度。比起兄长，提奥显得低调内敛，较少当面表达内在的情感，但从信中仍可看出，

《兰格罗瓦桥》

尽管文森特为他的生活带来某些不便,却无损他对兄长的关怀与仰慕之情。提奥心疼兄长几年来经历的颠沛与辛劳,他不仅能理解文森特心中那股乍隐时现的流浪情怀,也笃信文森特的刻苦终究会成功。"文森特一定会成为伟大的画家,更何况他还是我的兄长,我的骄傲!"出于一种血浓于水、心悦诚服的祝祷心理,提奥决心扮演好那个在文森特背后默默支持、不计回报的角色。

即使北风强劲凛冽,文森特仍旧不愿浪费时间。当地居民对他怀有戒心,文森特很难找到模特儿,于是他四处留意阿尔的景物,维持一贯的创作理念:劳动者与土地、果园和农田。

"今天我带回家一幅可开闭吊桥的速写,蓝天烘托出行经桥上的一辆小马车,河水也是蓝的,橙色的河岸上绿草丛生,有一群穿罩衫戴彩色帽的

《盛开的果树》

洗衣妇。另有一幅风景，乡下小桥和更多的洗衣妇出现其中。"[153] 这里叙述的就是著名的兰格罗瓦桥（The Langlois Bridge），文森特一定非常喜欢这座横跨阿尔运河的小吊桥，他从不同角度画了一系列吊桥美景以及桥下的洗衣妇。从画中可以明显感受到，文森特尝试将浮世绘的效果运用其中，交错纵横的有力线条与大量出现的蓝、橙互补色，是文森特直觉地要将法国南方表达为他心中的日本风情。文森特向贝尔纳透露："阿尔附近吊桥风景，色彩绚丽宁静，它可以跟日本浮世绘上作品媲美，河上如晶莹的绿宝石，石桥投影下呈现出湛蓝色，整个画面呈现斑斓的色块，与我在日本浮世绘上看到的景象一模一样。"[154] 可惜这座桥日后在战争炮火中遭到毁损，如今原址已重新搭起仿当年样式的新桥，供游人追忆留念。

强劲的密斯托拉风可以连续刮上三天，方始获得一天的平静。为了能在繁花盛开的果园中写生，文森特必须将画架固定在钉入地里的桩上。文森特为果园中的树木留下了一系列大地回春、百花怒放的记录。《盛开的果树》（Orchard in Blossom）系列画作中，可以看到地上仍有残雪，但萌芽的桃树宣告着春天即将到来，文森特运用在巴黎学到的点描法，强调桃花点点盛开的缤纷，当中也掺杂了浮世绘的互补色块和有力的线条，"我正在果园里绘写淡紫色的耕地、一道芦苇篱笆、两棵玫瑰红的桃树、一片灿蓝与白色交织而成的天空，这可能是我迄今所画的风景中最佳的一幅。"[155] 可以看出，这一时期的文森特已能结合不同手法，并转化为自己的风格。他对这一系列盛开果树的画作相当满意，甚至在给提奥的信中，还以速写画出其中三幅，认为将来若要展出，应该依此顺序摆放。当然，多年后的今日，阿姆斯特丹的梵高博物馆已按相同排序，完成了文森特当年的心愿。

《盛开的果树》当中还有一幅是以"纪念莫夫"（Reminiscence of Mauve）为副标题的。文森特刚到阿尔生活不久，便收到威廉明娜来信，告知莫夫去世的噩耗。对文森特而言，在海牙时莫夫曾教导他入门的素描与水彩画，并带他走进了油画殿堂；莫夫不仅是位远亲，更是他的启蒙恩师，尽管之后两人闹翻，但莫夫曾是文森特心中父亲权威的心理投射，他的死依旧让文森特感到失落。为了纪念莫夫，文森特用果园系列中最绚丽缤纷的一幅画作来纪念他，"如你（提奥）同意，我想如此寄给莫夫夫人。大凡纪念莫夫之物似乎不宜阴灰，而应是柔和喜悦的。'噫！永勿以为死者是死的，只要有人活着，死者便将存活。'——这正是我的感慨。再也没有比此事更哀伤的了，他的去世对我来说是一次严重的打击。"[156]

春天到来时，文森特开始着迷于阿尔的色彩，"乡间的景色震撼了我，像日本一样美丽，清澄的大气，鲜艳的水彩。水凝集成了漂亮的翡翠，山水间饱含蓝色。如同我们在日本版画上看到的那样。初升的太阳呈浅橘色，将大地映照得碧蓝，太阳非同寻常地壮观、美丽。"[157] "我刚画完一棵小梨树,紫罗兰色的地面,背景是笔直的白杨围绕的一道墙和一片非常蓝的天空;蓝紫色的树干和白花,还有一只黄色的大蝴蝶停在花簇上。"[158] 我们可以感受到,文森特往往在书信中就已清晰地描述了他的构图以及色彩的运用,配合着他一贯的抒情行文,能让阅读者脑海顿时浮现他所表达的题材形貌。文森特不只是一位优秀的画家,下笔更是文随意转,情思跃然纸上。

怀抱着组建"南方画室"的艺术大计,文森特在给高更的信中描述了阿尔的明媚风光,并开始游说他前来阿尔。但高更回复了他本身遭遇的困境,阿凡桥的多雨气候使他昔日染上的旧疾有复发之虞,更严重的是他的财务危机,让他不能立刻从阿凡桥脱身。文森特相当同情高更的处境,并询问提奥能否买下高更的画来协助他。

这段期间,文森特几乎天天头戴黄色草帽,背着画架与画具,徒步在阿尔乡间寻找合适的作画地点。《往达拉肯之路的艺术家》(The Artist on the Road to Tarascon)便以油画传达此一形象,一袭蓝色的简朴装扮,与文森特最欣赏的农民阶层相似;步行在阿尔林间小路,背景是广袤无垠的麦田。文森特采用强烈的浮世绘色彩对应风格,笔触简洁有力;身后两棵树木,以稀疏和茂盛作为对比,显示他对艺术道路强烈渴望的初衷,正往另一端茫然未知的孤寂走去,地面上照映出画家孤独的身影,恰好是文森特此阶段心灵的写照。尽管这个身影是如此孤独,但这幅画中的精神却让我们感到敬佩。"人生最精彩的部分不是实现梦想的瞬间,而是坚持梦想的过程",这段坚持绘画道路的过程也是文森特·梵高的故事令人们一再传诵的力量所在。只可惜这幅画作在第二次世界大战时遭战火毁损,不复存在,我们只能从战前的留影数据中一窥原作风华,徒留追思。

3月底到5月间,提奥与提斯蒂格先生以印象派为主题,在荷兰办了一次画展,文森特的作品也陈列其中,但仍未能卖出任何一幅。文森特似乎

《往达拉肯之路的艺术家》

并不在意，他告诉威廉明娜："这个嘛，那是可以想见的。人们听过印象派的名声，对印象派有着高度的期待，可是第一次见到印象派作品的时候，他们却极端的失望，认为印象派的作品马虎草率，画得又糟又丑，技法差劲而且用色失败；所有可悲的事情，都和印象派画上连结。"[159] 这让人想起文森特当年初见印象派画作时的情形，他仍不认为大众已经做好心理准备，能够接受印象派的风格。

但印象派画家当中者，经过十多年的努力，倒也并非每一位都仍一贫如洗。文森特认为，如果像窦加、莫奈、雷诺阿、希斯里和毕沙罗这些有名气的画家愿意带头，号召修拉、高更、贝尔纳、罗特列克和梵高这些"小巷画家"加入他们的行列，"那么不平凡的'大街'印象派画家可保有自己的权益，别人再也不会责备他们把首先由其个人努力和才赋所获致，继之由迄今犹在不断的赤贫中工作的一整伙画家所扶持养护而成的声誉，据为己有"。[160] 在这段念来拗口的论述中，文森特主张由大画家带领小画家们，仿佛当年印象派联展的模式一般，共同扶持培养年轻的一代。或许，这也是文森特提出要在南方建立画室的一大原因：

> 我一直有一个理想，想提供后继者一个能够更宁静地进行创作的处所。而今若我在南方的这个入口处设立一个画室兼避难所，应该不算是一项太狂闹的计划吧！为什么最伟大的色彩学家德拉克洛瓦，认为有去更南方更非洲的必要呢？显然因为到了非洲，由阿尔往南行的话，则可发现各式各样的美丽对比效果，红与绿、蓝与橙、硫磺色与紫丁香色等。凡是真正的色彩家都应该来到这儿，应该承认这儿异于北方的独特色彩。[161]

只不过文森特的处世精神一向过于理想化，他早忘了第八届的印象派联展中，成员们是怎么闹翻的，想再把这些性格思想不尽相同且都有各自声望地位的前后辈画家们再聚集在一起，不啻为天方夜谭。

尽管在荷兰所举办的展览中，文森特并没有卖出任何作品，也尚未受到瞩目，但此刻，他对未来仍怀抱着无比的信心与希望，他考虑到将来在画布下方或在展览会的目录上，应该会如何介绍他，"我的名字虽然在现时算不了什么，但是在未来，应该像我签在画布上那样，写在展览会的目录上——是文森特，而不是梵高，我这样做只是为了一个简单的理由，因为这里的人不懂得后一个名字的发音。"[162] 在文森特的作品中，我们常看到他的落款是"文森特"，理由正是为此。

在阿尔的头几个月，文森特过得相当清贫。每天早晨四点钟左右起身，带着画具步行三四个小时，四处找寻地点来作画，直到日落才结束一天的工作。沿着偏僻的乡间小路，再跋涉十多公里回到寄宿的旅馆，尽管疲惫，但他觉得如此的生活才算充实。有时候，提奥的汇款尚未寄到，而文森特已将前一笔生活费拿来添购画具，此时他便依靠从面包店赊来一块面包和带有焦味的黑咖啡度日。

卡雷尔旅馆的食宿费用实在过高，文森特原本就讨厌住在这儿。加之文森特在房间里摆满画作，老板认为太占空间而要增加收费，如此的贪婪嘴脸更使文森特感到厌恶。老板甚至一度扣留他的行李，经当地治安法官交涉，文森特才得以拿回属于自己的东西。如果想继续留在阿尔作画，势必得找间住处与画室才行。5月时，他物色到拉马丁广场（Place Lamartine）2号的一间小房子，在文森特·梵高一生飘荡的旅程中，这处寄居地是最为人熟知的，即《黄屋》（Yellow House）。这里将成为他心中"南方画室"的建立基地，是日后他与高更共居两个月的住所，也是在此，他做出了割耳的惊人之举。"黄屋"更是文森特绘画生涯中最认真、最详实描绘的一处居所。

在《黄屋》（Yellow House）这幅画中，晴朗无云的湛蓝天空，很巧妙地

"黄屋"照片

捕捉到了地中海热烈耀眼的阳光,前方的拉马丁广场上,几位阿尔居民从容悠闲地漫步着,部分路面因当地要埋设煤气管线而垄起,后方天桥刚好有一列冒着腾腾蒸气的火车即将到达阿尔车站——整体画面显得格外寂静。今日的阿尔,黄屋已然不在,当年在它旁边的旅店如今已改名为"梵高旅馆",旅馆里悬挂着一张黄屋遭炮火毁损的照片,是1944年一位战地记者拍下的。这栋梵高旅馆里展示了许多文森特·梵高在阿尔写生的景点路线图,配合附在旁边的作品,令游人一目了然,是今天阿尔相当受欢迎的朝圣地点。

文森特无法立即搬进黄屋,这是间需要修缮和装潢的老房子,总共两层,每一层有两个房间,可以规划为画室、卧房、厨房等不同空间。但文森特暂时只想将它作为画室,至于起居饮食,他选择搬到车站咖啡馆(Café de la Gare),这里也提供住宿,老板是乔瑟夫·吉诺(Joseph Ginoux)。比起卡

《黄屋》

雷尔旅馆的老板，吉诺先生显得和善许多，此处的饮食也较好，文森特觉得原本虚弱的身体状况改善了许多。文森特兴奋地写信给高更及贝尔纳，提议他们前来黄屋同住。

5月底，文森特请人到黄屋进行油漆与装潢工程。那几日无法在画室里头工作，于是文森特决定规划一趟几日的小旅行。他搭乘五个小时的马车，来到距阿尔五十公里远的圣玛莉渔村（Saintes-Maries），他想去那里完成几幅以渔船为主题的作品。尽管文森特来自一个与海争地的国家，但由于自幼长在农村，文森特甚少有关于海景与船只的画作。

在圣玛莉渔村，文森特见到地中海碧绿的海水，幻化的波光瞬间染上

《海边的渔船》

《圣玛莉渔船》

玫瑰红或紫灰，变化多端的色彩令他目眩神迷。文森特在这里的五天，创作了《海边的渔船》（Fishing Boats on the Beach）与《圣玛莉渔船》（The Sea at Saint-Maries）这几幅难得的海景画，在波涛汹涌的大海上，以鲜艳强烈的红色和绿色，来代替一切的轮廓，并凸显海洋的生命力，浪花飞卷的流动感也巧妙地承袭了葛饰北斋《神奈川冲浪里》的巨浪姿态。夜晚时，文森特在圣玛莉空寂的海滩散步，"深蓝的天空里浮动着铬蓝的云朵，还有些云朵呈青蓝色，类似银河的蓝白。在暗蓝处闪烁的星星，有绿、黄、白、玫瑰红诸色，比巴黎所见的更明亮，更灿丽如宝石。海是非常深沉的绀青色。"[163] 受到眼前美景刺激，文森特赶紧拿起画笔进行了素描，他情不自禁地任由画笔挥动，畅然挥洒成画，心头雀跃不已。渐渐地，他在心中对夜空的色彩有了全新的体会，不久之后完成的杰作《隆河的星夜》（Starry Night Over the Rhone）已在他的心中逐渐成形。

从圣玛莉渔村回来后不久，文森特遇到了他在阿尔时期的最佳肖像画模特儿。这位名为乔瑟夫·鲁林（Joseph Roulin）的中年邮递员，个性相当和善热情。许多研究梵高的书往往将鲁林视为邮差。准确地说，鲁林并非一般印象里挨家挨户送信的邮差，他的主要工作是在阿尔邮局分发信件。而当时人们往往将汇款夹带在信件里，所以一般都会挑选忠厚诚实的人来担任这项职务。也因为常常处理提奥寄来的汇款与文森特发往外地的信件，鲁林对这位一头红发、举止怪异的画家显得特别有兴趣。尽管鲁林对艺术似乎一窍不通，但健谈的他很愿意亲近文森特，听文森特发表艺术高论，鲁林常常一边担任优秀的听众，一边同时担任着模特儿的角色。在文森特看来，鲁林是一位对政局怀抱不满的共和主义爱国者，蓄着一把如苏格拉底般的大胡子，并流露出类似唐基老爹的随和气质。

文森特先后为鲁林绘制了六幅肖像，现今均收藏于世界各地的美术馆。波士顿艺术博物馆的这幅鲁林画像，一般认为是最好的。文森特充分运用了蓝色的美感，鲁林坐在一张弯曲的藤椅上，藤椅扶手和椅背的线条恰好使得鲁林的手臂更加突出，文森特刻意表现鲁林如苏格拉底般先知深沉的智慧形象，因为他认为，老好人鲁林具有一种威严感，会让人打从心底感到肃然起敬。综观文森特一生结识的友人，鲁林先生尽管是埋没于历史尘埃的渺小人物，但在文森特受尽冷落的人生道路中，他一直本着真心与之来往，即使不久后文森特精神疾病发作割了耳朵，鲁林仍展现纯真的友谊，不时前往照顾探视，着实让人感动。

不止鲁林与文森特相当亲近，鲁林太太也是位友善敦厚的妇女，文森特常应他们一家老小的邀请前往用餐，为了回报鲁林一家的善意，文森特为鲁林家的每位成员都作了肖像画。由于双方真挚的情谊，从文森特的画中，我们可以深刻地感受到人物的内在性格，鲁林的质朴、鲁林太太的敦厚，甚至是刚出生的小女婴玛塞儿（Marcelle Roulin）也在画中展现出人性最动人的纯真之美。玛塞儿可以说是文森特作品中最年轻的模特儿，她后来活到九十多岁，相当长寿。可惜当时甫出生，对于那位画过她的红发叔叔没有半点印象，但能够在刚来到世上几天，就被这位伟大画家选为模特儿，可以说是十分幸运与可贵的人生际遇。鲁林一家真诚良善，且对待文森特始终如一，是文森特·梵高的传奇人生里难能可贵的友人。

此外，文森特在阿尔还曾给两位难得的友人绘制过肖像画。第一位是保罗·尤金·米利耶特（Paul-Eugène Milliet）步兵少尉，文森特似乎是在妓院这样的风月场所认识他的。当时米利耶特所属的阿尔及利亚步兵连驻扎在阿尔等候调派，这位年轻军官对绘画相当有兴趣，个性又爽朗，与文森特一见如故。在阿尔期间，米利耶特曾陪伴文森特到郊外写生，也曾受文森特之托，在前往巴黎度假时，顺道带一些作品交给提奥。不过他们的相处十分短暂，1888年11月，米利耶特就接到派令前往阿尔及利亚，临行前，文森特为他画了一张肖像，画中少尉头戴红色军帽，胸前配着先前在越南

《保罗·尤金·米利耶特》

《乔瑟夫·鲁林》

《玛塞儿·鲁林》

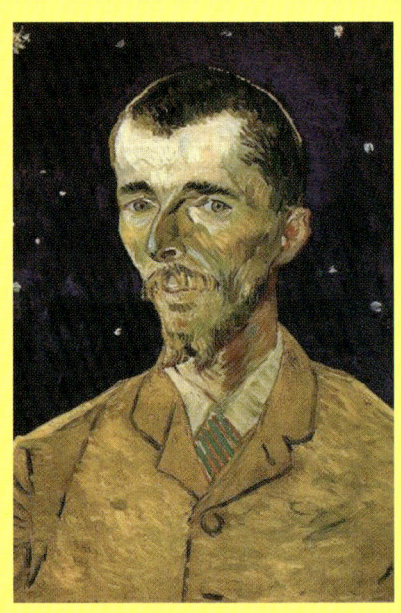

《尤金·布什》

《播种者》

《播种者》

战役获颁的勋章，坚定沉稳的眼神，表现出军人的刚毅冷静。

第二位是诗人画家尤金·布什（Eugène Boch, 1855~1941），高更到达阿尔前，他是文森特在当地唯一的艺术家好友，也曾陪伴文森特去郊外写生。在文森特为他绘制的这幅肖像画中，尤金面容消瘦病态，如果我们将他的五官下方遮住，将发现他斜视的目光略带一些忧虑或焦虑；但若与五官下半部组合，则会注意到藏在胡子后面的微笑神情，这代表文森特充分理解画中人物的内在性格。尤金是位谈吐举止相当文雅的艺术家，文森特相当喜欢他，所以非常认真地绘制这幅画。关于诗人尤金还有一段插曲，就是尤金的画家妹妹安娜（Anna Boch），这位女士日后在展览会场买下了文森特的《红葡萄园》（The Red Vineyard）。

尽管结识了鲁林一家、两位尤金先生——军人尤金与诗人尤金，但文森特仍是孤单的，鲁林与军人尤金有工作在身，并不能时常与文森特相聚，诗人尤金不久后也搬离了阿尔。"我孤独——这也是无可奈何的；但我更需要的是埋头工作，而非同伴，所以我才继续大胆地订购画布和油彩。那是我唯一感到自己是活生生的时刻。"[164] 由于孤独，文森特更加投入每天的工作，他会花好几个小时甚至好几天来构想作品题材与表现方法，接着他的画笔就会以狂风骤雨之姿狂洒于画布之上。文森特自阿尔时期后，作品往往饱蕴能量，正是背后如此深刻的人性情感与充满张力的作画方式所致。

尽管在阿尔的大部分时间都是形单影只，但这个南方小镇仍旧唤醒了文森特对生命的热爱，这里的阳光激发了他对绘画更深的热情。他认为印象派画家所使用的色彩会有褪色的倾向，而对一幅画而言，色彩是其中表达力的关键。他追忆起向来崇敬的米勒，重新诠释《播种者》（The Sower）这幅画，在第一幅《播种者》中，他将画面2/3的空间用来强调播种者的土地，以紫色和黄色的点描方式铺陈，播种者同样身着深蓝衬衫与淡紫色裤子，这使他似乎隐没在土地中。这个手法让我们想起努能那些隐身于织布机后面的织工。背景一轮巨大的烈日,代表着神话般的力量,正源源不绝地强化播种动作所带来的新生与希望。到了1888年年底,文森特又再度诠释《播种者》,这一次他拉近了播种者与观赏者的距离,前一幅中的人物仅是大地色彩的附属品,然而在这里,播种者的颜色与动作却成了画中令人瞩目的焦点。弯曲树干延伸到画布之外,呈现出更为孤傲顽强的生命力。这些夺目的色彩搭配也代表文森特对抗时间流逝的一种试验,以带着晕眩感的色差技法,歌咏乡间田野里最质朴的生命劳动。

车站咖啡馆是文森特曾居住过的地方,经营者吉诺夫妇相当和善,这间咖啡厅价格低廉,常有许多过往旅人聚集,大厅正中央有一座弹子台,可供人们娱乐消磨时间。文森特常喜欢在夜晚坐在角落,点上一杯苦艾酒或黑咖啡,观察大厅中来往的人们,脑中构思着下一幅作品的题材。在这里他画下了著名的《夜间咖啡馆》(Night Café)。文森特努力营造色彩的冲突来增强画面的恐怖张力:

> 酒店是一处可以令人沉沦或发疯或犯罪的地方。我试以红色和绿色为媒介来批露人性中的可怕情欲。血红及暗黄的房间中央有一张绿色的撞球桌;四盏柠檬黄的灯各发出橙色和绿色混成的光……我想呈现的是,低级酒店之黑暗力量,这一切均沐浴在一个类似淡硫磺色的魔炼炉之氛围中。[165]

在带有晕眩感的场景中,画面中央是弹子台,四周散置着桌椅,几位昏醉的旅人和酒客趴在桌前,当中有许多张闲置的空椅子,流露出一种荒凉、落寞的孤寂。大厅后方坐着一对男女,两人的形象仅以草草几笔带过,不少评论者根据男子头戴的黄帽与深蓝色的衣着装扮,认为这刻画的是文森特自我的形象,旁边的女子或许是正在与他谈天的吉诺太太。但身为老板娘的吉诺太太有可能如此亲昵地与文森特同桌谈天吗?或许,这位女子只是文森特心中的投射,是一种对寂寞、渴望被爱、需要陪伴所作出的潜

《夜间咖啡馆》

意识表现。四盏柠檬黄的灯光，散发出橙色和绿色的光芒，照映在血红色的墙上，更加衬托出巨大的焦虑和紧张气氛。墙上悬挂的壁钟，仿佛象征着生命的短暂，这样的手法应是受到德国绘画中常以沙漏或时钟来象征人生无常的技法所启发。文森特此前收到威廉明娜来信告知，家族中与他同名的长辈文森特伯父去世，这使得他再一次思考人间苦难与生死的问题。文森特也将这幅画视为法国版的《食薯者》，相较于前者，《夜间咖啡馆》同样深刻地描绘了社会边缘人的处境，却以更象征主义的手法来诠释孤寂悲苦的议题。

《露天夜间咖啡馆》

另一幅与《夜间咖啡馆》齐名，呈现一体之两面的杰作《露天夜间咖啡馆》（café terrace at night）也绘制于同一时期。这间露天的咖啡馆并非文森特所居住的车站咖啡馆，它位于市集广场（Place du Forum），价位与内部装潢都比车站咖啡馆高档。文森特为它留下了夜间的动人姿态，使得这间咖啡馆在百年后的今天仍以当年的面貌，继续在阿尔小镇为旅客服务。除了黄屋遗址之外，每年从世界各地来到阿尔的观光客，最想亲近的朝圣地点恐怕就是露天咖啡馆了。

文森特在阿尔两度留下咖啡馆的印象，两次都深刻地展现出记忆中寂寞的心灵呼喊。在两条街交会的广场上，铺满石板路的街道旁，露台上方搭了黄色的布棚，布棚下有正在招呼的服务生与几桌谈天的客人。一个阿尔的夏夜，深蓝色的星空闪着一颗颗耀眼的星光，画面由布棚下的露天咖啡座与深蓝的夜空分割为两大块相互对比的区域。

文森特从较远的距离望着人群聚集的咖啡馆，暖色系的黄色布棚与灯光底下，代表着一种人性、生活的温暖，更是人与人情感互动的汇流处，但那却是文森特无法靠近与融入的地方，前景蓝紫色系的大门无情地将他与咖啡座做出了区隔。他能寄托的，唯有夜空中那一颗颗如花朵的璀璨星光，那些脱离印象派传统而采表现主义手法呈现的星星，是文森特寂寞心灵里一句句的呼喊，是他内在情绪最直接的表现。人声鼎沸的咖啡座，逐渐隐没于远方的蓝色街道，似乎也预告着一切的繁华终需归于平静。

在《夜间咖啡馆》，文森特置身于其中，以强烈的血红色空间与迷蒙的灯光、昏醉的酒客，表现出荒凉、落寞的孤寂场景。但在《露天夜间咖啡馆》里，文森特运用更写意象征的表达方式，通过人声鼎沸的咖啡座与满天星斗的夜空，反衬出自我的孤独与无助。画面中没有使用任何黑色，只是一整片冷色系的蓝与紫包围着露天咖啡座，他将浓稠的亢奋与寂寥感堆栈在画布当中，这是除了书信之外，文森特最好的抒发情绪与心情的笔记。

在阿尔已经独自生活了大半年，文森特白天依旧疯狂地在田野间作画，晚间回到小镇，他常常沿着隆河的堤岸散步，寻找灵感，夜晚的场景与星空开始成为他感兴趣的题材，《隆河的星夜》（Starry Night Over the Rhone）同样是文森特知名度相当高的代表作。

隆河有一座顶奎特尔桥（Le Pont de Trinquetaille），桥上的点点灯光投影在河面，波光粼粼，与满天星斗及阿尔的万家灯火，交织成缤纷炫丽的阿尔夜景。文森特仍然使用大片的蓝色，包括钴蓝、浅蓝与代表银河的蓝白，搭配不同深浅的黄色色调，展现出星光、灯光、波光的不同层次的光影美感。一对恋人在星空下漫步，模拟《夜间咖啡馆》里那对在大厅后方亲昵的男女，文森特再一次呼喊出对情感的渴望，万籁俱寂的星夜衬托出他备感孤寂的心灵。些许橙黄色反衬出蓝底的鲜明感，重复交叉的笔触使夜空中的群星更显朦胧与暧昧。水平线条除了表现出河面的流光外，也使我们感受到，文森特是在澎湃与纠结的情绪下完成这幅作品的。

文森特从六月底便向高更提出前来阿尔的邀约，高更回复文森特的许多信件如今已亡佚，但我们可以猜想，高更可能因为债务问题而无法离开阿凡乔。在文森特给提奥的信件中，兄弟俩数度讨论到此问题，包括文森特提出愿将每月的资助金分一半给高更，或是认为若高更当真因手头拮据而无法前来，他也就撤销了阿尔的邀约。之后数月，高更曾在信中透露愿意前往阿尔，但并未给予一个明确的时间点，日子便这样耗下去。如此无止境延期与模棱两可的态度，都一再增加文森特对高更这位理想性人物的狐疑和不确定，从最初的殷殷期盼、接下来的疑神疑鬼，到后来的遗弃失落。《夜间咖啡馆》、《露天夜间咖啡馆》和《隆河的星夜》均是这种心理状态下的产物。每周每月的期待与煎熬，使得文森特心理压力越来越大，亢奋与忧郁情绪的两极对立也日益增加。

不久，威廉明娜来信告知，柯尔（Cornelis）叔叔过世，这位也从事艺术

《隆河的星夜》

品拍卖生意的叔叔向来不喜欢文森特，因而也没留给文森特任何遗产，但提奥是他最宠爱的侄子，继承了一笔可观的遗产。提奥认为叔叔此举过于偏心，于是寄了足够的钱给文森特，让他得以开始装修黄屋的工作，并顺便替高更解决了债务问题，同时负担了高更前往阿尔的旅费。

得知高更确定前来，文森特大喜，他相信高更的前来必定能吸引贝尔纳等人跟进，如此，他梦想中的南方工作室必将成真。这段期间，文森特与高更、贝尔纳相互交换自画像，他将此视为与同伴共同奋斗的象征。在这幅自画像中，文森特剃去头发，将自己打扮得形似出家僧侣，正在膜拜永恒的佛陀。此举显然依旧是受到日本文化影响，他以漫长的艺术道路作为一种修行，画中的眼神与表情正符合文森特想要表达的神秘主义。此前

高更自画像《悲惨世界》

不久,文森特阅读了皮耶·罗蒂的大众小说《菊花夫人》(Madame Chrysanthème)[166],对书中提及佛教僧侣的描述与插图产生了兴趣;他又进一步阅读埃米尔·柏诺夫[167]的《佛教在西方》(Lebouddhisme en Occident),对于佛陀修行过程中受到无数诱惑试炼,文森特极为钦佩。文森特很可能在阅读中发现,自己与释迦牟尼的修道有若干符合之处,"和梵高一样留着短发的悉达多(Siddhātha),经过七年的冥

《献给高更自画像》

想与禁戒，终于在 35 岁悟道成佛。梵高在 1888 年满 35 岁，过去七年致力于宗教信仰，并献身艺术创作。"[168] 潜意识里，文森特想要向高更表示，自己与他一样具有对日本异国文化的艺术信念，以及准备献身于南方画室的计划，而且完全信服并有意遵从高更。

而高更为自己的自画像取名为《悲惨世界》(Les Misérables)，自许为受现实困境逼迫的雨果小说主人公冉·阿让 (Jean Valjean)，在衣衫褴褛却充满力量的外表下，有着高贵与仁慈的内在。小说中，冉·阿让带着他的爱与力量，受社会压迫而游走于法律之外，高更认为，这和当时印象派画家所遭遇到的苦难精神相同。当然，高更也相当清楚，文森特始终将《悲惨世界》的作者雨果视为偶像，所以借用这个题材来拉近文森特，也通过冉·阿让这个角色来塑造自己的理想性。冉·阿让，代表着一个拥有野兽般强健体力的文盲农夫，受社会压力所迫的亡命之徒，或是受人爱戴的成功商人与市长，或是一位拯救生病妓女、孤女与穷人的圣人，一再的形象变换，不正是文森特毕生向往与追求的生活价值吗？高更努力将自己打造为文森特心中的典范人物，希望能激起文森特进一步的崇敬，以便在两人互动时掌握主导地位。文森特见到这幅以《悲惨世界》为题的自画像后，觉得高更太过黑暗、悲伤，他尤其不忍高更面临印象派画家遭受的苦难（文森特自身又何尝不是如此？），于是，他更加坚持高更前来加入南方艺术工作行列的迫切性。

站在高更的立场，前往阿尔首先是回报提奥的经济援助。之前他之所以犹疑数月未能答应前往南方，主要就是受债务羁绊。实际上，高更并不似文森特那样热衷于南方工作室的计划，他把目标定在更遥远的热带地区，以及能在巴黎画坛占有一席之地。不过，考虑到前往南方能暂时解决金钱拮据与这年冬季住所的问题，他也就欣然答应梵高兄弟的邀约前往阿尔。但是，高更与文森特未曾真正长时间相处，大半年来两人仅靠通信往来，面对这其中的不确定性，在阿凡乔向来扮演主导者的高更，只能默默企盼文森特会是个忠实而温顺的同伴了。

　　文森特一心一意等待高更的到来,对于两人未来在阿尔共同创作的生活充满了期待,他告诉提奥:

> 我是个肤浅的人,希望自己的作品让高更大为惊艳,所以无法克制地想要在他抵达之前创作出大量的作品。他的来临将改变我作画的方式,而我也应该从中学习一些东西,但我还是很热衷在装饰上的工作,那些装饰看上去就像精美的法国瓷器一样。这些日子真是棒极了。(1888年10月3日)[169]

　　为了迎接高更到来,文森特开始绘制一系列的装饰画,将黄屋楼上两间卧房中较为宽敞漂亮的那间让给高更,而自己满足于简朴家具,而让高更享受他刚买来不久的核桃木床与衣柜。文森特还记得,在巴黎时高更曾大力称赞他的《向日葵》,"高更喜欢它们!"文森特开始重新绘制多幅《向日葵》,他将对高更的仰慕与漫长等待的激情,一股脑儿地激发在画布上。

《十四朵向日葵》

高　更

　　1888年8月之后，为了准备迎接高更的到来，文森特开始在黄屋中绘制一系列的《向日葵》(Sunflowers)。

　　自从文森特·梵高画了向日葵之后，向日葵便成为他的专属艺术符号，而文森特·梵高也永远地成了向日葵的最佳代言人。来到法国南部，处处可见辽阔无际的葵花田，在艳阳高照的日子，地面上的金黄花朵与天空中耀眼的烈日相互辉映着。

　　向日葵象征顽强、炽热的生命力，也象征着忠诚与爱，文森特再也找不到任何植物能如此概括他的生命感受了。他渴望忠诚的友情与爱情的滋润，多年来面对无情的现实，他在绝望中努力翻滚挣扎，正如画中遭截断插入陶罐的向日葵，死亡之际仍以一种顽强的态度对抗，仿佛要在生命到达终点前热烈地燃烧自我。从另一个角度来看，《向日葵》仿佛文森特的自画像，蕴含一种渴望阳光的生命力量，他的阳光即高更，这是一种极度期待、依赖、仰望的心情。高更之于他，不只是未来在南方艺术计划里的导师与前辈，更是文森特这朵向日葵企求已久的精神依归！

　　《向日葵》系列总共十幅，如今分别收藏于世界各地的美术馆，如果有机会近距离观赏画作，绝不可能不被花瓣吸引。葵花中央一粒粒暗褐的葵花籽,文森特用油料一层层不断堆栈,刻意形成凸起的颗粒,此时的《向日葵》已然不只是画作,更像是雕塑,站在作品前方完全可以感受到画布的肌理质感,似乎还能呼吸到空气中散布的不屈于死亡威胁的浓郁的葵花香。

向日葵离开了土地,花瓣逐渐枯干的过程,像乱草飞扬,也像面对人生的一双双向空中挥舞的手,绝不放弃每一道生机。对文森特和高更而言,艺术即战斗,是一场永无止境的与现实人生的搏斗,"无论这个举动有多笨拙,你可能会发现,当我布置你的画室时,正抱持非常强烈的情绪想念着你"[170],文森特相信透过这些明亮饱和的黄色与橙色,能得到高更最诚挚的响应。

黄屋楼上有两间卧房,文森特将其中较宽敞漂亮的那间保留给高更,并开始添购家具,"质料好的床一张值三百五十法郎,这种乡村式的床显得坚固平稳,我买了两张,自然花掉不少钱;我用剩下的钱买了十二把椅子、一个镜子,和一些零碎的必须用品"[171] 我们注意文森特的叙述,假使真如他所说买了两张质料较好的床,至少已花费 700 法郎,而他尚有余钱添购其他家具。可见,与先前提奥每月汇款 150 法郎给文森特作为生活费与添购画具的费用相比,这一次提奥想必赞助了颇为惊人的经费来支持文森特与高更的同住合作计划。令人费解的是,为何文森特一口气买了"十二把椅子"?研究者认为,文森特此举透露出潜意识里对耶稣基督的强烈认同,他衷心盼着通过南方画室成立的艺术家联盟,能形同耶稣与十二门徒[172],可以想见,文森特依旧以宗教性的理想概念勾勒未来蓝图。如此极度的渴望加上满溢的情感,倘若日后得不到对等的善意回馈,文森特会堕入何等精神崩溃的境地,将是可以理解的。

文森特希望将高更的房间装饰得如仕女一般高雅,白色的墙壁,饰以大朵的向日葵,每十二或十四朵为一束。他想象着高更清晨醒来,一推开窗户，便能见到拉马丁广场上的草木、冉冉升起的太阳，以及晨曦中通往镇上的道路。对于自己的卧室，文森特则布置得十分简朴，在《阿尔的房间》(Bedroom at Arles)中，文森特采用一种近似广角镜头的视野，使观者对整体空间的景物配置一目了然。

褐色木床占据了屋里一半的空间，左半边则摆放着两张椅子与一张小桌。房间后方是一扇窗，推开即可见到楼下的拉马丁广场。（今日的拉马丁广场是一个交通圆环，进入阿尔的人和车大多都会通过这里。）小桌上放着盥洗用的脸盆、水壶与杯子，墙上还挂着一条毛巾和一面镜子，房间左右两道门均为蓝紫色，床头吊挂着文森特常穿的深蓝色布衣及他的黄色草帽，窗边墙壁上均为他先前绘制的风景画与人物画。观察床铺与桌椅，不难发现以黑线条勾勒的轮廓、没有阴影的色面、被压抑的中间色与混合少量补色而成的鲜艳原色系色彩，这些都是西方绘画鲜少使用的方式，文森特再度采用了这种东方墨线的表达手法。

比起前一阶段的《夜间咖啡馆》、《露天夜间咖啡馆》和《隆河的星夜》这些凸显内心孤寂的作品，文森特的房间呈现出一种明亮的暖色调，是截然不同的心境下的产物。此时的他，充满期待、极度兴奋，他要用"家"的理想氛围来迎接高更，这个家是他梦寐以求、用心经营的杰作。

当然，也有人认为墙上的两幅人物画、两张椅子以及双人枕头都是隐喻性的象征符号，传达出文森特极度渴望温暖的陪伴。无论是爱情或友情，《阿尔的房间》在此不仅仅是一幅画，它代表了文森特的内心世界，在阿尔已独居 8 个月的他，想要的无非是一分家庭的温暖感受。

《阿尔的房间》绝对是东西方艺术史上最著名的房间了，文森特自己也相当珍视这幅作品。除了先前在给提奥与高更的信中都为了介绍这个房间而绘制过素描外，日后他在圣雷米的疗养院休养期间，又重新临摹了两幅《阿尔的房间》，这三件油画作品之间有许多共同点，也有相异之处。今天

《阿尔的房间》，阿姆斯特丹

《阿尔的房间》，巴黎奥塞美术馆

《阿尔的房间》，美国芝加哥艺术中心

我们可以在阿姆斯特丹的梵高美术馆（Van Gogh Museum）见到原作，两幅临摹之作则分别由巴黎的奥塞美术馆（Musée d' Orsay）与美国芝加哥艺术中心（The Art Institute of Chicago）收藏。

  至于先前在给提奥与高更的信中为房间绘制的两幅素描，第一幅于1911年收录在贝尔纳所出版的《梵高书简集》（Van Gogh on Art and Artists: Letters to Emile Bernard）中，这本书的内容包括当年文森特与贝尔纳、高更彼此往来的22封信件，素描的高更版本就涵盖其中。四年之后，1914年由乔安娜编辑、荷兰文版本的《梵高书信全集》（The Complete Letters of Vincent Van Gogh: With Reproductions of All the Drawings in the Correspondence）则收录了文森特写给提奥的六百五十多封信，以及一些在荷兰时期给拉帕德的信件，素描的提奥版本也随列书中。到了1973年，文森特的原版书信连同提奥版《阿尔的房间》素描一起，开始在荷兰展出。不过，日本画家与艺术学者小林英树先生却在1999年出版的《梵高的遗言》（ゴッホの遗言）一书中，石破天惊地宣称他的惊人发现——提奥版素描《阿尔的房间》是一幅赝画！

小林英树认为，提奥版素描《阿尔的房间》怎么看都不可能是文森特·梵高的作品，这幅画作笔迹生硬笨拙，看不到文森特素描时惯有的连续笔触与不凡气势，也欠缺自然的时间流动感。最关键的是，当初文森特创作这幅素描是为了向提奥对油画版《阿尔的房间》进行了概要说明，但从提奥版的素描来看，它并未传达出任何有关构图的造型意图。

小林从几个基本透视学的角度，包含房间本身的纵深、向右后方倾斜的墙壁角度、正面墙上的窗户微开、家具配置（床、椅子、小桌）、右侧墙壁上的画，将提奥版与高更版的素描与油画并列比对，"《素描》与梵高的《寝室》没有任何共同点，在构图的经验和力量上，也无法和梵高相比。两者的内容有天壤之别，这显示出《素描》的作者不可能是梵高。"[173] 但这幅伪作却能在《梵高书信全集》与阿姆斯特丹梵高美术馆展示了80年之久，它之所以能够欺瞒过世人眼目，除了本身是以油画与高更版素描为模板，更重要的是它与文森特的六百多封原版信件一起展出，让世人（包含众多研究者）不知不觉将它视为文森特·梵高的笔下真迹。

这是一个相当严重的指控，也是艺术史上的重大发现。那么，究竟是谁伪造了这幅提奥版《阿尔的房间》素描呢？

首先，伪造者应该看过先前出版的《梵高书简集》当中的高更版本的房间素描。高更死后，他与文森特之间的通信都由贝尔纳保存，这也是贝尔纳日后整理出版《梵高书简集》的来由。那么能否假设是，贝尔纳看过文森特绘给高更的《阿尔的房间》素描之后，伪造了另一幅不具梵高风格的提奥版本素描，并在三年后出版呢？小林英树斩钉截铁地否决了这种可能。提奥版的房间素描绝非出自画家之手，作画者毫无透视概念，那是一幅外行人仿造的赝品。

其次，文森特曾在给提奥的信件中提及，《阿尔的房间》地板是有红色格子的瓷砖，但在给高更的信里没有提及此事，文森特似乎不太满意这种地面，或许瓷砖的琐碎方格会破坏整体画面的结构，以致在三幅油画作品中，他处理地板的方式会让观者误以为是木板材质而非瓷砖。接着我们观看素描的高更版本，地面上仅用几条简单的线条笔触来说明构图；但在素描的提奥版本中，赝画的伪造者因读过原书信，知道当时的地板是方格状的瓷砖，便在这个版本的地面上布满混乱的笔触。对赝画的作者而言，地板就是地板，与文森特·梵高的整体构图想法无关。更何况，这也是将空荡地面填补起来的最佳方式，留白太多容易暴露缺陷。因此，我们推断赝品作者必定事先看过文森特写给提奥的原信件（而这是贝尔纳无法做到的）。

既然伪造者并非专业画家，却能读到文森特与提奥的原信件，那么嫌疑人选的范围便随之缩小许多。小林英树在书中最后指出的伪造者身份相当令人震惊，请各位读者容许我暂且将答案搁下。为了故事的连贯性与一致性，我想将解答与相关延伸问题留待下一章；文森特在奥维去世，而死因背后的真相也与这幅伪作有着千丝万缕的联系。各位读者朋友请别急忙翻阅下一章，让我们先把主轴拉回文森特与高更吧！

1888年10月23日，星期二，天刚透亮，一列火车缓缓地驶进了阿尔车站，经过犹豫不决的五个月，高更终于抵达了阿尔。他于周日由布列塔尼（Brittany）的阿凡乔出发，行经一千多公里的旅途，风尘仆仆地来到这个小镇。走出车站后，他背着行李穿越铁轨桥，缓步来到拉马丁广场，饥肠辘辘的他望见广场与街道的路口有间 24 小时营业的咖啡店,他决定在前往黄屋之前先填饱肚子,于是推开门走了进去。

这间 24 小时不打烊的店家正是先前介绍过的"车站咖啡馆",对于它的内部陈设我们也颇为熟悉:几盏黄橙色的吊灯将大厅照得格外明亮,中央是一张撞球桌,四周围是鲜红色的墙与大理石面的餐桌,尽头处是吧台,架上陈列着各种酒品,通往后面走道房间的门上悬挂着一座精美的壁钟。这应该就是高更一眼望去看见的室内景象了。

"啊!是你!我认得你,你是梵高先生的画家朋友吧!"车站咖啡馆的老板吉诺大声呼叫着。

原来,文森特自从月初收到高更寄来那幅名为《悲惨世界》的自画像后,便时常带着它到咖啡馆给老板吉诺欣赏。尽管这只是一则小插曲,但我们可以感觉到,文森特对于高更的来临是何等的期待,他亢奋的精神状态或许已攀升到极致,逢人便说画中朋友即将到来的好消息。尽管距今已相隔一百多年,但我们只要闭上双眼,脑海中便似乎可以浮现当年的场景——文森特拿着高更自画像,坐在车站咖啡馆,眉飞色舞地和吉诺夫妇分享内心的喜悦。

用过早餐后,高更起身离开咖啡馆,走到对面的拉马丁广场 2 号,轻轻敲了敲门。两位后印象派绘画大师在阿尔相会的一刻终于到来了。

我们当然不清楚甫一见面的两人聊了什么,彼此有什么感受,但不难猜到,文森特有多么激动雀跃,他所仰慕的画坛前辈,也是他决心追随的对象,现在就站在眼前,文森特当下想必是喜不自胜。

安顿好行装后,文森特带领高更来到特地为他准备的卧室。一切布置与配色都出自文森特精心的安排,尤其是墙上悬挂的那两幅《向日葵》,代表对高更竭诚友善的欢迎。高更日后回忆:

> 黄色背景上，向日葵的紫色眼睛十分惹眼。黄色的桌面上摆着一枝黄色的花瓶，花儿插在水中，枝叶贪婪地吸吮着汁水。在画的一角写着"Vincent"，阳光从黄色的窗帘渗透进来照在画上，向日葵顿时闪着金黄，好像在叫我起床，这时我仿佛能闻到花香。[174]

也许文森特带领高更大致参观了附近的街道与店面，而高更也需要好好休息来舒缓旅途的疲惫，这一天两人并未交换太多意见，也尚未一起作画。接下来的两三天，两人协议每月的开销将不超过250法郎。他们决定自己磨颜料，以便省去一笔油彩费用。250法郎的开支当然一样由提奥赞助，如今提奥也成为了高更的经纪人，在巴黎销售他的作品。文森特与高更同住合作，可方便提奥将投资款项合为一处汇款，再说有一位前辈画家带领、照料文森特，提奥也宽心许多。

来到阿尔几天后，文森特与高更曾讨论到对此地的看法。事实上阿尔小镇并非让高更感到十分舒服。比起南方普罗旺斯的平凡单调，布列塔尼的阿凡乔显得较纯洁庄严，景象更为明确。阿尔人习惯操着地区性的方言——奥克语（Occitan），这也让自诩能说一口流利北方标准法语的高更心生不快。文森特曾将自己在阿尔近郊喜爱的作画地点，如拉克劳（La Crau）和蒙美犹（Montmajour）这些广阔的田野平原与高更分享，但高更一点也不为之心动，甚至觉得，阿尔是南方最肮脏狭小的地方，这让文森特感到相当沮丧。

阿尔唯一能吸引高更的是女人，甫到达阿尔时，高更就要文森特带他到当地妓院寻欢，从此，逛妓院成为他们每周固定的消遣与正常的发泄渠道。许多介绍文森特·梵高的书，大多避讳不谈这部分，而事实上，文森特认为，活跃的性生活不仅有益健康，而且还很神圣。阿尔小镇曾有许多部队驻扎，因而性工作场所在当地并不少见，文森特与高更也常藉从妓女身上获得快速简便的性关系，来点燃创作的热情。他俩同时为秀发乌黑、体态健美的年轻妓女瑞秋（Rachel）所倾倒，她也是不久之后收到文森特所割耳朵的那位女士。

除了性，烟酒也是两人不可或缺的生活调剂。文森特在巴黎时就有酗酒的毛病，时常用酒精来缓和焦虑与狂躁的情绪；而对高更来说，小酌只是乐趣，烟草才是最令他胸怀舒畅的解药，若是存放烟草的罐子空空如也，高更的心也随之一空，整日郁郁寡欢。两人在共同生活之初便相互协调，设置两个财务箱，一个用来支付房租、烟酒、嫖妓和其他杂项支出，并且他们在箱子上放置纸笔，如实记录每一笔开销；另一个箱子存放额外的钱，再将其分为四等份，专用于每周的伙食。显然，高更的到来使得文森特的生活逐渐出现数字化的理财模式。

共同生活的第二个礼拜，两人来到阿尔城中的古迹——阿利斯康公墓（Les Alyscamps），这里是古罗马时代的废墟，周遭还保留着古代的剧场。根据古罗马时代的传统，墓园都会选择建在城墙外通往罗马方向的奥古斯都之路（Via Augusta）的沿边，这是一种荣耀的象征。而到了早期基督教传教时期，此处也是基督徒秘密聚会的场所。当地向来有一个以讹传讹的说法：耶稣基督往昔曾来到此处，并在其中一具古罗马石棺上留下他跪于其上的膝盖印记，从此这里就成为中古时期最受崇敬的朝圣地点，据传查理大帝（Charlemagne）[175]手下的英雄罗兰（Roland）与其他圣骑士[176]皆长眠于此。

讨论梵高的相关书籍通常较少提及，文森特·梵高留下的上千件油画、素描作品中，绝少以古迹、历史场景为题材。在文森特的眼里，他重视传统的土地劳动文化，关怀当代社会的弱势阶层，历史题材的绘画于他就像古典主义学院派的虚伪美学，是极其逃避现实、矫揉造作的。当然，这或许也与他出生的背景环境息息相关，我们曾在第一章荷兰文化传统中讨论过这一点。而且文森特自幼生长于笃信卡尔文新教的家庭，遵循俭朴自律的生活态度，对历史场景的追忆与赞颂，自始不曾伴随文森特的成长记忆，也不曾为他所认同。

此外，按照过往，文森特选择作画地点时，往往会避开人多的风景区或古迹，我们从他巴黎时期的经验得知，他难以忍受作画时有人在旁指指点点、交头接耳，喧嚣嘈杂的环境容易打断他创作的思绪。然而这一次，文森特却罕见地与高更来到阿利斯康罗马墓园，这无非是想要向高更证明，阿尔也如同布列塔尼的阿凡乔一样，拥有辉煌光荣的过去！

《阿利斯康罗马墓园》组图是文森特极少见的以古迹为题材的作品。在这幅《落叶》（Falling Leaves）里，文森特开始受到高更的影响，强调画家无需忠实于眼前的色彩，重点在于增添画面的张力，因此画家本身可以随心所欲地变换色彩。这幅画的色调相当抢眼，黄色与橙色成为全图的主导色，观赏者可以很明显地识别出树荫底下的古罗马石棺与长椅。文森特还刻意于画面中增添纷飞落叶来强调时间性，通过这条古罗马时期的公墓道路，他似乎也想表达，死亡是一条不可避免的道路。

高更向文森特一再强调，画家应避免复制现实，而尽可能将构想运用抽象主观的手法呈现。他向来看不起那些类似相机的机械式记录。而这对文森特是一种新观念的挑战，过去他画农村、麦田、矿工、织工、妓女时向来是拟物作画。当然他并不排斥抽象画法，当高更以一种主导的地位向他灌输新观念时，文森特也乐于尝试抽象美的概念。

除了《阿利斯康罗马墓园》组图外，文森特时常与高更结伴前往阿尔的古竞技场观看斗牛赛，并留下竞技场内的景象。沿着拉马丁广场向南行，很快便能到达一座古罗马时期留下来的竞技场。严格来说，阿尔小镇所举办的斗牛赛并不如一般观念中的西班牙斗牛那样热血，西班牙斗牛（Corrida）往往以长剑刺死公牛来作为比赛的终结，相对而言阿尔少了许多血腥味。这里的斗牛称为卡马尔格比赛（La Course Camarguaise），斗牛士只需敏捷地从公牛角上取下花结或带子，然后迅速冲往竞技场旁的保护栅栏，

《落叶》

《竞技场的观众》

对牛只不会造成任何伤害。尽管如此，斗牛士闪避牛只的攻击时，仍旧是九死一生的挑战，文森特就曾亲眼见到有位斗牛士在跨越栅栏时，不慎撞碎了他的睪丸。

《竞技场的观众》（Spectators at the Arena）这幅画，即文森特运用高更建议的想象记忆手法绘成。文森特选择一个高的视角，由上而下观看竞技场的景象，在越缩越小的前排观众中，一个男子起身振臂高挥，似乎正在为场上激动的一刻欢呼呐喊。观众席上净是无法辨识的模糊面孔，有着黑色轮廓和蓝绿色阴影，但仍有少数几位身份可稍加判断。邮差鲁林和太太抱着新生的小女婴坐在看台上,神似吉诺夫人的女人正与旁边撑伞的女性交谈着。一位瘦长脸形的女性从左下方探出,背对着看台,似乎正观看着画家本人。她是谁?代表着什么意思?文森特似乎仍旧得依靠实物的观察来作画,这幅画中的人物仅靠他在阿尔熟识的几个人拼凑而成,显然凭空想象的创造方式对他而言过于勉强。文森特对这幅画应该也不满意,从未在任何文字中提到它。

高更,《阿尔的女人》

文森特确实努力尝试听从高更主张的"凭想象作画"。高更画了一幅《阿尔的女人》(Women of

《艾田花园的回忆》

Arles）后，文森特藉由对画面的记忆加上想象，创作出《艾田花园的回忆》（Memory of Garden in Etten）。在高更的版本中，前景的两个女人包裹着大衣披肩，似乎要抵御当地凛冽的密斯托拉风，背景打破了正常透视法的运用而显得特别倾斜，但波光粼粼的水池喷泉搭配后方一对妇女以及保护树木的稻草圆锥体，构成了双双对对的稳定画面。文森特决定采用同样的构图，凭着记忆并加以若干更动。他由过往的经验场景中截取最熟悉的素材，画下了漫步于花园的两名女性，背景中有位俯身工作的女园丁，文森特采用高视角来俯瞰整个画面。整个场景融合了文森特在艾田、努能和拉马丁广场公园的记忆，当中较年长的女性象征文森特的母亲，旁边年轻的那位则类似凯伊、妹妹威廉明娜和吉诺太太的综合体，整幅画的心理意向过于幽闭，画面充满一种紧绷的动感，蜿蜒的小径与柏树在女人身后诡异地扭曲着，对观者造成无形的心理压力。整幅画像是一个嘈杂扭曲的梦境，宣泄着文森特的痛苦和哀伤，那是源于一份从小渴望母爱的失落情感，成人后的几段爱恋也都无疾而终。高更主张的"凭记忆作画"使得文森特将潜意识最痛苦失落的一块通过画面完整地呈现出来。但仔细分辨，仍旧可以看出文森特一贯的自我风格，厚涂颜料与点描笔触，这些都是高更所不喜的。很显然，文森特表面听从高更的建议，但内心深处仍旧对其做出了反抗，以画笔描绘出真正的自我。

高更看阿尔小镇的一切皆不顺眼，差劲的饮食与嘈杂的方言，一切都与北方布列塔尼的水平落差甚大。唯一让他眼前一亮的，是阿尔的女人，这里的女人身着传统服饰时和布列塔尼女人一样有着娇艳的魅力。法国作曲家比才[177]曾根据小说家都德[178]的戏剧作品改编了四首管弦乐曲，其中《阿莱城姑娘》（L'Arlesienne）最为脍炙人口。阿莱城就是阿尔。乐曲描写农村青年疯狂地爱上一位声誉不佳的阿莱城姑娘，最后为她跳楼而死。由长笛独奏、竖琴伴奏的优美段落，宛如阿莱城姑娘温柔妩媚的轻唱。可见当时，阿尔尽管是法国南部开发较晚的农村，但该地的女性确实有独特的魅力，足以让艺术家为其谱出一段凄美的爱情故事。

然而想在阿尔找到女性模特儿相当不容易，先前文森特因行为古怪常引人侧目，乡村保守观念又普遍认为，给艺术家当模特儿是一种禁忌，所以仅有少数人信任文森特，只有鲁林一家、米利耶特少尉、诗人尤金等人，愿意让他画肖像画。为了让高更能完成以"阿尔女性"为主题的肖像画，文森特带他来到车站咖啡馆寻访老板娘吉诺夫人。

玛丽·吉诺（Marie Ginoux）比丈夫年轻五岁左右，但也是一位四十余岁的中年妇人了。几个月以来，文森特不时邀约吉诺夫人绘制肖像画，但她始终没有答应。然而这次，高更起了关键性的作用，他发挥舌灿莲花的说服功力，告诉吉诺夫人他愿意为车站咖啡馆画一幅营销广告，想先以吉诺夫人的肖像当作练习，夫人这才勉为其难地同意了。

高更与文森特各绘了一幅《阿尔城的吉诺夫人》（L'Arlésienne）。吉诺夫人坐在高更正前方，斜对着文森特的位置，从夫人望向高更的眼神角度看来，高更在与文森特的相处上占了主导地位。高更的《阿尔城的吉诺夫人》有着突出的下巴、宽鼻、呼应三角形披肩的圆弧下摆。完成吉诺夫人的肖像后，高更并没有食言，进一步画出了《夜间咖啡馆》（Le Café de nuit）。他刻意选择与先前文森特油画相同的题材，较劲意味相当浓厚。在这幅高更版的《夜间咖啡馆》中，吉诺夫人占据了画面前景的部分，用一种睥睨自傲的眼神望着观画者，背景以鲜红色的墙壁与撞球桌面的绿色毛呢做了强烈的对比，左后方有桌客人正趴着睡觉或处于酩酊状态，这是由先前文森特版本承袭而来的，坐在桌角被画面截去一部分的男人，从穿着打扮上来看，也应是文森特先前为其画过肖像画的米利耶特少尉。文森特在少尉于11月调派前往阿尔及利亚前，曾介绍他与高更认识，有那么一个短暂时期，这三个男人成了寻花问柳的玩伴。隔壁桌那位留着大胡子的男人，看

高更,《阿尔城的吉诺夫人》

梵高,《阿尔城的吉诺夫人》

高更,《夜间咖啡馆》

《高更》

高更,《向日葵的画家》

似鲁林。但在这幅画中，高更扬弃了更多先前文森特版本的表达方式，空间中极端互补色的冲击与大厅上方黄绿色具催眠作用的光晕，至此皆不复见。 高更版本其实呈现出对文森特先前主题的一种哂笑讥讽，凸显出文森特最爱的夜间咖啡馆代表着人性中可怕的情欲与堕落，而文森特在阿尔仅有的好友们，皆为这堕落场景的一分子，米利耶特沉醉于酒精、鲁林与风尘女子谈笑风生；如此不庄重和近乎讽刺的主题，让文森特感到不甚舒坦。

相对于高更《夜间咖啡馆》里的吉诺夫人的自傲和眼神中流露出的媚惑神情来说，文森特画中的吉诺夫人显得心事重重，三角形下巴与有棱有角的五官，胸口白色披巾处有着笔刷和调色刀快速掠过的痕迹，一朵夹竹桃点缀于其中，为整个画面增添几许生气。有了真实人物作为模特儿，文森特的笔触得以运用得更加恣意，这是一种与高更肖像画中的细致纹理迥异的画法，也间接证明了两人对于创作技法观念的根本不同之处。

两人朝夕相处一个月后，也开始着手为彼此绘制画像。文森特创作的《高更》（Portrait of Gauguin）是由背后捕捉高更作画时的模样，高更头戴布列塔尼的红色贝雷帽，鼻子显得很不合比例。由于颜色的对比与人物比例不甚理想，这幅画经过近百年的争论后，才证明是文森特·梵高的作品。一来可看出文森特对高更的敬畏，只能从后方以不精确的角度观察高更，这让他在构图与配色上显得茫然失措；二来可以判断出，文森特仍有意继续采用记忆的想象画法。但其实对文森特而言，眼前少了真人模特儿，他确实无法创作出好的肖像画。反观高更为文森特所绘制的《向日葵的画家》（Painter of Sunflowers），则显得较具话题性。画中的文森特有着棕色的头发与深红的胡须，眼睛半睁，手持细如绵针的画笔站在画架前，画中的向日葵放置于一只陶器花盆中。高更所画的向日葵与文森特完全不同，他扩大了向日葵的花心，舍弃叶片，使向日葵像是一颗颗巨大的眼睛。高更采取高视角来描绘文森特作画的神情，这毋宁说是一种居高临下的优越感所致。

画面中的文森特看似相当倦怠，精神萎靡。这是高更想要表达精神状态日益恶化的文森特吗？抑或高更潜意识里的文森特始终都是这样茫然呆滞、毫无生气呢？据高更日后回忆，文森特见到此画时惊呼："这就是我！这是我发疯了的样子！"就相似性而言，这幅画与文森特的真实样貌有许多落差，尤其眼睛。我们见过文森特的许多自画像，那当中一双锐利的眼睛，似乎深藏着热情燃烧的灵魂。往昔见过文森特·梵高的人，也都对他的双眼留下特别的印象。弟媳乔安娜说："从他突出的眉骨之下，有一双锐利的、好奇的目光。"二妹伊丽莎白则写到："他的眉毛垂在一起，那双小小的、沉思的、最深邃的眼睛，会依据某种变化，颜色也会由蓝转绿。"[179]那双深邃锐利的眼睛，无疑让接触过的友人都印象深刻，但在高更的画作中却丝毫不见这样的特征。或许他根本不了解真正的文森特那通过锐利目光参透世间苦乐的双眼；也或许高更再度抛弃了表象，画面只是象征，展露的并非外在而是内心世界的写实。

与文森特同住作画的岁月中，高更总是以前辈画家之姿态来对待文森特，他认为，自己多年的绘画基础和丰富经验，能让文森特的创作能力获得启蒙。他曾在回忆录中强调这段期间他为文森特提供了不少指导，但若就高更日后迁居大溪地（Tahiti）期间陆续发表的画作来看，文森特对于高更绘画技巧的影响，却远大于高更对他的启蒙。好比橙与黄的暖色调，以及带有象征符号意味的形体，种种改变都与他在阿凡乔前期呈现的特色截然不同。

除了因为高更是文森特景仰的前辈，文森特认为有许多方面需求教于他之外，高更也是文森特"南方画室计划"的首要人物，因此尽管高更对阿尔小镇的种种有过许多抱怨和厌恶，但文森特仍以一种低姿态来与更高相处，因为他明白若留不住高更，那么"南方画室计划"将成为一场幻影。但在高更心里，待在阿尔只是权宜之计，一来阿尔低廉的物价能让他省下

卢克·菲尔德斯,《狄更斯的空椅》

一笔开销过冬;二来是为了回报提奥的金援纾困,他才答应兄弟俩的要求寄居阿尔。他计划在此暂且刻苦一番,待筹措到足够的资金后便可再次远航,回到马丁尼克岛。文森特一直梦想着阳光灿烂的乡野与淳朴的小镇,而高更向往的却是原始风貌的异国境地。两种截然不同的流浪取向,始终在彼此脑海中回绕,直至两人终于爆发冲突。

在文森特与高更合住时期,最能表现两人内在互动的作品,莫过于《梵高的椅子》(Van Gogh's Chair with His Pipe)和《高更的椅子》(Gauguin's Armchair)这两件作品。很可惜,今日这两幅画分别收藏于荷兰阿姆斯特丹梵高美术馆与海峡对岸的英国伦敦国家画廊,难有机缘将两幅真迹并列观察,只好退而求其次欣赏印刷彩页了。西方艺术史中,自希腊时期开始就经常以食物水果为主题创作静物画,但将椅子视为主题的画作则相当新鲜。

事实上，文森特很早就对空椅子这个主题产生了极大的兴趣。

1878年2月，当时身处阿姆斯特丹的文森特正积极投入神学院的入学考。父亲迪奥多鲁斯特地前来探望他，这恐怕是文森特一生当中，与父亲难得的和睦温馨的时刻，他回忆道：

> 最愉快的是一起在我的小房间里度过的一个早上，我们修正一些作品，谈论好几件事情。你可以想象得出时光流逝，我到车站送他，眼睛追随着远去的火车，甚至逐渐消散的汽雾，而后回到我住的地方，看见父亲坐过的椅子依然倚立在小桌旁，而桌上仍旧摆着前天摊开来的书和复写簿，虽然我晓得我们很快会再见面，但我还是哭得像个小孩子。[180]

这里的家具代表着某种归属感，一份对家庭温暖的向往，一种对亲情极度的渴望。黄屋一度让文森特有了家的感觉，但空荡的椅子似乎又显示出文森特对孤寂的暗示。

空椅子的主题并非文森特首创，早在1870年，英国插画家卢克·菲尔德斯（Luke Fildes）在查尔斯·狄更斯（Charles Dickens）甫过世之际，便为这位伟大的文学巨擘画下了他的书房素描。画中呈现已然没有了狄更斯的书房，阳光由敞开的窗外倾泻而下，堆满书籍的大书桌代表着故主的渊博学识，但一张空的扶手椅静静地摆放于书桌前，它的主人已永远离去，再也无法使用它。文森特相当喜爱这张素描版画，他一向敬仰狄更斯，热爱其著作，于是特地请提奥为他购买此画的复制品。这种以对象来代表其思念者的投射手法，得到了文森特的许多共鸣。

如今，文森特在黄屋似乎又产生了其类似的情感投射。一个多月来与高更的朝夕相处，两人之间的差异与观念渐渐扩大，高更依旧不满阿尔的一切，文森特对高更的有意离去蓦然地感到恐惧。《梵高的椅子》以白天为场景,一把平凡的松木椅摆在朴素的房间内,地上是暗红色的瓷砖,背景有一箱洋葱(或说郁金香)。紫藤编成的椅垫上,放置着简单的烟斗和烟叶,象征着文森特的生命共同体。相反地,《高更的椅子》呈现的是夜里点着煤油灯的舒适房间,一把精雕细琢的红绿色扶手椅立于地毯上,椅子上放着蜡烛和两本小说。两幅画表现了不同光线下的绘画效果。那张舒适的扶手椅是文森特特意为高更准备的,其形象极为类似菲尔德斯为狄更斯所绘的那张。这表明,在文森特心中,高更拥有狄更斯那般值得景仰追随的地位。小说与蜡烛象征着灵感火花,煤油灯更传达着高更那不依赖自然光线,凭借自身才气散发光热的高大形象。文森特的平凡椅子采用厚涂法,铺陈充满阿尔阳光与黄屋本身色彩的亮丽鲜黄,它四平八稳地站着,象征文森特沉稳踏实的创作态度。相对之下,那把仿如漂荡在地毯上的扶手椅,正是主张以记忆抽象来创作的高更。

有研究者认为,文森特此作表达了对高更的爱恨情结,这是他对生命中每位父执辈爱恨浓烈交织的情绪反应。空椅子代表暂时的消失和最极端的死亡形式,这里面充满了恋父式的攻击与自虐的贬抑,平凡的椅子、烟斗和朴素的房间都是一种人为的自我贬低;而当年曾在静物画《摊开的圣经、烛台和小说》这幅追忆作品中用来象征父亲的蜡烛与圣经书本,如今成了高更的象征,蜡烛也再次在两人的互动之间,代表男性性器官的权威力量。[181] 面对父亲迪奥多鲁斯、表姐夫莫夫与高更,文森特始终坚持信念,潜意识里不断反抗自己崇敬的父权象征。

尽管这是两幅另类的空椅子静物画,却也可以视为文森特另一种形式的自画像。此刻他的不安、躁动、挣扎……种种复杂情绪正在酝酿,高更以领导者自居的态度已渐渐唤醒文森特内心对权威父执辈的反抗力量,冲突的火药桶正悄悄地埋下。

两幅椅子画作,以静态方式象征了两人观念、生活态度上的歧异。而咖啡馆的一场争执，则代表这种不安的对立情绪，正逐渐转化为动态呈现。高更在晚年的回忆录《此前此后》(*Avant et après*)中提到：

> 那晚我们去咖啡馆。他（文森特）点了苦艾酒。突然间，他将玻璃杯扔向我的头，我连忙低头避开，用手臂制住他的身子，接着离开咖啡馆，中途穿越雨果广场。几分钟后，文森特便躺在床上睡着了，直到早上才醒来。

> 他醒来时，非常冷静地对我说："亲爱的高更，我依稀记得昨晚冒犯了你。"我回答说："我乐意且诚心原谅你，但是昨晚的事可能重演，如果我被攻击，也许会失控还手，掐你的脖子。所以容我写信给你弟弟，通知他我要回去了。"[182]

高更在文森特过世十三年后用文字叙述了这段两人在阿尔时期的正面冲突。就历史学的考证方法而言，对于这类自述性的回忆，而且仅存在单方说法的口述历史，取舍间必须慎之又慎。高更回忆录中对文森特·梵高的描述，显而易见欲将其塑造为一个疯子；就连位于黄屋前方的拉马丁广场（并非雨果广场），高更都记错了名字。许多研究者也相当质疑，这起咖啡馆的冲突事件是否与高更写信给提奥告知其想离开阿尔为同一时期，即使不是高更刻意扭曲这段史实，但至少也可看出，相隔十三年后，高更的片段记忆与事实产生了相当程度的落差。

不只如此，为了强化文森特的发狂形象，高更还做过以下描述：

> 最后的日子里，文森特经常突然变得聒噪粗暴起来，然后又是一阵沉默。好几个晚上，他悄声无息地起身走到我的床边，把我吓得不轻。我突然惊醒都是因为什么还用说吗？这样的时候我只能言辞苛责地对他说："文森特！你到底是怎么了！"这样是为了好让他回房休

《高更的椅子》

《梵高的椅子》

憩。[183]

众所皆知，文森特的确不久后便发病且割下了耳朵，然而在文森特与高更相处的这两个月中，所有过程是否皆如高更回忆录中所记载，这点颇启人疑窦。两年后文森特自残离世，社会舆论对于高更有某种程度的谴责与不谅解，基于捍卫自身立场，高更在回忆录中必定会提出若干辩解及主观的含糊说辞。

当然，多数人皆能认同，与文森特同住绝对是非常困难的耐性挑战。在巴黎时，连身为兄弟、性格温和良善的提奥都被文森特焦躁、随便的生活态度逼到了临界点，更遑论其他人。高更发现，文森特从来不收拾自己的物品，他将颜料盒与颜料管乱扔，软管挤成一堆，颜料盒从不盖上盖子。高更作画时，文森特喜欢站在背后议论，也常与高更针对艺术的理论和风格派别争论不休。高更对贝尔纳说过：

> 在绘画上，他欣赏杜米埃[184]、杜比尼[185]、齐埃姆[186]和伟大的卢梭[187]，这些都是我无法忍受的人；另一方面，他憎恶安格尔[188]、拉斐尔[189]和窦加，而这些都是我欣赏的人。为了寻求和解，我回答："下士，你是对的。"……他喜欢浪漫风格，而我倾向原始状态。在色彩方面，他和蒙地西利一样，对于颜料运用很有兴趣，而我憎恶玩弄颜料。[190]

高更认为，艺术品位的代沟是他与文森特最大的歧见所在，但此段文字似乎刻意营造出两人艺术观念上的差异，而回避了两人皆欣赏的德拉克洛瓦，也意图表示自己欣赏强调线条、想象力的风格，远远优于文森特喜爱的忠于实景、表现主义的画风。

文森特也曾坦承两人在艺术上有过争执和歧见。12月中旬，两人搭乘火车前往阿尔以西的蒙彼利埃（Montpellier）美术馆，这里陈列了许多法国

19世纪绘画大师的作品，可称得上是法国南部最精巧的艺术博物馆。 回来后，文森特这样告诉提奥：

> 我们去参观蒙彼利埃的美术馆，看了德拉克洛瓦、库尔贝、乔托[191]、波特[192]、波提且利[193]、卢梭等人的画，我们仿佛置身于奇秘的境界中……高更与我大谈德拉克洛瓦和林布兰。我们的辩论强烈如电流；有时候一席话下来，脑筋疲竭一如被放电之后的电池。[194]

这种辩论在两人同住期间似乎不断发生，文森特感到体内像是有股电流般的力量支持着他与高更争论着，此种形态的意见交流实际上是由各自绘画领域延伸而来，而无论是《阿利斯康罗马墓园》、《吉诺夫人》、《鲁林夫人》、《夜间咖啡馆》，两人共同作画的过程中彼此激荡，都存在就各种主题一较高下的意味。 也许有人认为，共同作画本身就是一种良性竞争，能够刺激擦撞出更具特色的火花。事实上，两人显然从一开始立足点就不同，高更较文森特年长、绘画资历较早，甚至在作品拍卖销售方面也是文森特所不及；高更来到阿尔后，定下两人共同生活的开销方式、结伴寻花问柳时，得到妓女青睐的也是高更，就连共同作画时，高更也占据了大多数的主导地位——由前述《吉诺夫人》坐姿的方位即可得知。

文森特一再地采取低姿态的比较心理，逐渐累积了复杂焦虑的感受，加上潜意识对于父权象征的反抗斗争，使得文森特好胜、固执、敏感的情绪越来越紧绷。"他与高更针锋相对地讨论艺术时，常觉得自尊与感情受伤，而高更每次和这位反应激烈的冤家争得面红耳赤时，说不定反倒乐在其中。 他把文森特视为对手，甚至故意摆出恶行恶状的嘴脸，看看能将文森特激怒到何种程度。"[195] 高更几次的离去宣言，更使得文森特情绪激动、害怕再次孤独。 即使真如高更所言，文森特半夜突然出现在床边凝视着他，让高更惊吓不已，但这也显示文森特心中对于高更行将离去所作出的相当激烈的反应。

年终将至，阴雨霏霏的阴郁天气已持续数日，冬季的密斯特拉风显得格外强劲，两位画家只能终日待在狭窄幽闭的黄屋，无法外出写生的焦虑感格外沉重。文森特由提奥处得知，提奥与乔安娜感情进展神速，即将论及婚嫁。文森特心中有股不祥的焦虑感，他开始担心提奥是否会因为步入婚姻，逐渐减少对他的资金挹注？加之除了高更之外，始终没有其他同好画友前来参与南方画室的计划，而高更又不时流露出即将离开阿尔的想法，敏感的文森特愈发不安，情绪也愈来愈焦躁。

黄屋画室中，不安焦虑的气氛紧绷到临界点，文森特随意地向高更问了句："你马上要离开了吧？"高更不假思索地回答："是的。"文森特即刻从报纸撕下一角塞到高更手里，纸条上面写着：杀人犯逃逸。这是当年年底有位年轻人在返家途中，遭人从背后以锐器刺伤，送医之后不治身亡的报道，而杀人犯则逃之夭夭。对于文森特当下的行为举止，高更似乎未予理会。

1888 年的 12 月 23 日晚间，两人最后的冲突爆发了，高更在《此前此后》(*Avant et après*) 中这样说：

> 那天晚上，我匆忙吃过晚饭，想单独出去走走，呼吸新鲜空气……我听到背后传来一阵熟悉的脚步声，短促、迅速而不规则。我转身时，看见文森特正冲向我，手中拿着一把打开的剃刀。我那时的表情一定十分惊恐，因为他突然止步，低下头，然后跑回家去……

> 我直接冲到阿尔一家上好的旅馆……

> 我一直很焦虑，直到凌晨三点才入睡。稍迟时我醒来，大约七点半。我走到广场，那里挤满了人。在我们房子附近有些警察……这就是事情的经过。

> 梵高回家后，立刻割下了耳朵。[196]

这段戏剧化的描述，每本介绍梵高的书几乎都曾引用，所有喜爱梵高艺术的读者也都读过，甚至在好莱坞经典电影《梵高传——生之欲》（Lust for Life）[197]中也相当传神地重现此重要场景。文森特跟着高更的脚步走了出去，手上还拿着一把剃刀，在他被高更以强势的眼神逼退之后，失魂落魄地回到了黄屋，并在镜子前割下了耳朵。虽然如此，但我们仍想问，高更这段叙述的可信程度有多少？

前面提到，《此前此后》是高更在文森特去世十三年之后出版的回忆录。运用回忆录史料时，必须考虑当事者因年代久远而产生记忆偏差或误记的情况，当然也或有当事人刻意扭曲史实而任意增减的可能性，因此应当试着查询其他相关史料，或是接近该时间点的论述，彼此参照对应，"尽可能"地贴近历史真相。关于割耳事件，我们已得到高更一方的说法，那么文森特又如何看待这一事件呢？

很遗憾地，文森特经过医疗包扎后，似乎完全丧失了当晚的记忆，事后也从未交代与自残行为有关的细节。他希望能以宽容体谅的态度继续与高更相处，可惜高更回到黄屋向警察澄清后，随即用电报通知提奥，待提奥到来后便与之离开了阿尔。尽管日后文森特仍旧与高更恢复了通信，但两人此生终未再见。既然无从得知文森特自己的说法，是否尚有其他史料可供我们厘清事件真相呢？

无独有偶，高更回到巴黎不久，身为两人好友的贝尔纳便急切地询问高更整起事件的来龙去脉，并将高更的说辞转述给艺术评论家艾伯特·奥利耶（Albert Aurier）——也就是史上首位撰写梵高艺术评论的人——贝尔纳如此转述：

> 我离开（阿尔）的前一天，文森特追上我——当时是晚上——我

转过身,由于文森特偶尔出现奇怪的举止,所以我提高了警觉。接着他对我说:"你一声不吭,我也做得到。"我在一间旅馆过夜,回家时,阿尔的人全都来到我们家门前。当时警察逮捕了我,因为屋内一片血泊。事情是这样的:我离开家,文森特回到家,拿一把剃刀割下自己的耳朵。然后他以一顶大贝雷帽遮住头,前往一间妓院,把他的耳朵交给其中一名妓女,并告诉她:"我实实在在地告诉你,你将会记得我。"

……文森特被送往医院,他的情况很糟。他要求和其他病人住在一起,拒绝护士协助,而且在煤炭箱内洗澡。这几乎令人以为他在追求《圣经》中的苦行。医院被迫把他关在一间独立的病房。[198]

很显然,此段叙述与十三年后的回忆录有若干出入,跟在高更背后的文森特用挑衅的语气说了这句:"你一声不吭,我也做得到",但在《此前此后》中却写道:"文森特正冲向我,手中拿着一把打开的剃刀",已近乎惊悚小说的情节。此外,回忆录也删去了将耳朵送给妓女的部分,确实令人对高更记忆或说辞的采信程度大打折扣。

因此,还原真相时,应该并没有文森特手持剃刀冲向高更这一段。高更日后如此叙述,应当是出于受到社会舆论指责批评,他只有将自己塑造成文森特疯狂攻击下的受害者,此外,他也藉此为自己匆促离开阿尔找到合理的解释。

文森特回到黄屋后,对着镜子割下了自己的左耳耳垂。次日高更回到黄屋,看到相当骇人的情景,"他一定花了很长的时间企图止血。一楼两个房间的地板上散落着许多湿毛巾。底楼的地板以及通往楼上房间的楼梯,到处都是血迹斑斑。"[199]令人吃惊的是,文森特竟然还能够用报纸将割下的耳垂包起,走到与高更经常光顾的妓院,当面交给妓女瑞秋,使得这位女士惊吓到当场昏厥。由不得我们不相信,瑞秋女士绝对会将这个骇人的经验和恐怖的人记上一辈子!

最后,我们想问的是,文森特为何要割掉自己的耳朵(耳垂)?[200]

百年来,有太多的艺术史家、精神科医师、心理学家做过不同的讨论,各方说法莫衷一是,或许并没有绝对的答案,也不会只有一个答案。以下是我在几种原因探讨当中,试图拼凑整理出较普遍也较值得思考的说法。

首先,文森特那句"你一声不吭,我也做得到",似乎是对高更的即将离去表示抗议,高更既然要走人,那么文森特也可以做到独立而不依赖他。报纸上耸动的标题"杀人犯逃逸",无异是文森特控诉高更将要"谋杀"他最初南方画室的梦想,在一连串共同作画的较劲、艺术风格之争论,两人"辩论强烈如电流"之下,高更选择离开阿尔,使文森特的南方画室梦想化为泡影,他彻底地输给了高更。读者应该还记得,文森特与高更常结伴前往阿尔竞技场观看卡马尔格比赛,这是一种较平和无血腥的斗牛竞赛。然而真正的西班牙斗牛竞技,斗牛士往往以长剑刺死公牛,并割下死去牛只的耳朵来象征胜利。在文森特与高更的较量当中,文森特感到彻头彻尾地斗败了,他就像那头前一刻仍在场上发狂的愤怒公牛,最终倒在高更的面前,心甘情愿地割下了耳朵。

文森特简单地为自己止血之后,小心翼翼地用报纸将割下的左耳垂包裹起来。请注意,文森特接着戴上了一顶贝雷帽,这是以往研究者容易忽略的部分,这顶贝雷帽为高更所有,草帽才是文森特的。为何选择高更的贝雷帽?事情发展至此,高更真正成为了主宰文森特生命的力量,并且这股力量通过贝雷帽由象征意志力的头顶传达出来。文森特选择了他与高更皆钟情的妓女瑞秋,相较于文森特的不讨喜,高更似乎更能虏获瑞秋的垂青,文森特将割下的耳垂赠予她,就如同胜利的斗牛士将牛耳战利品送给心爱的淑女一般。

《客西马尼园》

开膛手新闻报道

其次，自幼缺乏母爱呵护的文森特，疯狂迷恋表姐凯伊时，曾将凯伊视为母爱的象征，当得不到一份渴望已久的关爱时，他自我伤害——将手掌放置于烛火之上，任其灼伤。而高更之于他，是否也象征一种精神上的慈爱慰藉？对此，曾有学者提出，假设文森特与高更是一对同性恋人，但我并不认同此说，至少时至今日我们从未在两人的书信中找到任何蛛丝马迹。

最后，割耳在潜意识中或许有某种大胆的联结。1888 年的 8 月 7 日至 11 月 9 日之间，英国伦敦东区的白教堂（White chapel）出现一位以残忍手法连续杀害至少五名妓女的凶手，他（她？）便是史上最为著名的连环杀人魔——"开膛手杰克"。想必当年，人在阿尔的文森特很容易从报章报道中得到此讯息，他又如何看待这件事呢？

这位匿名为"开膛手杰克"的凶手，专以街上揽客的妓女为目标，杀人手法极尽凶残，包括割喉、毁容、剖腹等，并会取走被害者体内的子宫与肾脏部位作为铭记，恐怖的肃杀气氛顿时笼罩整个雾都，全欧洲的目光都关注着案情的发展。

在这群被害者中，9月30日当晚发生了离奇的双尸命案。凌晨1点钟，伊丽莎白·史泰德（Elizabeth Stride）的尸体被一名马车夫在住家附近发现，致死原因是惨遭割喉，但并未遭到剖腹。凌晨1点45分左右，46岁的妓女凯瑟琳·艾道斯（Catherine Eddowes）被发现横尸在主教广场（Mitre Square）。除了被割喉剖腹，且肠子甩到右胸外，她还被割去部分子宫和肾脏，此外，她的耳朵也遭到毁损。隔天，中央新闻社（Central News Agency）收到一张用红墨水书写的明信片，署名者"调皮的杰克"（saucy Jacky），声称自己即犯案者，并打算再做两件案子，也想将死者的耳朵割下并寄给警方。消息一出，引发社会各阶层一阵哗然。

文森特对伦敦并不陌生，这里是他钟情于尤琴妮小姐的初恋之地，当时他服务于古比尔的伦敦分店，后来也曾在艾尔华斯担任短暂的教职与神职工作，曾多次徒步行经白教堂区。

文森特对妓女一向抱持强烈的认同，不仅常以她们为笔下主要人物，当年与西恩那段同居岁月更令他刻骨铭心。看着报章上一个个挣扎于社会底层的妓女惨遭杀害，文森特是否感到痛苦难当、心如刀割？

他无法为这些妓女做些什么，一路走来他唯一能效力的，便是用深情的画笔告诉世界，社会演进造成贫富差距，社会现实扭曲了职业贵贱，文森特一再通过他的双眼与画笔控诉着种种的不公与欺压。然而，南方画室的艺理想已然破灭，高更的离去意味着文森特将独自承受这样的狼狈孤寂。无力为他视如姐妹手足的下层人进行艺术上的救赎与发声，他感到极度愧疚。凯瑟琳·艾道斯惨遭毁损的耳朵，那无情残忍的一刀似乎也划在他的身上。他只能以类似的行为惩罚自己来赎罪。

当然，此刻文森特的病情还不至于使他做出更激烈的自残行为，但随着时间流逝，可想而知，自残行为将日趋激烈。这种赎罪方式与《圣经》中"客西马尼园"（Garden of Gethsemane）所发生的制裁方式有关，耶稣基督在此遭到罗马士兵逮捕，盛怒之下，大弟子彼得用匕首砍下了法利赛（Pharisees）祭司仆人的耳朵。对文森特而言，这是宗教狂热下的最佳惩罚赎罪手段。

面对着文森特的耳朵，瑞秋惊慌失措地昏厥了过去，她当然无法理解文森特的赎罪心理。就连文森特意识清醒后，也无法清楚解释，自己为何做了一件如此可怕之事。

文森特已面临精神崩溃的边缘，即刻将被送往医院治疗，他的耳垂因错失了最佳缝合时间而遭到丢弃。提奥急忙从巴黎赶到阿尔，此前他已为筹备与乔安娜的订婚手续而焦头烂额，如今兄长的失控又增添了他的烦恼。他在医院见到文森特，尽管只割下耳垂，但大量失血造成文森身体十分虚弱。提奥写信和乔安娜谈到：

> 有时候当我待在他的身边，他看起来很好；但是没过多久，他又再度陷入哲学与神学的忧虑中。目睹这一切令人伤心欲绝，因为他的苦恼偶尔淹没了他，他试图哭泣，却哭不出来；可怜的斗士，非常可怜的受苦者。这个时刻没有人能够纾解他的忧愁，但是他的感觉却深刻而强烈。如果他找到某个人可以倾吐心事，也许事情就不会这么糟……希望渺茫，在他一生中，他比许多人都努力，而且比多数人更

受苦、更挣扎。如果他的死亡是必要的，那就让他去死吧，然而光是想到这点，我的心就碎了。[201]

这是一份多么沉痛的宣告！全世界没有人比提奥更了解兄长遭受过的悲苦与怀才不遇的孤寂。从小不受父母关爱，家中弟妹总有人与他形同陌路，职场事业无疾而终，情场走来一路坎坷，朋友寥寥无几，唯一坚持的艺术道路却始终那么孤独，没有伯乐现身。文森特比许多人都更卖力创作，更艰苦度日，但命运之神似乎从未对他有过一丝眷顾。提奥已经做好心理准备，或许让文森特彻底解脱是命运最好的安排？但尽管如此，提奥仍旧觉得心如刀割。

提奥对兄长提到他将订婚的喜讯，希望能让文森特的情绪平稳一些，但由于仍得回巴黎处理繁忙的工作与订婚事宜，于是其委托鲁林与阿尔当地一位新教牧师萨勒（Reverend Frédéric Salles）协助照料文森特，提奥在25日圣诞节一早就返回了巴黎。此前文森特曾请求与高更见面，而对方以徒增心烦为由婉拒了文森特。高更留下许多画具和作品，与提奥一同回到巴黎，此后终生未与文森特再见一面。

1888年的圣诞节来临了，这是西方的重要节庆，也是一家人和乐团聚的温馨日子。此刻虚弱的文森特孤独地躺在医院中疗养，只恐怕，他敏感寂寥的心比身体的伤口还要更加疼痛……

圣雷米

受提奥嘱托，鲁林现在三天两头就来探望文森特，他感到文森特依旧很虚弱，看见好友来访也显得无精打采，不似以往都会问候鲁林全家。鲁林是一位令人赞许的好人，但他的邮差勤务即将调到离阿尔四十公里远的马赛，届时文森特在阿尔就真的成了孤家寡人。临行前，鲁林对文森特说很快会再回来探视他，不料文森特竟回答鲁林"天上见"，这让鲁林感到无比难过。

除了好友鲁林的关怀之外，不多久，远在荷兰的家人也得知文森特发病的消息。尽管文森特曾为家人带来许多困扰，互生嫌隙，然而毕竟身上流着共同的血液，母亲安娜与小妹威廉明娜也致信提奥询问详情。好在文森特住院一周之后，身体逐渐复原，他甚至主动给荷兰老家去信，告知家人一切平安。

文森特的主治医师费雷克斯·雷伊（Felix Rey）分析，文森特的病起因于"极端易怒型"的性格，因是先天的个性，所以他将无法摆脱由此引发的精神疾病。如今之计，只能请文森特适度控制自己的生活习惯与态度，尽量别过度陷入亢奋激动。但医生的规劝似乎起不了太大的作用，对于像文森特这样热情满溢的艺术创作者来说，要他不再那么亢奋激动，似乎连上帝也无法做到。²⁰² 四十年后，年迈的雷伊医师曾接受一段专访，回忆这位特殊的病人："他总抱怨他是镇里唯一的画家，因此无法和任何人讨论自己的艺术作品。因为缺少这样一位同伴，他总喜欢跟我谈论补色。但我真的无法理解为什么红色不应该是红色，绿色不应该是绿色。"²⁰³

一切似乎又归于平静，1 月 7 日，文森特得到雷伊医生的许可，顺利出院。鲁林特地带文森特到餐馆共进晚餐，庆祝一番。在此之前，鲁林还请人先将黄屋的血迹与凌乱的屋子打扫干净。

文森特重新回到画室，他开始着手绘制自画像。在文森特一系列的自画像中，两幅《割耳自画像》（Self Portrait with Bandaged Ear）是相当特别的作品，也是西方艺术史中最与众不同的两幅自画像。在第一幅收藏于英国伦敦可托德学院画廊（Courtauld Institute Galleries）的自画像中，文森特头戴黑绒毛毡帽，披着一件墨绿色敞衣，表情温和平静，最明显的是耳朵还包裹着白色纱布。背景是黄屋中的画室，墙上还贴了一张日本仕女浮世绘版画。文森特再一次通过自画像来检视自己，试图摸索发病原因，此时自画像于他像是一份自我病历。另一幅现为私人收藏的《割耳自画像》里，文森特的衣帽、姿势、角度皆和前作一样，最大的不同在于画中的他叼着一支烟斗，画面有着红色的背景。烟斗向来是文森特最珍爱的物品之一，直到临死前仍不忘叼着它吞云吐雾，此处烟斗也象征文森特精神状态逐渐恢复。大片的红色背景显示他对高更的激烈情感，以及对南方画室梦想破灭的愤怒与失望。

割过耳朵的文森特，为何在自画像中显得平静许多？有人认为，肉体上的自残转移了他长久以来饱受精神折磨的痛苦；也有人认为，是长期的幻听困扰，导致他割耳。无论如何，文森特在这两幅特别的自画像中，诚实地面对自己的疾病，透过自画像展现发狂之后的平静，有一种坦然面对人生的淡定。

为了感谢雷伊医师的诊治，文森特也为他画了一幅《雷伊医师肖像画》（Portrait of Dr. Felix Rey），画中的医师蓄着短须，露出慈爱的目光，给人一种短小精悍的感觉。医师并不了解文森特的艺术，但仍非常高兴地收下画作，后来他把画像带回家遮盖墙上的裂缝。[204] 文森特这段时间一直为失眠所苦，医师建议他在枕头与床垫里塞入一些樟脑丸，这或许可以稍缓他的失眠症。

文森特回到黄屋后不久，便听说房东无意续租，打算另与他人订约。1月中旬左右，先前的大笔医疗开支，致使他的生活费业已告罄。文森特迫不得已向人借了5法郎，但这撑不了几天便只能面对断食的日子，而这对他原本虚弱的身体造成了更大的伤害。这段时间提奥的资金援助为何突然中断？这令人颇为纳闷。即使圣诞节他必须即刻赶回巴黎处理事务，但亲爱的兄长正在住院，难道他完全没有考虑到应妥善留下一笔医疗与生活费用让文森特不虞匮乏？文森特在信中谈及他已饿了将近一周，提奥的信却迟迟未到，他只好继续以狂热的工作来忘却饥饿感。可惜日后提奥并未对此多做解释，我们也不曾找到足以佐证的相关史料。然而，这却不由得引发联想，文森特出院后这半个月，缺乏资金援助，无人作伴（鲁林已调往马赛），很可能是造成他再度发病的原因之一。

文森特开始感到阿尔居民对他的排斥，看他的眼神都极不友善，镇上的孩童常聚集在黄屋前大声对他叫嚣"红头疯子"，并用石块砸他。当时阿尔小镇有位杂货店的13岁小女孩雅娜·卡尔芒（Jeanne Louise Calment, 1875~1997），百年后她成为世界上硕果仅存的人瑞老太太，并被列入吉尼斯世界纪录。面对着记者的提问，她还能依稀回忆起对文森特这位异乡客的印象：丑陋、没教养和疯癫，有时身上还散发着恶臭。她不懂后世的人们为何喜欢、崇敬这位画家："他明明就是个疯子，你们怎么都说他是个天才？"文森特在阿尔小镇本就显得格格不入，割耳事件过后，居民们变本加厉地更排斥他了。

《割耳自画像》

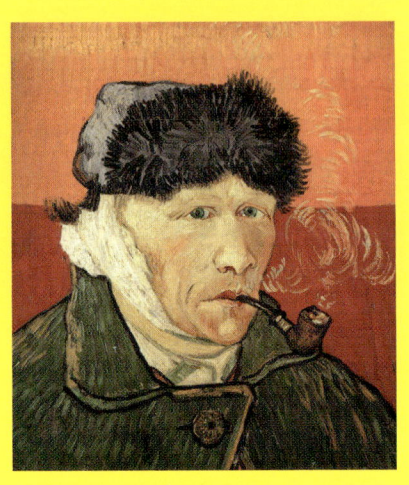
《割耳自画像》

1月底，文森特的病症再度发作，他时常怀疑阿尔居民串通起来要毒杀他。他在餐厅里摔破盘子、大声咆哮，于是被强制再度入院接受治疗。另一位文森特的主治医师迪罗（Deloy）曾在简报中指出，"病人正经历着过于兴奋的状态，这种狂乱让文森特无法顺畅地说话，也认不出周围的人。他被幻听的症状折磨得够呛，只能听到旁人严厉的责备。在固执的想法中，他彻底沦陷了，总觉得周围的人们都想毒死他。"[205] 文森特在2月7号再度入院，情绪稍加平复后，医师允许他白天留在黄屋作画，晚间回到医院食宿。

尽管主治医师认为文森特的情况获得控制，但文森特接二连三的疯狂举止已经吓坏了阿尔居民，尤其以拉马丁广场周遭住户表现更为激烈。大约有三十名[206]居民联署了一份请愿书，要求阿尔市长塔迪厄（Tardieu）先生动用公权力拘禁文森特，因为这位无法控制自己心智的狂人的存在造成居民担惊受怕,特别是女士和孩子们。这份请愿书可以说是阿尔镇历史上最重要的一份历史文献,至今仍完好地保存在市政厅陈列室,当年居民们的联署清晰可辨。令人觉得十分遗憾与惋惜的是,我们从中间一栏的居民签名中,可辨认出约瑟夫·吉诺先生的大名。

眼看着选举日期又要来临,塔迪厄市长可不愿得罪这些选民,于是他下令警局逮捕文森特,把他关在拘留室,由专人看守。文森特对此难过极了:

《雷伊医师肖像画》

> 我一向真心尽力与本地人友善相处,压根儿也没料到他们会来这一遭。此一严重的打击的确令我震颤不已,但我总算平静下来了。强烈的情绪只能恶化我的状况;此刻的我绝然镇静,可是新起的刺激很容易使我陷入极度兴奋之中。若我不及时控制此一倾向的话,便可能立即被视为一个危险性的疯子。此外,经过一再打击之后的我变得谦和多了,因此我很沉得住气。我本人也相当害怕若我自由在外,一旦被惹恼或受辱之时,也许无法经常控制自己,于是便叫他们逮到机会了。在此小室内,除了没有自由之外,还不至于坏到哪里去。[207]

很显然,文森特绝大多数时间依旧能够保持理性,他很清楚倘若再受到刺激而情绪高亢激动,将会被视为疯子,正好坐实了居民的恐惧以及对他是否有攻击倾向的疑虑。所以暂时待在看守所或许比在外面受到激怒来得更安全。

没多久，文森特被送回阿尔疗养医院。这是他第三次入院治疗了，从1888年底割耳事件开始，至次年的3月为止，文森特有将近一半的时间都在医院度过。这段期间他完成了《阿尔疗养院的中庭》(Courtyard of the Hospital)，医师给予文森特相当程度的自由，只要不是隔离治疗期间，他都可以在院内自由写生绘画。由于已是第三次入院，他对医院中庭里的一草一木已相当了解。坊间某些美术书籍，曾将这幅画误植为文森特之后在圣雷米（St-Remy）的疗养院，但其实两地景物略有不同。中庭里有座小型的圆形喷水池，四周是放射排列的美丽花卉，这表示文森特的精神状态已在稳定控制中，他平铺直叙地使用了熟练的点描画法来呈现医院的景观。至少在这里，不会有人对他恶言相向，不再有人中断他的创作行为，他的精神状态也逐渐得到舒缓解压。

3月底，有朋自远方来，好久不曾见面的点描派画家保罗·席涅克，这位当年在巴黎结识的朋友来到阿尔探视文森特。席涅克的目的地是地中海沿岸的卡西斯（Cassis）小镇，途经阿尔便顺道来访。文森特相当高兴见到昔日好友，这也证明了他先前的真知灼见，认为南法将成为艺术创作者有待开发的新大陆。历史向后人证明，往后更多画家将如同候鸟般地飞往艳阳高照的普罗旺斯，野兽派、立体派、马蒂斯与毕加索，将陆续跟随文森特的脚步来到南方，寻求新的题材与新的创作灵感。

在席涅克的陪同下，医师同意文森特前往黄屋拿回一些作品，到达时却发现黄屋已遭警察查封。席涅克这位豪气干云的好友二话不说，强行破坏门锁与封锁线，进入屋内清点文森特的私人物品和画作是否完好。据他后来回到巴黎向提奥表示，他看到文森特许多作品堆在墙边，都非常出色，像花儿般地争奇斗艳。

席涅克与文森特聊着许多关于绘画、文学和社会主义的话题。已经好久不曾像这样天南地北地聊天，相信这是文森特在阿尔最后一段日子里真正开心雀跃的时刻。

尽管与文森特相伴度过愉快的一天，但眼见昔日在巴黎共同奋斗的好友住进了精神疗养院，席涅克感到十分不舍与无奈。结束普罗旺斯各地的写生之旅后，他回到巴黎，找到高更并痛斥他在阿尔是怎么对待文森特的。渐渐地，消息在艺文界传开，大家似乎对高更也多有不谅解，这也是高更晚年撰写回忆录《此前此后》为自己澄清的缘由。

除了席涅克之外，老好人鲁林先生，尽管已经调到马赛工作，但仍旧利用假期抽空回到阿尔探视文森特。关心文森特的身体状况之余，鲁林对从去年冬天以来一直笼罩在阿尔的阴霾气氛感到不安。鲁林来访，对文森特而言是莫大的喜悦，尽管鲁林没有年长到足以当文森特父亲的程度，但他对文森特的关怀照顾溢于言表。"虽然我们不知明天将有何事临身，但不管那是什么事，请你想起我。"[208] 鲁林对文森特讲的这段肺腑之言极其温馨。试想在我们的人生当中，有这么一位让你我感觉"有他真好"的朋友吗？如果有，那么你是幸福的，非常恭喜你，请记得合上书本后找个时间对他说"谢谢你"。一年多之后，文森特离开人世。鲁林虽然并未亲临葬礼，但我们可以想见当他听见文森特去世的消息时，心中是何等的悲痛难过。

1889年4月，提奥与乔安娜正式结为连理。这桩喜事曾一度让文森特相当疑惧，深怕提奥会因此中断资金援助。乔安娜似乎能感受到文森特的疑虑，她亲自写信给这位尚未见面的亲人，向文森特表示自己对大哥艺术事业的支持，绝不会中断资金，藉此安慰精神状态时好时坏的文森特。

乔安娜·洁西娜·邦格（Johanna Gezina-Bonger, 1862~1925）通过哥哥安德烈的介绍认识提奥，安德烈曾在巴黎勒必克街54号与梵高兄弟同住过一段时间，彼此是相当熟悉的好友。乔安娜出生于阿姆斯特丹，在校时主修英

席涅克

乔安娜

文,曾担任女子学校的教师工作。她在27岁这年嫁给提奥,只是当时的她绝对想象不到,这段看似幸福的婚姻却维持了不到两年。

提奥对乔安娜几乎是一见钟情。我们还记得在此之前提奥曾与一位神秘的"S"小姐有某些感情纠葛,或许是想要彻底迅速摆脱那段无谓的感情吧,提奥竟然只见过乔安娜三次便大胆求婚!乔安娜先前已由兄长处得知一些提奥的为人处世,但仍旧在提奥向她求婚两次之后才点头答应。

乔安娜从提奥与安德烈那里听到过许多文森特大哥的事,在她看来,文森特大哥具有不容否认的艺术天分,只可惜怀才不遇。她写给文森特的第一封信,便令文森特充满惊奇与窝心。信件一直是文森特与世界沟通的最重要方式,他的通信对象主要是提奥、威廉明娜、贝尔纳、高更、罗特列克等人,但收到的回复少之又少。突然间文森特收到一封信,娟秀的笔迹是他从未看过的,拆开信件后尚能闻到一股淡淡的香水味,信中工整秀丽的字体与温馨率真的语气,都令文森特感到愉悦:

亲爱的大哥:

《阿尔疗养院的中庭》

　　弟妹我终于觉得应该亲自与你闲话家常,不再劳烦提奥代为问候了。结婚以前,我总有个念头:噢,你真是胆小鬼,至今还不敢写信和文森特大哥天南地北地聊一聊。现在我们真的成为兄妹了,如果你对我有一点了解,也愿意给我一点关爱,我就欢天喜地、心满意足啦。

　　我已久闻大名,威廉明娜和提奥常提起你的事情,房子里也有好多东西让人想到你;每当我忽然瞧见一个迷人的小罐子、小花瓶,或类似的物品,总会听到家人说,"这"是文森特买来的,"那"玩意儿文森特觉得很美，我们几乎每天都谈到你。……

我知道你比较偏爱法文，但威廉明娜告诉我，她只用荷兰文写信给你。等我慢慢习惯讲一点巴黎话的时候，再开始用法文写信吧。一言为定？……

现在我得去准备午餐了，因为提奥一会儿就要到家，所以今天就此搁笔吧！希望你不会觉得这封信太无聊。事实上，近来我已经很习惯在信上聊这些小事了，……献上最诚挚的问候，并祝你健康愉快！

你亲爱的弟妹乔安娜敬笔[209]

这是乔安娜与文森特的第一次接触，任谁读到这封信都会感到窝心。乔安娜知道文森特不久前因为失去一段友情而精神崩溃，目前正在医院疗养，也得知文森特的艺术道路始终缺乏伯乐，更找不到一位愿意与他共享此生的伴侣。所以在第一封信中，乔安娜刻意闲话家常拉近距离，希望能带给他一些温暖，让文森特感受到有人愿意理解他。

差不多在文森特收到乔安娜信件的同时，萨勒牧师也建议文森特离开阿尔。看到此地居民排挤这个疯子，牧师与一家位于圣雷米几英里外的疗养院联系，文森特将能够在那里得到妥善的照顾与医疗。衡量在阿尔的整体状况后，文森特接受了萨勒牧师的这项提议。离开阿尔前，文森特去黄屋与拉马丁广场道别，在他住院这段期间，罗讷河的河水泛滥，淹到了拉马丁广场四周，黄屋的室内墙壁也长了壁癌，渗水严重，文森特放置于此的许多幅画作因此毁损。文森特看了黄屋最后一眼，感到悲痛莫名：

不仅画室失败了，就连原本可作为念想的画作也都被损毁了。

全完了，我有一种迫切的渴望想建立某种简单却长久的东西。我正在打一场永不会赢的败仗。这都是因为我软弱无力的性格。对此，我感到深深地懊悔。我想这就是我发病时大声痛哭的原因——我想保护自己，可我无能为力。[210]

文森特像一只斗败的猎犬，垂头丧气地永远离开了阿尔。孤独流浪过许多城市，或许阿尔曾是他的最爱，如今却成为了他的最痛。南方画室的梦想已然幻灭，与高更合作激荡下的成果更是毁坏殆尽。面对小镇居民无情的驱逐，自己又落得一身病痛，仿佛，人世间最悲惨的遭遇全都降临在他的身上。

时间往往与世人开着无情的玩笑！昔日的阿尔人，通过联署方式表达对红头疯子的排斥与恐惧，巴不得这个异乡客早日滚出他们的家园；而时至今日，世界各地的观光客来到阿尔，十之八九是为了一睹文森特·梵高于此逗留的足迹以及留下的作品影像，阿尔人更是举办各式活动与行程来纪念梵高、营销梵高！当然，我们毋需苛责过去或现在的阿尔人，以当年的精神疾病研究水平而言，对于文森特的症状任凭哪个地方的居民都会感到恐慌；也许换个角度想，今日的阿尔人以文森特在此停留的岁月与留下的杰作而感到光荣，无非也是为先人所做的一番补偿与告慰吧！

圣雷米是距阿尔约二十公里远的另一个小城。这里自古以来最有名的代表人物是16世纪的预言家诺斯特拉达姆斯（Nostradamus, 1503~1566），他以四行诗体写成的预言录《百诗集》（*Les Propheties*）九百多年来不断被赋予各种解释，诸如预言20世纪希特勒的崛起、原子弹的爆炸乃至2001年美国9·11恐怖袭击，这使得诺斯特拉达姆斯一直颇受争议。撇开他不谈，至少从1889年5月起，圣雷米这个小城镇又多了一位可供后世谈论的传奇人物。

《从圣雷米看风景》

萨勒牧师介绍文森特前往圣保罗疗养院（Saint-Paul-de-Mausole）就诊，疗养院外观是石造建筑，前身是修道院，主建筑有一圈回廊，四周耸立着高墙。主治医师贝洪（Dr. Peyron）亲自到门口迎接文森特。这里为他安排了两间相邻的白色小房间，一间供他休息，另一间可作为画室。贝洪医生是第一位诊疗判断出文森特患了某种癫痫症的医师，可惜他并未针对文森特留下长期的观察纪录与报告。后人欲了解文森特·梵高每周乃至每月的精神状态，仍需以提奥与乔安娜当年保留下来的数百封信件作为研究素材。

百年来，许多学者对文森特·梵高何以疯狂进行了各类研究，提出了

《麦田与收割者》

各种看法，如癫痫症、狂郁症（躁郁症，Bipolar Affective Disorder）、梅尼尔氏症[211]、精神分裂症等，不一而足。现今仍有不少医界学者针对文森特·梵高的疾病展开新的研究，基本上是以当年雷伊与贝洪医生留下的诊断数据进行分析。法国医师亨利·卡斯铎（Henri Gastaut）认为，文森特的疾病是以颞叶癫痫（temporal lobe epilepsy）为主，又受到苦艾酒刺激而诱发癫痫。[212] 而癫痫发作之后较常发生精神病并伴随失忆症与意识混乱的情况。在一阵强烈的癫痫发作后，文森特常出现幻觉或妄想，且事后没有任何发病时的记忆。某些癫痫在发作后也会出现忧郁症，从而产生自杀倾向。[213] 因此我们在这里仍依普遍的医学研究观点，认为文森特主要是罹患癫痫症，而酒精则加重精神上的刺激，使他也产生躁郁症并伴随幻觉、幻听的情形。

文森特来到圣保罗疗养院，和一群精神疾病患者一起休息和调养，这让他亲眼见到许多同伴发病时的种种异状，有些人会吠嗥嚷哮或胡言乱语，也有些人和文森特一样，时常呼喊或呢喃自语，这多少也加深了文森特对精神疾病的潜藏疑虑。圣保罗疗养院对病患的日常生活采用互助式管理，若有任何人将室内弄得乱腾腾、脏兮兮，身旁的人就会惶惶不安，觉得自己应帮忙打扫；若有人容易碰倒东西，就会有人自动帮忙将易碎物品移开；若有两个人扭打起来，就会有人上前将他们分开。这是圣保罗疗养院建立的互助生活模式，只有是病情很严重的病患，才需要得到特别的照顾。

文森特觉得，这里恰好给了他观察别人的机会，也希望通过他人的反应了解自身病况。目前看来，他的发病没有明显的诱因，而他的目标就是希望找出病因，以免将来再度诱发它。文森特曾听说有位俄罗斯作家能够非常平静地计算出自己的癫痫何时发作，藉此事先安排管理工作。文森特无法得知自己的发病时的具体情况，只能听身边病友描述；他只知道这场病来势凶猛，令他完全失去意识，无法自制。通常他得休养几个星期才会慢慢好转，但仍旧觉得萎靡不振。

这里的伙食很差，吃起来有些霉味，有时候仅用些埃及豆、蔬菜、炖羊肉、扁豆芽来填饱肚子，而且餐厅里蟑螂横行。阴雨天时，病患们无法在庭院活动，只能挤在一间死气沉沉的房间，像是在郁闷的三等候车室一般排排坐着。读着文森特信中诸如此类的对疗养院的描述，不禁让人怀疑，即使精神正常的人倘若在此生活，是否也会精神崩溃呢？

疗养院采用水疗法，以沐浴来舒缓文森特的状态，尤其当他开始狂言呓语时，护士便会帮他把整个身子浸入注满水的浴缸，并用一块装了铰链的木板压在他的肩上，只露出脑袋，接着在他头上不断浇淋冷水，直到他的情绪冷静下来。文森特觉得这方法还不错，他度过了一段久未发病的日子。

观察其他十位病友，文森特发觉自己的状况是最轻微的，这增强了他开始作画的信心。由于无法外出，只能通过画室加装铁栏杆的窗口往外眺望，这个时期的他已逐渐放弃了先前在阿尔时所采用的补色技巧和明亮色系。窗外视野辽阔，一望无际的广阔麦田，5月时一片青翠，9月份麦穗已逐渐转黄，由春到秋，他画下了《从圣雷米看风景》（Landscape from Saint-Remy）和《麦田与收割者》（Wheatfield with a Reaper）这一系列的麦田生长画作。春天的麦田，天空只占去一小部分空间，在大片的田野中，麦穗如海边的浪花随风舞动，天空中的卷云也相对辉映，飘动于群山之间。

到了麦穗金黄的9月收割季节，文森特的眼里看到"大地一片黄色，涂得很厚很厚的黄色，但主题独特而纯朴。我在这收割者身上———一个模糊的身影，像魔鬼般地在日正当中奋力地想完成他的工作——看到死神的意象，而人性则是他正在收割的麦子。因此，它恰是我以前试画的《播种者》之反面。可是此一死神了无哀伤痕迹，在堂皇的白昼里兀自前进，头上的太阳正以纯金色的光线普照万物"。[214] 生命正如同麦田里散发的金黄色的璀璨光芒，而收割者手上的镰刀象征着无情死神一步步的进逼，这是文森特在圣雷米时期的麦田创作里经常出现的符号。与旧作《播种者》代表的生意盎然不同，收割呈现了生命正逐渐消逝凋零的过程。文森特似乎也感觉到，他的艺术创作已经逐渐登上顶峰，然而伴随着他的病痛却也在无形中不断地侵蚀他的肉体与精神状态。从春的绿意盎然到秋的金黄璀璨，文森特潜意识中对茫然未知的明天仍怀有许多不安和焦躁。

除了绘画，文森特在疗养院也如往常一样喜爱阅读，他还写信要求提奥寄来一套《莎士比亚全集》，想再次体验这位气质有如林布兰的文学巨擘带给他的心灵震撼。

自从父亲过世，文森特就很少与母亲安娜联络。直到之前在阿尔第一次发病后，文森特开始通过威廉明娜向母亲致意；来到圣雷米，他也开始提笔写信给母亲。文森特与久未团聚的母亲闲话家常，关心家中弟妹们的近况，也向母亲解释自己的病情与疗养院的生活，并请母亲不要为他担心。至此，文森特与家人的感情裂缝已渐渐修补。

1889年6月5日，乔安娜给文森特捎来了第二封信，这次，她特地用法文与他交流，并在信中分享一个好消息：

> 现在，我要告诉你一个大消息，这也是近来我们十分关心的一个话题，那就是明年的冬天，大约在二月左右，我们即将有宝宝了，应该会是个漂亮的小男孩吧，我们打算为他取名叫文森特，如果你肯好心答应当他的教父。……
>
> 当我想到我和提奥的身体都不太好，就很担心我们生出不健康的宝宝。依我看，父母所能赐给子女最大的财富，莫过于强壮的体质。……

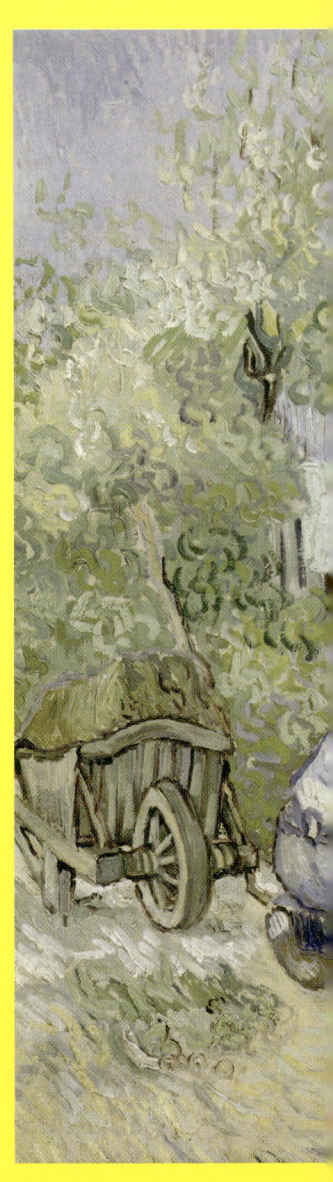

《人生第一步》

你还记得你寄给提奥的那幅鲁林家宝宝的画像吗？每个看过的人都赞不绝口，而且已经有人多次询问我："你为什么把这幅画像挂在一个这么不起眼的角落？"原因是我只要坐在家里的餐桌前，就可以看到这个宝宝蓝色的大眼睛、可爱的小手和胖嘟嘟的脸颊，而我喜欢把我们的宝宝想象得跟他一样强壮、一样健康、一样漂亮，有朝一日他的伯父也会给他画个肖像！215

提奥与乔安娜就要有宝宝了！尽管自身无法在感情路上觅得归宿，然而眼见梵高家族即将孕育下一代，文森特感到雀跃不已。为此他着手临摹一幅米勒的《人生第一步》(Frist Steps)，这是一个极为温暖动人的题材。一位园丁装扮的父亲张开双臂，单脚跪立在绿意盎然的菜园里，妻子则小心翼翼地托着一名刚学会走路的幼儿缓缓走向他。文森特想象着明年小宝宝出生后，提奥与乔安娜一定会用心呵护他，届时宝宝蹒跚学步的情景一定与画中描述极为相似。我们稍加留意便可发现，画中男子的黄色草帽正是文森特的惯常装扮，因此，这幅画的内在意义是，文森特幻想中的自我投射，他将画中的幼儿视为自己的孩子。整幅画面所呈现的天伦之乐，是文森特潜意识里所渴望的人生归宿。

每当看到这幅画，我总忍不住热泪盈眶，那种想要一份爱，想要一个家，甚至想要孩子的单纯企求，那些看似简单的人生之欲，却是文森特一生中永远无法触及的哀痛！

冬天来临，文森特仍被限制外出作画，这段时期他大量临摹米勒、德拉克洛瓦、林布兰这些前辈的作品，如《午睡》(The Siesta)、《和善的萨马利亚人》(The good Samaritan)、《圣殇》(Pietà)、《拉撒路的复活》(The Raising of Lazarus)。通过这些作品，文森特再度探索宗教主题与信仰的价值，而米勒的劳动者群像也重新回到他熟悉的视野。尽管是摹作，但这些作品都加入了文森特的自我韵律，就像放入酸溶液中的金属，捞起后已镀上耀眼的光辉。他去掉了原作中多余的细节，将其还原成最简洁的形式，如在《拉撒路的复活》中，文森特用自己擅长的、法国南部专属的黄色，强烈地表达了耶稣让拉撒路复活所带来的新生与力量。文森特此时期的摹作已脱离对原画的一味模仿，他已经能熟练地运用更清晰简洁的方式，赋予摹作更丰富的生命与存在的意义。

在不能外出作画期间，除了临摹之外，文森特也对疗养院的空间景物进行一系列的写生。包含院内的果树、橄榄树、庭园，其中最具特色、也最有代表性的应属《鸢尾花》（Irises）了。疗养院中庭种植了满园的鸢尾花，文森特意欲歌颂大自然生命之美的感动，画中以摆动式的笔法描绘得生动感人。然而，另有相反的研究角度认为，蓝色鸢尾花丛里独有一株白色的鸢尾花，显得特别突兀，这是否象征着文森特眼中的世界？他就是那株孤寂生长、昂然突兀的白色鸢尾花，在蓝色鸢尾花的世俗中永远落落寡合、受人排挤？尽管如此，这一株白色鸢尾花仍旧昂然独立于园中，奋力地生长，也代表那个渴望友情与爱情的孤独灵魂。

《星夜》（The Starry Night），今日看来是文森特·梵高在艺术史上最重要的里程碑。穿透疗养院病房窗口，他看到夜里的圣雷米小镇。文森特运用了高更建议的记忆与想象技巧，创造出这幅令人叹为观止的杰作。天空占据了四分之三的画面，漩涡般高高低低的繁星仿佛拖曳着尾巴的火花，在空中散发出巨大的能量。一轮明月透出金黄色光晕，恰如宝石闪耀绽放的光芒。夜空下静谧的圣雷米乡村正在熟睡中，只依稀透出几扇窗的微光，一座教堂的塔尖将代表尘世的村庄与整个自然宇宙的星空连成一气，这是整个大地最庄严的乐章。

文森特透过《星夜》要与整个世界对话！

与世隔绝的日子、浪迹天涯的岁月、有志难伸的人生，这是文森特十年创作道路走来最深刻的总结。他运用拉长的点描笔触表达与满天星斗

《午睡》

《拉撒路的复活》

《和善的萨马利亚人》　　　　　　　　　　　　《圣殇》

《鸢尾花》

的对话，这当中有星辰流转的声音，也有云绕回旋的安抚。

事实上，那座拥有高耸塔尖的教堂并不存在于圣雷米，它是文森特心中荷兰家乡场景的投射。落寞之际，陪伴自己前半辈子的生长记忆与思乡情绪亦油然而生。

《星夜》歌颂着自然，也批评着人类的无知，"因大多数人都看不见夜空之美和它值得崇敬的理由"。《星夜》也象征着文森特的艺术作品当时遭遇的处境："值得欣赏，然而大多数人却看不见他的价值。"[216]

当孤独臻于凄恻绝境，星光全都成为一种安慰，心云皆幻化成一份拥抱。星夜也升华为人生最大的救赎。

与他在阿尔时喜欢描绘大量的果树不同，文森特惊异地发现了圣雷米的丝柏之美，这是继他在阿尔的向日葵之后，再度选择与生命象征有关的植物。法国南方气候温和，普罗旺斯的农家果园附近常种植一丛丛枝叶茂密的丝柏，下粗尾尖，可以用来作为防风林。《麦田里的丝柏树》(Wheat Field with Cypresses)、《两棵柏树》(Cypresses)是当中两幅杰出的作品。对文森特而言，高大耸立的丝柏树就如同埃及的方尖碑，具有线条和比例的一定美感，无论白天或黑夜，画面中的丝柏充满生命力地舞动旋转，似乎要向天空展开双手，像是一个浪迹天涯的游子、一个孤苦无依的浪人，站在广袤无垠的土地上，向造物主呼喊祈求。

文森特刚到阿尔时，怀抱着南方画室的雄心壮志，笔下的向日葵充满了生的喜悦和欲望；而圣雷米的丝柏，自古以来便是死亡的代表，所以文森特将其与埃及方尖碑的神秘氛围联系起来。集合旋转伸展元素的丝柏，是文森特在圣雷米养病期间，心中所有苦闷与希望汇聚的象征。尤其最后一幅丝柏题材的《普罗旺斯夜晚的乡村小路》(Country Road in the Provence by Night)，在普罗旺斯的蓝色夜空下，一轮新月与对望的星子散发着柔和的光辉，丝柏的强烈扭动，像是情感与苦闷交织堆栈，用尽全力涌向天空，星月的光环快速地滚动着，大地也仿佛滚烫燃烧着。天空、麦田、丝柏、路人、马车这些代表圣雷米的素材全都汇聚其中，文森特通过大自然的力量表达了和病痛最坚决也最彻底的战斗意志。[217]

1890年年初，提奥将文森特的六幅作品一起送往布鲁塞尔参加"二十人社团展"。文森特的《红葡萄园》在这次展中，被其的旧识——诗人尤金的妹妹安娜（Anna Boch）以400法郎的价格买下。此画为当初在阿尔时期所绘，画面当中充满火红的绚丽色彩，天空呈现柠檬黄，大地则是紫色，文森特对普罗旺斯土地劳动的热情，藉由奔放色彩的挥洒向欧洲北方展现。这也是各种文字记载认为的，文森特·梵高一生当中唯一卖出的画作。曾有人指出，实情是提奥为了让病中的兄长振作精神，故意安排画家朋友买下了这幅画，实际上出资者仍是提奥。但在我看来，这并非文森特参展的重点。首先，《红葡萄园》是否为文森特在世时卖出的唯一作品，值得再讨论。前文曾经提到，文森特的旧主管，古比尔画廊海牙分店的经理提斯蒂格曾向文森特买过一些素描，另外在海牙时期，桑特叔叔也曾向他订购几幅简单的风景画作。因此文森特此生是否只卖出一幅画作，在此似乎不那么重要。其次，此次文森特参展的六幅画作，无论售出与否，其重要意义在于文森特个人艺术风格的能见度增加了，他开始受到艺术市场的留意。这点从当时的评论家艾伯特·奥利耶（Acbert Aurier）对文森特的评论中可见端倪。

提奥随信寄来一份《法兰西信使》（Le Mercure de France）1月号杂志，艺术评论家艾伯特·奥利耶在其中发表了一份评论："文森特·梵高全部的特点，便是活力充沛、表现强烈。他那种对于一切事物本质的绝对肯定，那种粗犷的简化的形体，那种敢于面对面正视太阳的欲望和激情的素描色彩，是在显示一种有力的、阳刚的，有时野蛮有时却又确然精细的个性。"[218] "他对于人物的认真观摩，对于自然和真理深厚而又近于童稚的热

《星夜》

爱，都是他作品的特色。"[219] "梵高是对现代艺术以及现代社会进行精炼的先驱，是时代的旗手，年轻一代的代表，代表着未来。明日的法国会为南部画派欢呼。"[220] 文森特对这份评价感到意外，他认为那全都是谬赞，简直让他有点承受不了。奥利耶称赞文森特的画像是色彩和线条的协奏曲，而文森特并不喜欢这样的赞颂，他有生以来似乎从未受到如此重视，突如其来的瞩目显然令他茫然失措了。

"只有蒙提且利和高更才更配得上这些夸赞，尤其是在颜色和热带艺术创作方面；我向您保证，我现在的身份，或者以后在艺术中获得的地位，都只能是非常次要的。"[221] 文森特惶恐地回信给奥利耶，并希望他以后不要再如此赞誉。有趣的是，当年奥利耶的评论在今天看来似乎不无独到之处。倘若天上的文森特得知自己今日在艺术史上的地位以及后人对他的热爱，恐怕会更加惶恐或亢奋吧！

圣雷米时期的文森特，绘画技巧已经完全超越他在阿尔所成就的艺术水平，他由疗养院的花草、果树，慢慢扩展到院外的橄榄园、丝柏、农家、麦田、古松……藉由景物诉说衷情，他开始大量使用漩涡纹或火焰燃烧般的线条，仿佛扭动又似伸展，而色调也一反阿尔时期的明亮耀眼，渐渐走向沉稳与厚实。文森特似乎欲将内心的呐喊寄托于自然景物的凄惶，将狂躁不安的心绪完全表现在画布上。正如美术学者夏比罗（M. Schapiro）在《梵高研究》一书中说过的："他由于赋予自然物体以动感，才使自己从紧张之中获得解放，获得真正的内在平安。"[222]

一般认为，曲线、螺旋纹扭曲成漩涡，是文森特在圣雷米时期最具代表性的画法，此说法大致无误，然而若认定这些是来到圣雷米才出现的特征，则还有待讨论。是五幅文森特在不同时期的自画像，前三幅是1889年圣雷米时期的作品，尤其以首幅《穿西装的自画像》最为人所熟知，许多梵高传记或图书常以这幅画作为封面。这三幅画的背景很显然采用了漩涡特色画法，但我们接着观察后两幅文森特于1887年巴黎时期完成的自画像，依稀可见文森特通过点描法，以显著的色点呈现线条化的轮廓，在人物背后逐渐形成漩涡状的笔触。有研究者曾提出，在巴黎时，文森特感觉那里与其以往走过的世界落差太大，因而造成他的焦虑不安与力不从心。巴黎时期自画像出现的漩涡笔触，是他开始处于精神不稳定状态下所作。[223]

这种漩涡状的旋转笔触，是心理压力烦闷下自然流露的一种抒发。文森特除了在自画像中逐渐运用之外，更在自然景物中大量采用。从阿尔时期《夜间咖啡馆》漩涡状的灯光与《向日葵》中那些宛若雕塑般凸浮于画面、充满立体感的葵花种子颗粒，到《星夜》的扭曲变形，都显示出自我意识和强烈的戏剧性，文森特通过这些弯曲、扭动、凹凸而旋转的笔触，从点描到线条性的勾勒，恣意发泄他心中的孤寂焦躁，藉以追求内心世界的稳定。

圣雷米后期，文森特创作了《绕圈的囚犯》（The Prison Courtyard），其亦是此一表现方法的扩大运用。在一个以阴森幽暗的绿色为主调的监狱中庭，一群囚徒正绕着圆圈散步，当中有位没戴帽子的囚犯正是文森特自己。文森特通过绕圈的"圆形"概念表达住院时的无助迷惘，几次的癫痫复发就像无止境的循环，他追问着是否最终能走出这漫无止尽的迷宫？人生最终是否能在这禁闭的空间里找到救赎的窗口？

在圣雷米养病的这一年，文森特前后总共发病四次。第一次是在7月16日，在此之前有好一段时间的缓和期，甚至让他乐观地感觉有恢复的希望。但此次发作，病况持续了一个半月不曾消散，"多天以来我一直处于严重的梦呓中，和阿尔那次一样，有过之而无不及，更由于喉头肿胀，四天无法进食"。[224]

第二次发病的日期非常重要，1889年12月24日，刚好是他在阿尔割

《麦田里的丝柏树》

《两棵柏树》

《普罗旺斯夜晚的乡村小路》

《红葡萄园》

掉耳垂后的一年。请注意这个日期。平安夜,这个西方宗教文化的特殊节日,在文森特的短暂生涯中引发了数次重大风波。首先,对文森特而言,圣诞节本身具有重要的心灵意义,包含虔敬、慷慨与同情的感受。在意识层面上,文森特认为,圣诞节不止迎接耶稣基督的降生,也是家人团聚的日子。但在潜意识中,文森特从童年起,同名哥哥不寻常的出生与死亡就带给他强烈的影响,他对基督诞生的喜悦,也投射在这位瓜分他原应拥有的母爱的文森特身上,进而引起他的忌妒与愤怒。所以圣诞节无形中会激发起文森特的敌意,造成他将愤怒表现在自残或挑衅的行为上。

1875 年时,文森特仍在古比尔画廊工作,当时受到尤琴妮初恋打击的他,在被调到巴黎分公司后惶惶不可终日,画廊正当忙碌的圣诞假期,他不告而别返乡寻求家庭温暖,因此不久后遭到开除。

1881 年,人在艾田的文森特也因为不愿出席教会的圣诞活动,与父亲起冲突,愤而离家。

1888 年在阿尔,平安夜到来之前,他与高更的关系愈发紧绷,如电流般的争吵,突如其来地扔掷酒杯,情绪层层累积,终于在高更示意即将离开阿尔时,冲突爆发,他割下了左耳耳垂。

1889 年,在圣雷米迎接平安夜,文森特感到孤寂与无助,在极大的焦虑和恐慌下再度发病。更重要的是,此次的发病持续时间与去年大致相同,经过一个礼拜,于 1 月初逐渐康复。

无独有偶,他在 1 月 21 日第三度发病,再度重演前一年的状况,经过短暂的间隔期后,到了 2 月 23 日又是一次持续更久的病痛,这次他不省人事地足足躺了一个多月。直到 4 月,文森特才逐渐清醒,"我拿起笔来想写点东西。我的体力会慢慢恢复的,可是我的头不痛但一片空茫。此刻静静地作画,笔触也稳定,而翌日却像个野人般地狂乱"。[225]

文森特曾希望学习俄国作家计算出自己癫痫发作的时间，并藉此安排管理自己的工作，而从上述四次发作来观察，我们已经看出，文森特大约会在7月底、12月底、1月底与2月底遇到长短不一的癫痫发作。研究者认为，文森特·梵高的天才创造力和狂郁症有一定的关联，不过事实上，文森特在疯狂时是无法创作的，[226] 他的心理状态呈现两种极端，并交替出现、循环不已，这带给他强烈而充满生命力的灵感，却也同时焚毁了他。文森特生命的最后阶段正是以极端的痛苦换来了精彩绝伦的艺术创作。

我们可以推想，假设这样的发病周期推算无误，则文森特在1890年的下一次发作时间点将落在7月底。相信很多读者已可预见，这次发病将造成文森特最后的悲剧。

1月30日，提奥与乔安娜之子小文森特·梵高（Vincent Willem van Gogh）诞生，得知这个消息后，文森特兴奋不已，即刻去信道贺。为了庆祝侄儿诞生，文森特决定画一幅粉红色杏花盛开在蓝天下的油画，即《盛开的杏树》（Blooming Almond Beech）。这幅画具有明显的日本浮世绘风格，自然景物洋溢着东方文化里的生命力，蓝色与白色的交织宛若一部和谐的交响曲，在粉白与蓝底映衬下的边缘处，似乎还闪着光芒。创作时文森特极其用心，他认为这幅画"也许是我最有耐心，画过的最好的一幅，我静静地、沉着地画了出来"。[227]《盛开的杏树》代表文森特对梵高家族瓜瓞绵绵的单纯企望，这幅画至今仍在阿姆斯特丹梵高美术馆的大厅展出，受到梵高家族后代细心的照料。

文森特原已有离开圣雷米的念头，1889年年底，他与提奥讨论是否回到荷兰老家，抑或在巴黎附近定居，不过这项计划很快便因年底的再度发病而暂时中断。如今小文森特的出生，更使得文森特颇有立即离开圣雷米的冲动。乔安娜来信说，小文森特非常喜爱伯父为他所绘的《盛开的杏树》，尽管几个月大的他还看不懂，但常常目不转睛地盯着那幅画，显得十

自画像　　　　　　　　　《绕圈的囚犯》

《盛开的杏树》

分入迷。另外，小文森特似乎也对林布兰的画极有兴趣。文森特听到侄儿与自己如此相像，便更加渴望早日摆脱疗养院的束缚，飞奔到巴黎去探望提奥一家人。

提奥虽然勉强同意文森特出院，但仍相当忧虑，他还记得当年在巴黎与文森特同住时，文森特的生活习惯给他带来的种种困扰，如今提奥又已娶妻生子，家中没有多余的空间能妥善安顿文森特。几经交涉安排，提奥建议文森特于 5 月办理出院，再前往巴黎北方的奥维小镇，毕沙罗与塞尚曾经旅居于此，文森特崇敬的前辈画家杜比尼的故居也在那儿。最重要的是，当地有一位医生保罗·加歇（Paul Gacher）是精神治疗的专家，也是与印象派画家熟识的朋友，文森特可以就近去找他看诊。

出于立即离开圣雷米的心态，文森特不假思索地答应了，他想先到巴黎探望提奥一家人，再转往奥维。提奥原本不放心让兄长一个人搭车到巴黎，但文森特坚持单独行动是能够证明其精神健康的最佳方式，并允诺会请列车长或邻近乘客协同照顾，提奥才放心让文森特单独搭车。

其实贝洪医生并不赞成文森特此时离开疗养院，文森特曾在信中提及此事："贝洪大夫语焉不详地说我的想法是在逃避责任，可是这样下去，永远没完没了，事情会一直拖延，最后的结果就是反目成仇。我再也无法忍受了，我一定要改变，就算是改变过程很痛苦，我也不在乎。"[228] 贝洪医生的顾虑是可以理解的，这一年以来文森特发病四次，此时距离上一回发病也才不过短短两个多月，谁也不能保证文森特的精神状态于近期是否内会再度发病。退一步而言，假设文森特在疗养院中发病，这里有较多的医护人员能够给予他适当的照顾，而相比之下他在奥维只能够求助于一名医生，任谁也无法保证他在那儿是否能获得有效的医疗照顾。

当然，依文森特的想法，他无法继续忍受日复一日的疗养院生活，他愿意冒险去尝试改变这样的命运。尽管我们都知道悲剧将随之而来，但文森特勇敢地面对自己的病情与命运，勇敢地做出抉择，他的勇气仍然值得佩服！

贝洪医生在文森特病历表的出院栏写下了"痊愈"二字，文森特收拾了简单的画具行李，兴高采烈地搭上了离开圣雷米的班车，归心似箭的心情早已将他的思绪拉回相隔两年的巴黎。1890年5月，文森特永远告别了艳阳高照的法国南部，这个曾使他艺术成就登峰造极的普罗旺斯。

一生不被人理解

自幼不受父母喜爱,受尽歧视折磨

情场失意,职场顿挫

而如今唯一看得见一丝光明希望的绘画事业

又面临腰斩的窘境

文森特至此已万般疲惫

七月

正是他去年在圣雷米发病的第一个周期

恐惧焦虑的生活压力使他的癫痫很有可能再度复发

5

最后的奥维

麦 田

1890年5月17日，文森特离开了圣雷米，离开住了一年的圣保罗精神疗养院，动身前往巴黎，他迫不及待地要探视提奥一家人。

文森特才刚从严重的精神疾病中恢复，拒绝由任何人陪伴旅行。提奥接到文森特的电报，紧张得一夜睡不着，深怕兄长在途中有个万一。上午10点钟，提奥在里昂车站的月台迎接文森特，文森特还揶揄他用不着那么担心。

此时在家等待的乔安娜，心中忐忑不安，她即将见到这位未曾谋面的大哥，等待的时间似乎像一个世纪般漫长。正当乔安娜怀疑是不是路上出了事，提奥终于带着文森特搭乘马车回到了毕加尔城区街（cité Pigalle）8号的家。乔安娜看到两张快乐的笑脸对她挥了挥手，不一会儿，文森特就站在她的面前。乔安娜原以为自己会见到一个病容满面的男子，但"站在我眼前的却是一位肩膀宽阔强壮的人，气色很好，脸上挂着微笑。整个外表看起来很坚毅，他所有的自画像中，画架前的那幅最像当时的他"。[229] 乔安娜甚至觉得，文森特看起来似乎比提奥更为健壮。

小文森特正在婴儿房的摇篮里沉沉酣睡，乔安娜领着两兄弟静静地来到摇篮边，两兄弟默不作声地观察着沉睡中的婴孩，两人的眼里都噙着泪水，接着文森特转向乔安娜，微笑地指着摇篮上的花巾说道："小妹，不要替他盖太多的花巾。"

接着他直奔画室，甚至忘了还没吃早餐。他将之前寄给提奥的画都翻了出来，五分钟不到的工夫，提奥原本整齐的小公寓已经堆满他的画。看到提奥家中每个房间都以他的画作为装饰，他感到相当欢喜；卧室里是《盛开的果园》，餐厅壁炉上是《食薯者》，起居室挂着《隆河的星夜》，那幅为小文森特画的《盛开的杏树》就挂在摇篮上方。如今这些绘画已是艺术史上的不世之作，分散于不同的展览地；而想到当年提奥家的种种陈设，着实令我们感动不已。

文森特在提奥家愉快地度过了三天。他再次见到几位久违的老友，毕沙罗、罗特列克、贝尔纳，文森特满心喜悦地与好友话旧，他尽量避谈圣雷米的一切，而较关心蒙马特等地的变化。乔安娜准备的地道的荷兰家乡菜更使文森特充分感受到家乡的温暖，尝着搭配黄油奶酪、果酱与鸡蛋的白面包，文森特甚至激动地表示，在阿尔与圣雷米时期都未曾吃过这么简单而美味的食物。

文森特也利用一整天的时间参观罗浮宫，期盼见到林布兰和德拉克洛瓦等人的画作，在他们的作品前面，他是一位谦卑的学习者。在圣雷米时，这些大师深富内涵的作品与思想哲学，伴随文森特度过了数百个漫漫长夜。有了林布兰对信仰价值的指引和德拉克洛瓦对色彩的驾驭，文森特才不觉得迷失了方向。

当然，回到巴黎的文森特绝对还有一个人要去拜访。他重返位于蒙马特唐基老爹的小店，老唐基见到文森特兴奋不已，拉着他到店内说话，文森特看到许多幅自己寄卖的画作，熟悉的景物让他感到窝心温暖，巴黎依然如同四年前那样地欢迎他。

但文森特很快便意识到，巴黎的喧嚣对他无益，这环境不适合单纯的

《画架前的自画像》

人，提奥在巴黎就过得并不愉快，连身体也搞差了。文森特急着重新投入工作，于是在享受了三天短暂的天伦之乐后，便与提奥一家道别，搭上前往奥维（Auvers）的班车。

　　距离巴黎约三十公里的奥维，是个古朴雅致的小镇，百年来它几乎完整地保留了昔日的景物，瓦兹河（Oise）从奥维下方蜿蜒流过，碧色的河水带来两岸的青葱绿意，这是个如诗如画的花园小城。虽有不少上下坡与阶梯，但斜坡到处是幽雅精致的农舍，农舍旁开满清新淡雅的花草，搭配五月春日的和煦阳光与明朗蔚蓝的晴空。这一切使人心旷神怡、宁静舒畅，仿佛置身鸟语花香的梦境。

　　文森特觉得此处异常优美，他感到心情愉悦："此时苍翠醉人，空气中弥漫着安宁气息。我于其中体会到或自以为体会到夏梵尼[230]画中的一股静谧感；不见工厂的影子，唯有可爱而蓊郁的绿树，并且养护得很好。"[231]

　　由于距巴黎仅需一小时车程，再加上幽静秀丽的景致，奥维从前就吸引着许多画家前来写生、度假。最早来到奥维的知名画家是巴比松画派的杜比尼，时至今日此地仍保留着他当年的住宅与画室。杜比尼也是文森特极其欣赏的画家之一，后来他在杜比尼故居的花园写生，创作出他绘画生涯里最后几件重要的作品。毕沙罗和塞尚也曾在此地住过好一段时间，并结识了加歇医生。文森特一向尊敬毕沙罗，他之所以选择来到奥维，与毕沙罗的建言不无关系。

　　保罗·加歇医生丧偶多年，他在1872年来到奥维，并在此地建立了一间工作室，除了专门研究精神疾病之外，也曾为毕沙罗、塞尚、雷诺阿等人诊疗，工作室中更收藏了许多印象派画家的作品。他本身也是位业余画家，曾使用"梵·里塞尔"（P. Van Ryssel）的化名参展，在巴黎闲暇时就喜欢与印象派画家们齐聚。此时他已不在奥维看诊，其一个礼拜固定有几天会在巴黎的办公室进行心理咨询，而奥维则是他用来度周末与进行艺术创作

加歇医生

的场所。此外,他的住处外还有一片古意典雅的药草园,种植着许多具有疗养功能的药草。

加歇医生的家位于一处爬满常春藤的垂直陡坡之间,从大街进入后需走过几个石阶,再一路由石阶拾级而上,即可来到家门前的药草园露台。屋子后方有个小山洞,是过去人们用来充当战争避难所的地下墓穴,加歇将这里改建为一个小型的剧院舞台,可供戏剧和音乐会演出使用。后方的围篱里还饲养了一些鸡鸭、孔雀与猫咪,看来加歇的乡间生活过得十分惬意。

房子是一栋三层楼的建筑,外观并不怎么华丽,朴素的三角墙搭配着几扇小百叶窗,暗黑色的石板屋顶上用砖瓦砌着烟囱。室内阳光不强,摆满了画作与古董等收藏品。与加歇同住的还有 20 岁的女儿玛格丽特以及 15 岁的儿子保罗,尽管加歇医生的年纪大上文森特许多,但后来乔安娜却觉得他们俩在外形上颇为相似,而加歇医生的儿子保罗长得也很像提奥。

初见加歇医生,文森特觉得此人怪里怪气。

"他给我的印象颇为怪异,但他当医生的经验必然使他镇静得足以对付神经过敏

拉雾旅店照片，中间站立的女孩即阿德琳

的毛病时，他在这方面所受的折磨似乎不亚于我。"[232] 但文森特觉得，两人会成为好朋友。

加歇医生介绍文森特到圣奥宾（Saint-Aubin）旅社投宿，不过这里每日住宿费用是贵得吓人，一日需要6法郎，于是圣奥宾旅社就这样与历史的机缘错身而过。文森特另外选择了市政厅广场（place de la Mairie）对面的"拉雾旅馆"（Ravoux），这里包括用膳每日只需3.5法郎租金。"拉雾旅馆"的主人阿瑟·卡斯塔夫·拉雾（Arthur Gustav Ravoux）是个厚道的乡下人，他与妻儿共同经营这栋三层楼的小旅店，历史注定，他们会与这栋建筑物一起永久地保存在世人的记忆中。

今日奥维的这栋建筑已成为"梵高之家"（La Maison de Van Gogh），楼下餐厅供应着据说是文森特当年吃过的"梵高餐"，主菜是生鱼腌橄榄油加橄榄叶，配上黑面包、黑咖啡与苦艾酒，没有其他的附餐甜点。相信这道另类而穷酸的菜肴，绝对能让来自世界各地的游客感受到当年文森特的困窘。三楼那间文森特曾住过两个月的小房间仍开放着，狭小的空间中，如今只摆了一张小椅子。改建后的三楼有间小型放映室，播放着文森特的生平介绍纪录片，隔壁房间则专售文森特·梵高的纪念品、画册、明信片、海报、茶杯、T恤……当年寄宿的旅馆，如今成了商业化的"梵高之家"，文森特倘若天上有知，会作何感想呢？

文森特不想浪费太多时间，安顿下来后，他就迅速投入画画。比起先前的南法小镇，奥维已先后吸引过多位画家前来作画、居住，因此这里的人早已习惯，见到背着画架或是立起画架写生的人，一点也不感到好奇或疑惧。这样，文森特也得以自由自在地选择任何场景来作画了。

风景如画的奥维提供了文森特许多创作灵感，不管是农舍庄园、石阶步道，还是花草庭园，皆可入画。更让文森特高兴的是，这里的居民与先前在努能、阿尔等处不同，他们极其友善，容易沟通，也很乐意当文森特的模特儿。他还为旅馆主人拉雾13岁的女儿阿德琳（Adeline, 1877~1965）画了一幅《蓝衣女子》（Woman in Blue），此画除了让阿德琳感到开心之外，也成为小女孩一生永难忘怀的记忆。

此时的文森特，理当感受到久未拥有的欢愉，即使偶尔仍会陷入忧郁，但他相信，只要再度投入创作，心中的那份安宁就会复返。他与提奥一家密切地保持联络，先前在巴黎的三天，他就感到提奥更加憔悴了，而近一年来提奥的健康状况确实不佳，常常整天咳嗽，身形也消瘦许多。文森特知道提奥的压力很大，古比尔高层对他过于投入印象派的经理销售有很多意见，加之提奥如今除了负担文森特的一切开销之外，尚需照顾乔安娜母子以及荷兰老家，看得出来，生活压力逐渐在侵蚀他的身心。文森特在信中也表达了对提奥与弟媳健康的忧心，并希望他俩能吃胖些。

周末加歇医生从巴黎归来，每周日或周一常邀请文森特到家中用餐。见面之初，加歇便热烈提议，请文森特为他制作一幅肖像画，文森特欣然同意。《加歇医生的画像》（Portrait of Doctor Gachet）总共有两幅，先创作的这

《蓝衣女子》

一幅现为私人所收藏，加歇医生倚靠的桌上放了两本黄色的书以及一株毛地黄药草，这代表医生的专业。他戴着帽子坐在桌前，一只拳头托着腮帮，倾斜的姿势构成了透视画法的略缩图与准确的对角线构图。然而加歇所摆的姿势是传统上用来描绘忧郁性格的象征手法。画面传达出文森特所感受到的加歇，"他似乎非常通晓事理，但他对于他的医生职务感到灰心，正如我对于我的绘画一样；可是他还是个十足的医生，他的行业和信念使他依然支持下去。他似乎像我一般疲病且苦恼"。[233] 忧郁苍白的脸庞、思考的眼神，深刻地反映出加歇医生本人忧郁的性格。

1990年，在纽约的佳士得（Christie's）拍卖会上，这幅作品以8250万美元卖给了日本大昭和制纸株式会社的董事长齐藤良平，齐藤当年已74岁高龄，他除了大手笔地买下此画外，也在拍卖市场标下雷诺阿名作《煎饼磨坊的舞会》（Au Moulin De La Galette），并发出豪语，即百年之后要将两幅画与自己陪葬！幸好，齐藤并未真的这样做，1996年他过世后，这幅《加歇医生的画像》后来又由佳士得转拍卖给其他不知名的收藏家，目前我们很难再见到它的真迹。还好，文森特当年就同样的题材又画了另外一幅，现收藏于巴黎奥塞美术馆（Musée d'Orsay）。这幅画与前一幅最大的不同在于桌上少了那两本黄色的书，并且加歇医生的眼神也显得更加忧郁。

当初在描绘医生画像时，文森特投入了相当多的心力，他说：

> 我希望画一位艺术家友人的肖像，他满怀伟大的理想，与宽容待人的态度……我希望把我对这个人的感觉和爱慕之心画进去……我夸张了他头发的金黄色……头像后面，我不画小屋的普通墙壁，而是调配出极为丰厚、深沉的感觉。强烈的蓝色涂出单纯、无垠、深远的背景，这种单纯配合，使金黄色头发的头部，在蓝色背景上发光，像星星嵌在深沉的蓝色夜空中……[234]

完成这幅画之后,医生大为赞赏,认为将他内在的情绪表达得明了透彻,并马上请求文森特再为他绘制第二幅。

半个多月过去了,文森特在加歇医生的照料下,心理状态显得十分稳定,他对于目前的艺术方向感到乐观。在写给威廉明娜的信中,他提到:

> 比起其他那些我专擅的领域,更能激起我高度热情的就是人物肖像画。我特别着重色彩的运用,当然我不是唯一这样做的画家……我要创造出让下一个世纪的人们觉得幻影重现、栩栩如生的作品。然而,我并非追求好似摄影般的毫无差厘,而是以我满溢的热情去企求此番境界。换句话说,就是利用色彩运用的知识和品位来凸显人物特色。[235]

在完成《加歇医生的画像》后,文森特接着绘制玛格丽特·加歇小姐的画像,玛格丽特是一位温柔贤淑、恬静黠慧的姑娘,在父亲收藏的印象派世界里长大,她相当欣赏文森特的绘画风格,也很乐意当文森特的模特儿。《玛格丽特·加歇弹钢琴》(Marguerite Gachet at the Piano)是文森特少数使用油画较少见的窄幅画布、类似东方式长轴尺寸的作品。文森特认为,这幅作品受制于窄幅画布的先天局限,在创作时有些困难。我们可以看到他刻意描绘了加歇小姐的长裙,以白色颜料加上少许粉红与浅灰黄调子,用厚彩画笔由上而下,再由下而上地画出许多弯曲线条,这是借用阿拉伯艺术绘制花饰的技法。背景绿色墙壁上散布着红色斑点,与之相反的地板则是由绿色线条将红色地毯分割成小块状。文森特以享受的心情完成这幅画,并在钢琴上增添了一座烛台,这令我们不禁又想起,其是否与早期文森特画中烛火所象征的主导、生命等寓意有关?文森特除了为加歇小姐绘制钢琴前的肖像外,还画了一幅《花园中的玛格丽特·加歇》(Marguerite Gachet in the Garden),画中加歇小姐的脸部轮廓并不明显,但她站立的花园,让我们

《加歇医生的画像》

《加歇医生的画像》

《玛格丽特·加歇弹钢琴》

《花园中的玛格丽特·加歇》

得以一睹当年加歇宅邸前的药草园景。

6月8日[236],提奥一家来到奥维探视文森特,和他共度星期天。乔安娜日后对这一天有详细的描述:

> 文森特来车站接我们,在火车上,他带了一只鸟笼,当作给他同名侄子的玩具。他坚持要带小孩,也不肯休息直到孩子看完

乔安娜抱着小文森特

院子里的动物；有一只公鸡叫得太大声了，把小孩的脸吓红了，哭了起来。文森特笑着学公鸡咯咯地叫，还很神气地把同名的侄子介绍给动物世界。我们在户外午餐后，散步了好一会儿。那一天是那么平静，那么快乐，没有人想得到几星期后，我们的欢笑竟凄然地斫断，永远不再。237

提奥一家的到访，是文森特生命中最后一段快乐的时光，虽然极短暂，但这个星期天留给他无限欢乐的回忆，这般天伦之乐是他毕生向往的生活目标。他还建议身体虚弱的提奥在乡间找个寓所，远离喧嚣的巴黎市区，好好调养身体。

此时，文森特的世界里充满阳光、充满喜悦，从信件与画作中都能感到，他已彻底脱离圣雷米时期暗无天日、扭曲躁动的基调，改以庭园、乡间农舍、生机蓬勃的绿茵花卉为主题，看来文森特的身心状态正逐渐好转。若非我们知道他日后的结局，任谁也无法置信此时的他会选择以激烈的方式结束自己的人生。

幸福平静的生活在六月下旬急转直下。提奥在信中给兄长捎来了几个坏消息，小文森特病了，夫妻俩忙得焦头烂额，而提奥的薪资锐减，实在无力应付现阶段的窘境。文森特读信至此，感到难过万分：

亲爱的哥哥：

近来我们的生活可以说是充满忧虑，我们挚爱的孩子病了，病得非常重。值得庆幸的是，医生虽然也很忧心孩子的病况，但他告诉乔，"你们不会因为这场病就失去这孩子的"。如今巴黎所能买到的牛奶都与毒药无异。因此我们让他喝驴奶，这似乎对他的病情有所帮助。你无法想象这孩子没日没夜的哭闹，声音像是要将人心肺撕裂了般痛苦。但我自己却无力改变，无计可施，无论做什么只是徒增孩子的痛苦罢了……

乔真是个令人敬佩的好母亲，为了照顾这孩子已经憔悴得不成人形；我好希望她能快点恢复元气，别再遭受什么磨难了。她现在正睡在我身旁，嘴里咕哝着不知在说些什么，我却无法替她做些什么。宝宝若能安然睡上几个小时，乔就能好好休息，这样一来，早晨起床时她和宝宝都将能微笑着迎接新的一天。总而言之，现在的她真是饱受压力侵扰。

不知道什么才是正确的决定，烦恼的问题多到不胜其数。我们想过，或许该换个新住所，例如，搬到现在这栋房子的一楼。我们也想过搬到奥维或是荷兰，或者哪里都不去，就待在这里。或许我什么都不用去想，别为明天烦恼，也别去想我赚的钱少得可怜，无法让我挚爱的乔衣食无虞，这一切都跟柏萨德和瓦拉登那两个鼠辈把我的薪水砍了大半有关……

别替我们忧心，我亲爱的哥哥。请记得，你的健康与对艺术工作的专注才是带给我最大快乐的源泉，你对艺术的热忱是那样的叫人激赏。我们会做好长期抗战的准备，人生不过就是如此，一直不停歇地奋战。只要还有一口气在，我们一定要不断为了生存而奋斗。即便生活如此艰难，我们还是要懂得欣赏那日落月升的美。[238]

小文森特的病情不仅困扰着提奥夫妇，将小宝宝视如己出的文森特也急得像热锅上的蚂蚁。提奥不再避讳他与古比尔高层的龃龉嫌隙，薪资减半势必影响到他在巴黎的生活，也会间接波及文森特的艺术事业。然而提奥不愧是最棒的弟弟，提笔至此他或许猛然惊觉，一连串的悲观想法与遭遇可能会对文森特产生负面影响，于是他语气一转，谈起文森特的绘画事业与能够激励他的正向想法。

我们知道梵高兄弟毕生相互扶持，一个绘画，一个卖画，拥抱相同的艺术梦想；后来文森特伤重躺在拉雾旅馆时，提奥彻夜不眠地守护他。我们虽无从得知兄弟俩最后说了什么，但每次读到提奥写给兄长的信，情深意重无可比拟。提奥在信中最后两段追忆了兄弟俩共同的回忆：

> 我亲爱的哥哥，请多保重自己的身体，我也会好好照顾自己。该来的总是会来，一切都是命定。但这样就够了吗？不够的，我衷心地希望哪天你也能找到伴侣，可以跟她聊上一切。对我来说，如我这般不擅言辞、脑袋空洞的人，自她的身上我得到了"让爱滋长的力量"，这样的力量也能在我们挚爱的父母亲身上寻得——我得以成为一个顶天立地的男子汉——但谁又知道我的儿子能不能活下来，成为一个大人物。至于你，你已经找到属于自己的道路了。我亲爱的哥哥啊，你的马车正稳健地转着轮轴前行，而我有幸能看清前方的路，一切都要感谢我挚爱的妻子。别给自己太大压力，从容地放慢脚步吧，这样才能避免意外之事。对我来说，偶尔猛烈来上一击无伤大雅。
>
> 你听着，等乔身体好些，孩子康复之后，你一定要来我们这里住上几天，至少待上一个星期，再多个几天。再会了，我亲爱的哥哥。我诚挚地愿你一切都好。看到孩子和孩子的妈安然沉睡真让我欣慰。[239]

有人认为，提奥在这封信的结尾已委婉地表达，为了妻儿的生活着想，将中断十年来给予文森特的金钱资助，因为文森特已"找到属于自己的道路了"，而且"马车正稳健地转着轮轴前行"，提奥也奉劝兄长放慢脚步，从容地走接下来的道路。对此，我却不这么看，机灵贴心的提奥不见得会在此刻做此决定。这时的文森特甫出院不久，尽管先前已在布鲁塞尔举办的画展中卖出作品《红葡萄园》，接着有《法兰西信使》等，且媒体也对他做了相关评论报道，称赞他是新锐的未来指标性画家，甚至来到奥维后，他的心情以及恢复情况都相当良好，但提奥深知，文森特仍处于无法自立的阶段，此时若中断对其经济支持，不啻将文森特再度逼回疯狂困厄。

文森特立即回复提奥："我刚收到你述及小儿子生病的信；我极想前去看你，可是一想到我可能比正处于焦急状态中的你更无能为力，便遂然却步了。我害怕平添困扰。对于未来，我能说什么呢？我感觉我们全都过度紧张了，何必坚持一定要为我们的地位正名分呢！你似乎有意强化此中情况，颇令我惊讶。涉乎此事，我能效劳吗？至少，我能为你做些什么可令你高兴的吗？"[240] 文森特很遗憾自己对此事使不上力，他建议提奥一家搬来乡下，可以节省生活开支，而这里的空气也对病人身心有益。

尽管信上说却步，但文森特仍然在 7 月 6 日星期日去了一趟巴黎。侄儿确实病得不轻，提奥与乔安娜脸上尽是忧愁与疲惫，整个屋子里笼罩着不安与紧张的气氛。乔安娜后来回忆起文森特当日与他们谈到未来的计划，"提奥重提离开古比尔，自己创业的旧念头；文森特不满自己的画被我们这样放着，他提议我们搬到较大的公寓去；所以那些日子实在叫人忧心忡忡。许多朋友来看文森特，其中有奥利耶，他最近写了一篇关于文森特的文章《孤独者》，刊于 1890 年 1 月的《法国水星杂志》，他和画家一起来看画。还有罗特列克和我们一起午餐，他和文森特开了许多关于一位办丧事者的玩笑。我们也盼望季约曼[241]来，但对文森特这已经太多了，不等他来，文森特就匆匆赶回奥维。"[242] 乔安娜似乎在此语焉不详，"对文森特这已经太多了"与"文森特不满自己的画被我们这样放着"是什么意思？文森特为何要匆匆赶回奥维？我们应该还记得，前一封信中，提奥希望兄长能"住上几天"，为何此时没有挽留文森特？

许多研究者如今都认为，7月6日是整个悲剧的起点。乔安娜原以为文森特来此是要商量孩子的病情以及提奥今后经济支持的细节，谁料提奥后来约了罗特列克和季约曼前来（由于季约曼晚到，所以没有见到文森特），原本家人间的谈判成了艺术社交聚会，觥筹交错之下，罗特列克还说了笑话来炒热气氛。乔安娜一向欣赏大哥与他笔下的艺术，但如今她已为人母，立场心态丕变。孩子生病让她忙得疲惫不堪，眼下提奥又面临可能遭裁员的重要关头，相较之下，她自然会觉得减少或暂停对文森特的资金供应是唯一可行的方法。

以上是研究者对当天情况的合理推论。至于为何会有如此的推论，我们还可以从文森特回到奥维后，回复提奥的一封短信内容来加以佐证："我感觉大家都有点不知所措，而且都工作得太累了。现在不论我们如何解释自己的立场都没用。你们好像非要那样做不可，令我感到惊讶。总之，对于你的期望，不知我能为你们做什么？"[243]文森特的回复，确实颇令人玩味。我们都不免觉得，7月6日当天的聚会并不似乔安娜事后在追忆文中的叙述那么单纯。文森特与提奥夫妇是否早已针对经济资助做出协商？文中所谓"你们好像非要那样做不可，令我感到惊讶"，是否意指提奥决定中止对文森特的一切资助？这当中的来龙去脉，需要我们一一观察。

回到奥维后的文森特，情绪明显有了强烈的波动。他自己也在信中承认：

> 我远远没有平静下来。我要尽可能地努力去做，但是我不对你隐瞒，我几乎不敢指望始终有着所需要的清醒的头脑。假如我的毛病重新发作，你会原谅我的。我十分担心我会精神失常，我对于一点也不知道自己处在什么情况之下（希望像从前一样，每月一百五十法郎）感到奇怪。我还是那样混乱。有没有一种使我们更加平静地再见面

的方法？我希望如此。

> 我相信我们全都想念小家伙。自从你照我的名字给他取名以来，我愿意他有一个比我（我是倒霉的）平静的灵魂。[244]

至此，文森特一反6月时的正面乐观，信中的语气措辞似乎已回到圣雷米时期的他。来到奥维之初，他未曾担心过再度发病的问题，但如今，他又陷入随时可能发病的恐慌当中。理由很清楚，文森特信中也强调"希望像从前一样，每月一百五十法郎"，可见他们先前必然已谈过这个问题，不管提奥是打算中断还是减少资助，都会对文森特的艺术创作造成影响，这也成为文森特再度陷入焦虑紧张的主要原因。

文森特谈到可爱的侄儿，也表达了自己这一生的不幸，尽管两人同名，但他期望困顿塞厄别再降临到下一代身上。焦虑紧张的情绪使文森特开始对身边的人起疑，他接着说：

> 我认为我们丝毫不要依赖加歇医生，首先是因为他的病比我还重，或者说是一样重。让一个瞎子带领着另一个瞎子，他们俩会不会一同掉进沟里去呢？我不知道该怎么说。[245]

我们可以推测，提奥夫妇或许建议兄长，不妨暂时停止作画，专心接受加歇医生的治疗，好好休养。但原本与加歇医生相处融洽的文森特，从巴黎回到奥维之后却变了样。他开始觉得加歇本人也有精神疾病，根本不合适再靠他医治自己。如果长期与加歇医生交往，文森特担心会像当初在圣雷米一样，和一群精神病人共同生活将使自己的病情更为加重。

文森特在加歇医生家中看到许多幅毕沙罗和塞尚的作品，都被堆栈在工作室地上一角，他感到相当不悦，"再怎么说，毕沙罗算是我们的前辈师长，如此对待他的作品是相当不敬的。"文森特要求加歇医生为画作装框，

《奥维的市政厅》

而医生对此不置可否,但答应文森特会尽快找工匠来裱框。过了几天,文森特再度来到医生家,那些画仍旧好端端地躺在角落里,他气得双眼发红,向医生大声咆哮,加歇医生也不客气地训斥文森特的无礼。 片刻间,加歇医生仿佛见到文森特充满攻击性与敌意的表情,就像是要把身上预藏的手枪掏出来似的恐怖。 加歇医生将文森特赶出屋外,表示不欢迎他的到来。[246]

接下来几天,文森特时而平静、时而激烈。 他在 7 月 14 日画下《奥维

《奥维的教堂》

的市政厅》（The Town Hall of Auvers），这座市政厅就矗立在文森特所居住的拉雾旅馆广场对面。为了庆祝国庆节的到来，市政厅悬挂了许多面彩旗。这幅画由众多平行、连贯的笔触组合而成，结构的对称使他在绘画时少了一些恣意，却也表达了他当下情绪稳定的感觉。

与之相反的是《奥维的教堂》（The Church at Auvers）。文森特自从离开努能后，他的画布上就鲜少出现与教堂相关的景物。我们先前在《星夜》里看过哥特式教堂的塔尖，此处与之有相同的内在涵义，都代表一种思乡情绪，并流露对信仰的重拾。天空被描绘得像深海一样剧烈翻腾，与呈现 V 字形的浅色地面构图，刚好相互呼应。而教堂的拱顶与哥特式神秘阴暗的尖拱花窗，外观上极具不稳定性的结构，也和户外明朗的色调形成一种对比，线条的律动看似稳定却内藏着起伏不定的不安。

左侧有位身着荷兰传统服饰的农妇，这再度强调了文森特此刻所向往的归属感，V 字形的两条岔路仿佛正是文森特心中的问号，人生归宿欲往何处？

下一步是归乡呢？还是另有打算？面对提奥无力继续提供经济援助，文森特是否又回归到最初的人生信仰？

十年来，他始终将绘画视为人生唯一的信仰道路，如今站在这个分岔口，一条代表着希望，另一条的尽头或许代表着绝望、妥协与坚持。他该如何选择呢？

每当看到这幅画时，我总会想到，人的一生似乎常常面临如画面中的分岔点，下一步该如何选择，是人生的一大智慧。文森特已面临人生的纠结处、精神上的临界点与艺术道路的歧路口，在绝望崩溃之际，他一生所奉献的信仰价值，仍旧能够坚固不移吗？

7 月中，乔安娜告知文森特，她和提奥将带着孩子返回荷兰一趟，且不打算绕道文森特所在的奥维，而这让文森特失去与提奥再见面商谈资助的

希望。为了让提奥继续提供援助,文森特开始为每月的开销精打细算起来:

> 我可以租到一所包括三个小房间的寄宿处,年付一百五十法郎。如果再找不到更好的,它总比老唐基家那个虱蚤横行的小室更强;我应该为我自己和图画找个庇护处,而使他们维持良好状态,才更有机会从中获取一些利益。我说的不是自己的,而是我们所收藏的图画,此类作品是有一定行情的商品,忽略此点乃是使你我穷困的因素之一……

> 但是抛开一切野心,却成为我们能够共同生活多年而不致毁掉对方的因素之一。我还有一些画放在圣雷米,至少有八张;我正试图维持原有的技艺。我花了多少时间,经历多少艰苦,方能臻及此种创作才能,若我停止工作的话,势将更迅速、更轻易地失去它。前途愈来愈黯淡,我一点也看不出快乐的未来。我目前只能说,我想我们全都需要休息,我觉得疲倦极了。困逆重重——那是我的命运,不会改变的命运。[247]

文森特也再度有意呼唤提奥,千万别终止对他的资助,因为这些绘画属于两人共有,而放弃这些作品与绘画事业将会造成两兄弟的穷困。文森特再次强调,他好不容易达到今天的绘画水平,如果要他暂停,创作力将会迅速衰退。对文森特而言,要他暂停或舍弃绘画事业,是非常恐怖乃至不敢想象的未来。画廊经理人、教师与牧师,都是他已然放弃的职场生涯,十年来他选择了艺术创作作为人生职志;几段无疾而终的恋情打击,也因寄情于绘画而逐渐忘却了伤痛。一路走来,文森特·梵高已经与艺术画上了等号,少了艺术的生命,他还能做些什么呢?

然而提奥夫妇的荷兰之行,却让文森特没有了再沟通的机会。文森特先前极为恳切地希望夫妇俩能够在赴荷兰之前,顺道来奥维与他相聚,而

《麦田群鸦》

此刻他的处境极为孤独无助,提奥夫妇的荷兰之行更让他感到他已被排除在外。他提出的建议从未受到尊重和采纳,想起当时高更决心离开阿尔的感觉,文森特再次感受到遗弃与背叛。

《麦田群鸦》(Wheatfield with Crows)是文森特·梵高在奥维后期最著名的作品。他来到奥维后,曾以麦田为主题创作了多幅作品,而此画展现了他内心巨大的痛苦与孤独感。我们稍加观察,便能够发现与《奥维的教堂》

晚年的阿德琳翻阅着有梵高为自己所绘肖像的书

相似的岔路也在麦田中出现，且更由原本的两条增加为三条，画中的线条走向是由地平线向画面的前方汇集，画面上的空间推翻了传统透视法而没有视点聚焦，蓝天和鲜黄的麦田彼此朝反方向推挤，一大群乌鸦划过天际的分界，飞向未知的前方，低飞的沉重感也凝结了周遭不祥的氛围。

文森特在生命的最后几天与提奥倾诉衷肠：

> 回到这里，我感到很凄凉，并且始终感到威胁着你、也压迫着我的那种风暴。怎么办呢？你知道，我通常总是尽力显示出高高兴兴的样子，但是我的生命受到了根本的威胁，我的脚步也在摇晃。我担心（不完全，但却有一点），我对你会成为一个负担，你会感到我是一个可怕的东西……
>
> 我已经画了三幅以上的大油画。画的是不安的天空下面大片延伸的麦田，我不需要故意表达凄凉与极端孤独的心情。我希望你能够马上看到这些画——我认为这些画会把我无法用言语表达的话告诉你，把我在乡下见到的生机勃勃的景象告诉给你……[248]

与他大多数的作品一样，观赏者绝对会被画中的色彩所吸引，这也具体表现出他的用心良苦。"我的作品是冒着生命危险画的，我的理智已经垮掉了一半。"[249] 这幅画充分表达他内心的不平衡与无助，后世人们与许多研究者都认为此画是他的遗作。而事实上并非如此，文森特在狂乱的心绪下完成《麦田群鸦》后，又着手投入了另一件重要作品。

一生不被人理解，自幼不受父母喜爱，受尽歧视折磨，情场失意，职场顿挫，而如今唯一看得见一丝光明希望的绘画事业又面临腰斩的窘境，加之被提奥夫妇遗弃带来的强烈孤独感，文森特至此已万分疲惫。七月，正是他去年在圣雷米发病的第一个周期，恐惧焦虑的生活压力使他的癫痫很有可能再度复发。

相信对于大多数的读者而言，本书已不是接触到的第一本有关文森特·梵高的著作。大多数相关书籍皆会写到，文森特于1890年7月27日星期天，在奥维的麦田里对着自己的心脏开枪，然而并未打中，昏厥一阵子后又爬了起来，拖着颤抖疲惫的身躯走回拉雾旅馆。文森特此举把旅馆老板吓了一大跳，连忙通知加歇医生前来为文森特疗伤止血。事实上，文森特是否在麦田自戕，仍旧有很多争议。雨云先生翻译《梵高书信全集》的最后一封信后，曾在书中留下一个批注："7月27日，星期日，文森特溜进一农家的庭院，躲在一粪堆之后举枪自杀。然后他蹒跚走回拉雾酒店，爬到楼上的房间，颓然倒在床上，像只受伤的动物。过了两天，7月29日，文森特在赶来陪侍于侧的提奥面前过世，享年37岁4个月。"[250] 此处关于开枪的地点有了第二种说法。而从乔安娜的回忆中，我们看不到她曾提及文森特选择的自杀地点。那么，是否还有相关人证可对这段史实提供更进一步的线索？

我们记得，文森特在1890年5月20日来到奥维，选择在拉雾旅馆落脚。在这里，文森特度过了人生最后的69天。旅馆老板是位忠厚诚恳的老实人，文森特也相当喜爱老板的13岁女儿阿德琳，还特地以她为模特儿绘制了一幅《蓝衣女子》。

阿德琳对这位曾经以她入画，且最后在自家旅馆身亡的红头叔叔难以忘怀。在1953年一个庆祝梵高百年诞辰的纪念会上，76岁高龄的阿德琳终于现身说法，她认为文森特·梵高死后六十三年来，各界从未找到任何关于他在奥维生活的第一手资料，因此针对许多以讹传讹有关梵高之死的流言，阿德琳决定公开她所亲身目击的一切。这段珍贵的口述历史数据，将有助于我们理解文森特最后一段时日的生活，并厘清坊间的一般看法。

以下内容将以较大篇幅来转引阿德琳当年的谈话，为读者提供进一步的认识与参考：

  梵高是在1890年5月底来到我们家的，我已记不得是哪一天了。现在人总说他到奥维时曾住在圣阿本*旅馆，我可从没听说过。他跟

---

* 即前文提到的加歇医生为文森特推荐的圣奥宾（Saint-Aubin）旅社。——编辑注。

我们住的时候是住三楼，楼梯再过去的那间。底楼他画图的那间，我们叫它"艺术家室"。

关于他的穿着，我只记得他老穿着一件比一般人短很多的斜纹布蓝外套，他既不穿假竖领，也不系领带，头上戴的是一顶宽边毡帽，大太阳天就戴着园丁或渔夫用的草帽，总结一句，他是个不修边幅的人。

他的体型还不错，肩膀微向受伤的耳朵那边抬。看起来非常聪明、温柔、平和，不过是不善言辞的类型。我们跟他说话，他总报以赞同的微笑。他法语说得很标准，说的时候总是想一些适当的字眼。他从不喝酒，这点我十分确定。死的那天，他并不像有的人说的喝醉了酒。我后来才发现他曾被关过疯人院，这把我吓了一跳，他在奥维看起来那么平静温和！我们都很喜欢他，以"梵高先生"来称呼他，不过他与店里其他客人从不混在一起。

他跟其他的住客汤米·何启格（Tommy Hirschig）和马提尼兹·维尔迪维斯（Martinez Valdivielse）一起用餐。汤米也是位荷兰画家，二十三四岁左右，他比梵高晚来，法文知道得不多，总是说得很糟，用字也不对，又不时爆出大笑。他是个蛮开心的家伙，做事不带劲，只喜欢泡漂亮的女孩，不爱画画。他们俩的关系很表面，不过也很难说，因为他们都说荷兰话，梵高似乎并不把他当回事。汤米是在梵高死后不久离开这里的。就我这方面来说，我认为住这里还蛮便宜的（3.5法郎一天）。这怪不得会吸引梵高来住，不过加歇大夫并没帮他出钱，我跟他没什么关系，梵高死前，我也从没看他在这里出现过。

马提尼兹·维尔迪维斯是西班牙的刻蚀画家，家里贴补了他一大笔钱。他在奥维有栋房子，因此只在我们这里用餐。此人长得高大英俊，留着一把棕灰色的长须，侧面看起来很适合做浮雕，人极为激动、神经质。来的时候还把我们家从头到尾打量了一番呢！他法语表达能力不差，跟我的父亲相谈甚欢。

他第一次看到梵高的油画，反应一如往常地冲动："那幅画是哪只猪画的啊？"梵高站在画架后，一如往常般冷静地回答："先生，正是在下。"他们就这么认识了。

他们彼此一熟，话也多了，多半谈的是艺术和他们彼此认识的画家，谈的时候一个慷慨激昂，另一个异常冷静。我想马提尼兹并不欣赏梵高的画，梵高书信里也从不提及此人（至少在一些后来公开的信中），梵高的信里只提到他和加歇大夫的关系，不过有关梵高每星期天和星期一都到加歇大夫家吃饭的传闻或许有误，我不记得梵高先生在吃饭时曾经多次不见人影。事实上，我相信他们俩之间根本没有亲密、持久的友谊，不过这个问题得留给学者们去解决了。

我们这儿的菜单都是一般餐馆的菜：肉、菜及甜点，我不记得梵高先生特别喜欢哪种口味，他从不退菜，不是那种麻烦的食宿客。

关于宗教信仰的问题，我们在这里从没谈起过，不过我从没见梵高上教堂或跟牧师在一起。其实，至少以我知道的，他连在镇上拜访其他人都未曾有过，跟我们也不大说话。我的父亲才刚在镇上创业没几个月，42岁的年纪，不是那种可谈艺术的人。所以也只能跟梵高谈些实际的事情，不过梵高似乎蛮喜欢我的小妹妹杰梅妮（Germaine），那时她还是个两岁的可爱小娃儿，梵高把她抱在膝上，在石板上为她画个睡眠小精灵站在马车上，撒沙粒催使小朋友入睡，接着妹妹抱抱每个人，然后上楼睡觉。

梵高画我之前，除了礼貌上的寒暄外，没有跟我交谈过。有一天他问我："你高兴我帮你画张像吗？"他似乎非画不可，我只好答应了，他也同时征得了爸妈的首肯。那时我才13岁，不过看起来却像16岁。某一个下午我坐着让他画，画的时候也不跟我说话，只是不断地抽着烟斗。

他觉得我表现得不错，夸我可以坐着一动也不动，我不觉得累，看他画画怪有趣的，自己也很骄傲能当模特儿。我穿着一身蓝坐在椅子上，蓝色的发带把头发反绑在后面。因为我有一双蓝眼睛，他便用蓝色当作画的背景，这幅画就是"蓝色的交响乐"（Symphony in Blue）。他信里提到一幅正方形的，大概是他重画一幅寄给他弟弟的，我没有看到他重画的情形，也许还有第三幅我的画像，不过我压根儿不知道最后的这幅，可以确定我只为一幅画像当了一次模特儿。

我得承认当时不大满意这幅画像，因为跟真实的我有些出入，看了有点失望。不过去年有个人来访问我谈有关梵高的事，第一眼就认出我是梵高画像的那位蓝衣女子，他说："梵高看穿的不是少女的你，而是你长成妇人的模样！"我的父母也不喜欢这幅画像，其他人看了也不喜欢，那时了解梵高画的人还不多。

我们一直保有这幅以及梵高的画奥维市镇大厅这两幅画作，奥维市镇大厅那幅是送给爸爸的，直到1905年两幅才脱手。我看到他在旅馆前的人行道上画刚才提到的第二幅，那时正好是7月14日，市镇大厅挂满国旗，还有一长串灯笼环挂树上。

十五年以后两幅画的颜料絮絮剥落，我们当时住在莫兰（Meulan），餐馆的对面是皮训大旅馆，有些艺术家住在那儿，其中有两位是美国人，一位叫亨利·哈罗森（Harry Harronson），另外有个德国人和自称与梵高有亲戚关系的一位荷兰人。他们知道爸爸有两幅梵高的画，坚持要爸爸卖给他们，所持理由是："油画很容易损坏，得特别费神照顾。"爸爸看这两幅画情况愈来愈糟，于是告诉他们："好吧！你们一人给我十法郎吧！"就这样，《蓝衣女子》及《奥维的市政厅》两幅画以40法郎卖了。

梵高每日的生活很有规律。吃过早餐，九点左右背着画架、画箱去乡下，嘴里还叼着一根烟斗（他从不把烟斗放下来），他出去画画总是在正午时回来吃午餐，下午在"艺术家室"继续画，有时画到晚餐时才歇笔，有时四点多出去，晚餐时才回来。饭后，他跟妹妹玩一玩，画个"睡眠小精灵"给她，然后直接上他自己的房间。我从没看他在楼下餐厅写东西，我想他都是晚上在自己房里写。

以下是我所知道的有关梵高死亡的情形：

那个礼拜天，跟平常不大一样，他吃完午餐后随即出门，天黑了还没回来，我们很奇怪，因为平常他总是准时回来晚餐的，我们全都坐在餐厅门外等候，后来梵高终于回来了，此时，该是晚上九点左右。梵高一路颠颠簸簸，手捧着肚子，平时微耸的肩，现在更加夸张，妈妈问他："梵高先生，我们好担心，真高兴看到你回来，到底惹了什么麻烦事？"

他以痛苦的声调回答："没什么，但我……"他还没说完就急急冲上自己的房间。我是亲眼看到这一情景的。

梵高看起来很奇怪，爸爸一起来就在楼梯口听有什么异常的声音，他觉得好像听到呻吟声，赶紧上楼，果真发现梵高躺在床上，全身蜷曲成一团，膝盖贴着下巴，一边大声哀喊着。"你怎么了？"爸爸问，"病了不成？"梵高把衣服掀开，给爸爸看心脏附近一个小伤口，爸爸叫道，"可怜的家伙，你到底干了什么？"

"我想自杀。"梵高回答。

爸爸告诉了我们这段细节，因为这段悲剧是我们全家最难忘怀的一件事，以后他又在我和妹妹跟前一再提起。爸爸后来瞎了，常怀念过往，梵高自杀就是他一再重述，而且每回都丝毫不差的一件事。

我把话锋转到爸爸，是想告诉你们，爸爸的记忆力很棒，不值得怀疑（译者注：这点是有感于梵高死亡的细节与加歇大夫家人说的有出入而发）。他曾对我们餐馆的顾客叙述1870年战争的细节，其中某些部分还引起法国年鉴家圣伊扶（Saint-Yves）先生的注意，他证实爸爸说的没错。事实上，所有他描述的事，都经人证实无误。

以下描述是从星期天晚上到星期一，爸爸在他身旁，梵高将他的秘密和盘托出的情形：

梵高直接去他过去画麦田的地方，也就是离我们家约半公里的奥维庄园的后面，以爸爸的了解，梵高就是在沿着庄园围墙的小路上举枪自杀，然后昏迷不醒的。冰凉的夜气使他转醒过来，后来他又花了四个小时到处找枪想再次结束自己的生命，结果枪没找到（第二天也遍寻不获），只好爬起身来，勉强走下山坡回我们的家里。

我没有看到梵高痛不欲生的那一幕，但我看到以下的情形：

爸爸得知伤口就在心脏附近，马上从梵高呻吟的房间下楼叫汤米快去请医生来，结果医生不在。爸爸又只好叫他去找加歇大夫，他住在城的北边，不过不在奥维行医。

加歇大夫跟梵高走得很近吗？爸爸可不以为然。加歇大夫从没来过我们家，爸爸亲睹最后一幕，他认为其中另有文章。

加歇大夫走了之后，爸爸告诉我们："加歇大夫检查了梵高先生，随后拿了身边的绷带、药帮他裹伤。"我们告诉大夫是梵高自己举枪自杀的，他判断病人毫无希望，随即就离开了。我绝对确定他再也没回来过——不管是当天晚上或是次日。爸爸重述这件事时还说："加歇大夫检查梵高，帮他裹绷带时一句话都没跟梵高说。"

医师走了以后，爸爸上楼看梵高，一直在旁边守了一整夜，汤米也在身旁。

大夫来之前，梵高曾要他的烟斗，爸爸帮他点上，他一直吸到大夫走，后来又继续吸了大半夜。（译者注：根据加歇大夫的说辞，大夫为梵高点了烟之后，离开旅馆去通知他的弟弟提奥，而大夫之子则留在旅馆里守夜。）梵高看起来十分痛苦，一直不停呻吟，他还叫爸爸爸凑近到他的耳边,让爸爸听他内出血"咕噜咕噜"的声音,整夜他安静无声,有时则沉睡不醒。

第二天早晨,两位警官大概听说了这件事情也赶来我们家,有一位叫瑞格蒙(Rigaumon)的警官用不大愉快的声音询问爸爸:"这里是不是有人自杀了?"爸爸求他态度放温柔一点,然后领他去看这位垂死之人。爸爸先向梵高解释,法国的法律规定,这种案子需警官的调查笔录。他们进了房里,瑞格蒙警官不改他一贯的语调问着梵高:"是你自己想自杀的吗?"

"是的,我相信是的。"梵高也以他惯有的轻轻的口气回答着。

"你知道你没有这项权利?"

梵高依旧用平平的语气回答:"警官,我是我身体的自主体,我高兴的话可以任意加以处置,不要控诉任何人,是我自己想杀死自己的。"

爸爸苦苦哀求警官不要再问下去了。

黄昏时,爸爸又忙着通知梵高的弟弟提奥,这时伤势加重的梵高已昏昏欲睡,话也说不大清楚了(他原本回光返照的精力,已在警官问话时耗费殆尽)。好在爸爸知道梵高的弟弟在巴黎伯梭和瓦拉登画廊(Boussod & Valadon)当经销商,一等邮局开门就立刻拍电报去。提奥下午搭火车赶到,我记得看到他飞快地跑过来,他比梵高小一号,穿得较考究,个性很好商量,看起来也很忠厚,他的脸因忧伤过度而扭曲起来。到了以后,他立刻上楼看他哥哥,紧拥着他,以荷兰语交谈着，爸爸避开，没有看到他们交谈的一幕，直到晚上才和他俩在一起。而梵高经过这一段与弟弟相处的感伤时光，已陷入弥留状态。提奥和我父亲守候在侧直到他去世，这时已是凌晨一点钟了。

爸爸和提奥次日在市镇大厅写好死亡通知。

我们家也像死了自己亲人般陷入哀愁，餐馆门敞开着，但布帘却紧闭。下午入殓之后，尸体抬到楼下"艺术家室"，汤米外出采些花草来装饰这间房，提奥则整理油画旁的东西。棺材下面，摆着他的画板、画笔。木架是向隔壁木匠莱瓦先生借的，他两岁大的女儿正是梵高所画穿橘色衣服的小孩。莱瓦先生帮梵高造了这口棺材。

梵高在死后两天入土，当天下午约有二十位艺术家伴着他的尸体来到镇上的墓园。爸爸、汤米、马提尼兹和一些每天看着梵高外出画画的邻居们也一同协助。

回家的路上，爸爸和提奥、汤米、加歇大夫和他的当时约十六岁的儿子保罗走在一块儿，他们来到过去停放棺木及展览梵高油画的"艺术家室"，提奥为了谢谢过去照料他哥哥的人，让每个人选几幅梵高的画以作纪念，爸爸拿了过去梵高先生生前送他的我的画像和奥维市镇厅。轮到加歇大夫时，他选了好几幅给他的儿子，并一边说"把画卷起来！"，一边开始打包，接着提奥带着我的妹妹来选一样玩具："这是竹片编的篮，里面还有一套铁制的迷你厨房用具呢！"最后提奥带走他哥哥的东西，我们再也没见过他了……

梵高怎么会自杀呢？

爸爸的看法是：提奥刚得一子，梵高好爱这个小侄子，生怕他的弟弟结婚后又多了儿子的负担，无法像以前一样支援他的生活，这是提奥解释给爸爸听的，他还说梵高写给他的最后一封信有脉络可寻。这封信编在梵高、提奥书信集第652号，它给了我们所有的答案吗？我可看不出信中有任何自杀的念头。

提奥曾向爸爸透露梵高经济拮据的情形，关于这点信里也找不到蛛丝马迹，这使我怀疑梵高书信集的出版确有漏洞，会不会是他们有意回避梵高信里所提的问题？[251]

有关他感情受挫、绘画上成就不大，还有他生活的种种，我们所知不详，当然如果不是提奥和爸爸一起照顾梵高时告诉了爸爸一些，我们更无法知道梵高经济困难、得靠弟弟不时接济的情形。

我话说到此为止，我希望我的话得以全盘印出，不加任何修饰。最近有几位记者来访问我，他们报道我说的话多少还能属实。有些强把我描述的加上他们自己的推断，有些甚至歪曲我的话，如果我早知道的话，一定谢绝他们的来访。不可否认的，我是在奥维认识梵高的人中最后一个还活着的人，我当然是他死前的唯一活着的见证人。

如果不包括一些文字的偏见，我的证词当然对梵高在奥维生活的这段历史有一定价值，而且我的证词也必然不能与某些人不知安着什么心多年来一直广为宣传的故事混为一谈。我要再加上一句，除非尊重我全部的证词，否则我的证词对梵高在奥维生活的历史毫无价值！

也许我这番真实的证词正与讨论不休的传闻对上了。[译者注：1928年德突（Doiteau）和莱洛（Leroy）写的《疯子梵高》(Le Folie de

Van Gogh）中引用加歇家人的说法开始受到质疑。]

> 我在很清醒的状况下说出我的所见所闻（来自我的父亲，他是在1890年7月27日那凄苦之夜，唯一守候着梵高的人），我希望能置身艺术史学者争论之外，不过我相信我的说辞是值得留存的数据，如果有人想写梵高在奥维的真实历史，也必得引用我的证词。[252]

阿德琳留下的口述历史资料丰富详实，为文森特在奥维时期的生活片段提供了第一手的观察史料。当然口述历史也可能随时间而形成错误的记忆，例如，阿德琳提到，她丝毫没有印象文森特会在星期日或星期一至加歇医生住处用餐。然而文森特自己曾在信中提及此事。除非是文森特为了让提奥以为在奥维有善良的医生会妥善地照顾兄长而刻意如此叙述？又或者只是文森特到奥维的最初一两周，与加歇医生尚能保持良好互动时，每周会过去用餐一两次；但后来两人友谊因文森特发病而生变，文森特遂不再经常前往拜访，直到悲剧发生之前都留在拉雾旅馆用餐？而这，是否因此造成13岁小女孩的误记？

不过，阿德琳的口述提到，文森特自戕现场不是麦田，而是奥维庄园围墙边的小路上。此处距离拉雾旅馆约五百公尺。对身负重伤的文森特而言，比起相隔一公里以外，而且还要经过弯曲石阶小径的奥维麦田，似乎五百公尺以内的距离较合理些。

最启人疑窦的是，据阿德琳及其父拉雾先生的侧面观察，加歇医生与文森特之间并不友善亲近？为文森特包扎止血后，加歇医生并未替文森特做紧急手术将子弹取出，也不曾提出要送医急救，当下便做出文森特已经回天乏术的判断，随即迅速离开，"再也没回来过"。文森特的情况是否当真衰弱到无法进行手术急救的状态呢？

对于是谁拍电报通知提奥前来，也出现了加歇和拉雾的两种说法，难道两个人不约而同都曾前往邮局拍电报？

还有，阿德琳信誓旦旦地说，27日当晚，只有他父亲拉雾整夜守候在文森特床边，但加歇的后人却表示，加歇之子保罗也在场，这又是一场罗生门。此外，文森特用来自戕的手枪是如何取得的？尽管他在事发伤重时四处寻觅不到，但这起事件后来也惊动当地警方，为何出事的手枪却仍永远消失在整起事件中？

过去人们大多只是片断地读过或听闻有关文森特·梵高的自杀悲剧，从未深究其中细节。如今比较各方说法，出乎意外地，许多可疑的谜团一一浮现，有些甚至令人难以置信……

1890年7月28日，提奥接到电报，得知兄长在前一天自杀，情况非常不乐观。他即刻赶到奥维，陪在文森特身边，并写了一封信给乔安娜：

> （我）丢下所有的事务，赶去发现他的情况比我预料的好得多。我不写细节了，大家都很悲伤，但你一定要知道他有生命的危险……
>
> 他很高兴我来了，我们总算在一起了……可怜的哥哥，他享有太少的欢乐，也没有希望。他的负担太重了，又常感到寂寞。他常问起你和孩子，还说想不到生命竟然如此坎坷。哦！但愿我们能给他新的勇气活下去。[253]

夜里，提奥坐在文森特床边，紧紧地握住他的手，拉雾先生知道兄弟俩想要谈一些最后的心里话，他静静地退出房间。

"你还记得小时候在布拉班特家乡的那个老磨坊吗？文森特！"提奥以亲切的荷兰语问道。

"当然，我们时常去那里散步，聊着我们的未来。"

"我们时常在仲夏时分，去那里嬉戏，相互牵着手走过那一片麦田，就像现在一样。文森特？"

"是啊，在圣雷米时我就常常想起我们童年的回忆。那时候的我们真的好快乐。我们常常读着圣经章节，趁父亲一个不注意就偷溜出去，在厨房后面那片花园里玩着捉迷藏，你和我，还有安娜、威廉明娜……"

"回想起来那似乎已经是很久以前的事了，文森特。"

"唉！人生一路走过来是很漫长的，谁也不知道下一步会面临什么。提奥，答应我……你会好好照顾自己，你可以离开画廊自己出去闯一闯，我相信以你的能力……一定可以做得到的。也请你……多珍惜乔和小宝宝，让他能平安顺利长大，……别和我这个不幸的伯父一样……"文森特有气无力地回答着。

"文森特，你好好休养，别再说了，以你健壮的身体一定撑得过去的！"提奥的眼泪瞬间夺眶而出。

"啊！我已经很疲惫了。……我的作品，是冒着生命危险画的……我的理智已经崩溃了……"文森特气若游丝，眼睛已然合上了一半。

尽管提奥极为悲痛，但还是紧握住文森特的手，他知道此刻是哥哥的临终时刻，两兄弟仅存的时间越来越少。床上这个人是他在世上最爱的人，提奥泪眼婆娑，无助地望着文森特。

奥维静谧的夏夜里，空气中飘荡着无尽的悲凉与沉重。

凌晨一点半，文森特用尽最后力气，再望了提奥一眼，轻声地说：

"但愿……这一切都已结束，提奥。"

提奥将文森特紧紧地抱在怀里，文森特却已闭上双眼，停止了呼吸。

一个孤寂痛苦的伟大灵魂，此刻已获得了永远的解脱。

提奥也永远失去了他最深爱的兄长……

杜比尼的花园

1890年7月29日，凌晨一点半，文森特咽下最后一口气，走完他三十七年孤独多舛的一生。

关于文森特的死，加歇医生无疑是个关键人物。身为文森特在奥维的主治医师，为何当文森特自杀伤重过世前后，他的态度是如此冷漠、消极？阿德琳的证词中提到，"加歇大夫检查梵高，帮他裹绷带时一句话都没跟梵高说"。阿德琳信誓旦旦地表示，27日当晚，只有他父亲拉雾整夜守候在文森特床边，但加歇的后人却表示，加歇之子保罗也在场，双方的说法明显有出入。尽管文森特在7月6日从巴黎返回奥维后，情绪受到波动，且开始出现焦虑狂躁的倾向，并对加歇医生产生排斥的想

玛格丽特·加歇晚年肖像

晚年的保罗·加歇于家中客厅

法,然而身为精神疾病专业医师的加歇,难道真的会因此而心生芥蒂,对文森特这位病人冷漠以对吗?这确实不合情理。

　　苏格兰作家肯·威基在 1972 年制作梵高行旅专题时,曾来到奥维采访五十多岁的吉赛儿·拜兹(Giselle Baize)太太,关于加歇与文森特之间的关系,她告诉肯·威基一件惊人的事。吉赛儿·拜兹是莉伯吉(Liberge)的女儿,这位已在 1947 年过世的莉伯吉太太,年轻时曾是加歇医生之女玛格丽特的姐妹淘。据莉伯吉太太生前的叙述,玛格丽特·加歇与文森特是一对恋人!

　　我们记得,文森特曾为玛格丽特绘制过两幅肖像,分别为《玛格丽特·加歇弹钢琴》和《花园中的玛格丽特》,加歇小姐也相当欣赏文森特的艺术表现。吉赛儿·拜兹太太说道：

> 我的母亲是玛格丽特·加歇最好的朋友，据我所知，她是唯一清楚文森特·梵高和玛格丽特之间爱情的人。玛格丽特是一个骄傲的女孩，却被她的父亲压抑。她向我的母亲坦白她和文森特坠入爱河，而且文森特想娶她，但问题出在玛格丽特的父亲加歇医生身上。虽然加歇医生是自由恋爱理论的拥护者，但他却强烈反对他的病人文森特和他的女儿结婚。加歇禁止女儿去见那个画家。
>
> 文森特自杀后，玛格丽特精神的沮丧症状变得很严重，她不再外出，越来越消极退缩。我的母亲说，她一直未能从文森特自杀的震撼中恢复过来，而且终其一生都没有结婚。她变得消极遁世，据说只有在提到文森特的名字时，她的眼睛才会恢复生机和光彩。[254]

肯·威基认为，文森特当时很可能觉得失去了建立家庭的最后机会，这让他早已脆弱不堪的情绪变得更加沉重，进而导致最终的崩溃。此外，吉赛儿·拜兹太太也透露，她的祖父曾在文森特自戕前，亲眼看见文森特离开拉雾旅馆，往夏彭佛（Chaponval）村走去，那正是通往加歇医生家的方向。之后他还看到，文森特走进布榭街一个农庄的院子，不久便传来枪响。祖父急忙跑进农庄院子，却没看到任何人，地上没有枪，也没有血，只有一堆堆的粪肥，令人百思不解。不过，拜兹太太坚决表示，坊间认为文森特在麦田射杀自己的这种说法是错误的。

当时，文森特与玛格丽特心心相印。玛格丽特与弟弟保罗同一天生日，而文森特和自己死去的哥哥亦然。文森特自幼不得关爱，玛格丽特也同样觉得父亲始终偏爱弟弟。加歇医生很快便察觉文森特与自己女儿之间似乎有着非比寻常的情愫，《玛格丽特·加歇弹钢琴》与《花园中的玛格丽特》

这两幅画中,玛格丽特如同新娘般的圣洁穿着,似乎带着爱慕的隐喻意味。加歇医生开始禁止玛格丽特担任文森特的模特儿,是否也因此,连带引发文森特去医生家大声咆哮事件?而之后文森特不再到加歇家,是否也因此造成在阿德琳的记忆中,文森特始终都在拉雾旅馆用餐呢?

如果加歇医生真的因文森特与玛格丽特相恋而与之反目,文森特是否会为此怒火中烧,以致在给提奥的信中称呼加歇医生为"以盲导盲的瞎子"?加歇医生晚年所写的《文森特在奥维的七十天》(The Seventy days of Van Gogh in Auvers),对于他与文森特产生冲突一事只字未提,更别说文森特与玛格丽特之间是否曾有感情了。有研究者曾对加歇的态度提出质疑:"一位医生为尽父亲的职责,能推卸他对患者的职责吗?就像刚到奥维的时候,文森特陷入焦虑之中,不是也无法找到加歇吗?很可能如此。文森特在最后几封信中,就提也不提加歇大夫了。关系闹翻是确定无疑的,这只能损害文森特的自信心。他不能交心,谈谈他的焦虑,而提奥一家人又走了,他只好回到自己这种无边的孤寂中了。"[255] 可以确定,与加歇决裂使得文森特在奥维更加形单影只,此种情境俨然如在阿尔时与高更的对抗一般,势必导致自我情绪控管的崩溃。

尤有甚者,后世许多研究者皆质疑,文森特用来自戕的手枪来源为何?奥维的许多农夫都拥有这种杀伤力不大的简易改造左轮手枪,其目的纯粹是为了吓跑麦田里的乌鸦、麻雀等鸟类。"有人指出,文森特的房东拉雾是该把手枪的拥有者,但遭拉雾驳斥。他的确在钓鱼的工具箱里放了把手枪,但已锈到无法使用,最有可能的解释,是那把枪属于加歇所有……精神科医生给病患手枪任谁看来都是不恰当的,加歇的思考判断可能被文森特为女儿带来的威胁蒙蔽。身为文森特的医生,加歇对于他过往失败的男女关系了如指掌,理所当然担忧起自家女儿的婚姻与幸福。"[256] 或许,此番推论已近似阴谋论的观点。我们当然无从证明枪支是否从加歇处取得,文森特自戕后,在病榻上对加歇医生正眼不瞧,医生为文森特包扎时也不发一语。文森特拒绝说明手枪来源,加歇面对警察询问亦始终保持缄默,这其中自然留有许多让人想象的空间。只不过,百年之后,我们仍旧无法具体判断这把神秘的枪支究竟从何而来,又从何消失? [257]

即便如此,有一点可以确定,对于文森特的自残行为,加歇医生确实有不可回避的责任。首先,身为文森特在奥维的精神医生,文森特自戕伤重致死,加歇在医学道德伦理上无法完全置身事外。[258] 其次,文森特之所以选择来到奥维,首要考虑就是与巴黎艺术家们熟识的加歇医生定居于此,然而加歇后来的态度似乎却成了压垮文森特的最后一根稻草!法国作家安东尼·阿尔托(Antonin Artaud)在20世纪曾说过一番重话:

> 梵高选择了死路,不是由于他自己,也不是由于他的病;真正置他于死地的,是加歇医生。这位所谓的精神病学家,其实是一头恶灵。细读梵高给他弟弟的信,我深深相信,"精神病学家"加歇医生确实厌恶"画家"梵高——因为梵高是画家而厌恶他,更因为梵高是天才而厌恶他。[259]

此番言论或许过于激烈,但其立论并非空穴来风。文森特也曾对提奥透露"我认为我们丝毫不要依赖加歇医生",这似乎可解释为文森特面对加歇态度丕变的反应。同时他在最后一封信中,很难得地再度与提奥谈及婚姻问题,"我仍然十分喜爱艺术与生活。但是正好像对自己要有一个妻子缺乏信心一样,我对此是缺乏信心的。我是(至少我感到)太老了,我不能凭自己的双腿走回头路,或者对另外的事物产生兴趣。那种欲望已经离我而去,但是由它造成的精神痛苦却仍然存在。"[260] 在可能失去经济资助的当下,文森特却突然与提奥聊起婚姻的问题,是否是与玛格丽特之间原有的姻缘期望被加歇彻底粉碎所致?

阿德琳的妹妹杰梅妮·拉雾（Germaine Ravoux）当年才两岁，但自小从父母与姐姐口中听闻许多，她也严重驳斥关于"加歇医生前往通知提奥，将儿子保罗留在文森特床边守候"的说法，杰梅妮强调只有她的父亲拉雾陪着文森特，即使在隔日提奥前来时也是。更令人气愤的是，"那对父子在参加丧礼之后，便进房里尽可能拿走所有的作品，加歇医生从墙上拆下画作，交到儿子手上……我父亲只能眼睁睁看着他们进行这可耻的行为。 逝者已矣，一切都是很久以前的故事了，我也不想与那捐赠大批文森特作品给罗浮宫的加歇争执，也是因为他的谎言，文森特得以为世人所知。"[261]

文森特的死或许不能完全归咎于加歇医生，但在刺激文森特对感情的绝望与断绝文森特与外在世界的联系上，加歇有着无可回避的责任。 拜兹太太透露，玛格丽特·加歇后来之所以并未出席文森特的丧礼，主因是碍于父亲。但她隔天便现身于文森特墓前，并在墓碑旁种下从家中前院花园采来的常春藤，以及两株向日葵。她终身未婚，直到1949年78岁去世前，时常有人看见她捧着一束黄花，独自伫立在奥维山丘上的文森特墓前，久久不肯离去。

文森特在奥维的最后时光，提奥即将中止资助一事，也给文森特带来极大的压力。

7月6日，文森特赴巴黎与提奥一家人团聚，从乔安娜日后的记述中得知，文森特后来提早离开，并未如先前提奥信中提议的多待几天。 因此可以合理地推测，此行应该的确谈到了提奥的经济援助问题，很可能双方未达共识，并让文森特拂袖而去。 文森特，一个四处漂泊的旅人，如今就像趴在漆黑狂涛的悬崖峭壁上，连最后的救生索也即将断裂，这一天之后，文森特在奥维前期展现出来的乐观积极已全然变调。

回到奥维后，文森特曾给提奥去信，希望能再有机会与夫妇俩见面商谈。 信中文森特提到，乔安娜已主动先寄来一封信，"我刚才收到乔的一封信。对于我来说，这实在是一个福音，它把我从痛苦中解救出来。这种痛苦是由时间造成的。我已经与你分担了这种痛苦。这种痛苦有点不好受，它考验了我们。我们全都感到天天都有断炊的可能，这不是一件小事。我们感到我们的生命是脆弱的，与别的事比起来，这不是一件小事"。[262] 令人费解的是，至今没有人找到信中提及的那封来自乔安娜的信。文森特向来不善于保管别人的来信，多年来提奥给他的回信保留下来的并不多，但乔安娜过去两年来陆续写给他的六封信，却有五封被文森特珍惜地保存着，而独独少了这封乔安娜最后的信件。

乔安娜给文森特的最后信件怎么会消失了？是无意中失落的？还是有心者刻意销毁？或是另有其他理由呢？

小林英树在《梵高的遗言》中推测，这封信被文森特给撕掉了，"若是以前，他只要有话想说，即使乔安娜在荷兰，他也会不厌其烦地写信去。到去世为止，梵高还一直和提奥对话，但是自从回了那封'福音'的信之后，他似乎就停止了与乔安娜的交谈。……乔安娜的来信反而加深了他的不信任，使他对乔安娜感到绝望。如果我们能掌握梵高最在意的东西是什么，很容易就可以想象他遭到打击时是多么脆弱"。[263]

小林英树推断，乔安娜在信中告知文森特他们一家将赴荷兰的日期时间，藉此回绝文森特盼望他们先前来奥维与他会面的请求。如今的乔安娜已身为人母，不再是从前那个亲昵对待文森特大哥的弟媳，尤其正值小宝宝生病与提奥工作不顺之际，她更需要采取强烈断然的措施，来挽救家庭经济。此举不仅向文森特宣示她在提奥夫妻关系中的强势主导地位，也间接表示文森特的经济需求已被排除在外，这使得文森特惊觉兄弟俩自幼年建立起的亲密关系将无法持续下去。因此，乔安娜不再是文森特信任之人，他将永远中断与她的对话。

可想而知，夹在兄长与妻子之间的提奥也相当不好受，多年来始终无悔支持兄长绘画事业的他，当然希望文森特能够继续安心创作。但现实生活面临的窘境，包括公司对他的克扣、病中的孩子以及乔安娜的强势，他确实焦头烂额、心力交瘁。我们可别忘了，提奥的健康情况一向不佳，现下的生活压力，也逐渐侵蚀着他的身心，致使他无法也无暇去体会兄长已被逼入绝境。这个关卡，兄弟俩都有无法逃避的矛盾与难处。

世人大多盛传《麦田群鸦》是文森特的最后遗作，这当中其实存在很大的误解。细读文森特表示乔安娜来信是"福音"的那封信，我们可以厘清文森特最后的几件作品：

> 我一回到这里，马上又开始画画，画笔几乎从我的手指中间滑出去，我确实知道我缺乏什么。从那时以来，我已经画了三幅以上的大油画。画的是不安的天空下面大片延伸的麦田，我不需要故意表达凄凉与极端孤独的心情，我希望你能够马上看到这些画——我认为这些画会把我无法用言语表达的话告诉给你，把我在乡下见到的生机勃勃的景象告诉给你。正是为了自己的健康，我十分有必要在花园中作画，观察花朵的生长。第三幅油画是杜比尼的花园，这是一幅自从我到这里来以后一直计划要作的画。[264]

这三幅油画当中的第一幅，便是众所周知的《麦田群鸦》，文森特通过这幅画想要传递他的痛苦与孤独，此番挣扎与不稳定的画面，正表达文森特担心自己成为提奥一家人负担的犹豫心境。此外还有一幅是《雷云下的麦田》（Wheatfield under thunderclouds）[265]，画面中呈现出的宁静感与《麦田群鸦》是两个截然不同的世界。辽阔的天空与大地表现了文森特此刻心中的坦然释怀，厚重鲜明的蓝色油彩，强调了天空层次纵深的感觉。在此已看不到乌鸦的纷飞鸣叫，白云缭绕天际，令人感到轻松自在。大地用青绿、柠檬黄与翠绿构成，遍地开满白花，举目所见一片生机盎然，仿佛是对生

《雷云下的麦田》

命的赞颂。

据小林英树研究，文森特绘制此画时，先等下层的油彩半干之后，再在上层涂上新的油彩，这是需要多天才能显现的效果。创作此画大约与接到乔安娜来信同时，文森特此刻已然恢复冷静，心情已转向豁达开朗，他重新回到歌颂大自然之美，并如此告诉荷兰的母亲和威廉明娜："我现在正专心画一幅以海洋般辽阔的大山丘作为背景，带有黄、绿等微妙色彩的麦田风景画。除去杂草的地面上的淡紫色，与开着花的马铃薯的绿色整齐排列。这一切都在带着蓝、白、粉红和紫色系的微妙天空之下。我现在平静得几乎有点难以想象，这种气氛正好适合画这幅画。我由衷希望你们和提奥、乔安娜过着快乐的日子，每天看到他们儿子那张可爱的脸孔。"[266]

这是文森特写给荷兰家人的最后一封信，此刻他的心情如此平静，希望家人都能永远快乐。广大麦田的上方，深蓝色的晴空永远照耀着亲人们的未来，路径上将开满遍地花草，这幅《雷云下的麦田》或许可以视为文森特最终留给家人的祝福礼物。信末，他若无其事地写道"我还得出门去工作"，但文森特从此再也没回到家人身边。

提奥曾在7月22日寄给文森特一封信，然而，这封信由于先前下落不明，始终未收录在梵高的书信全集当中。直至1990年，有人在梵高美术馆数据室查数据时偶然发现此信，后来才于法国的 *Graphides* 杂志中刊登。提奥提笔写这封信时，乔安娜带着孩子仍在荷兰，提奥在信中不断地安抚文森特的不安。然而这封信的出现，尤其透露着百年来始终令人费解的一个讯息，提奥提到"我们的生活，因为小孩而勉强维系着。你不必担心因为小小的意见相左——假设你认为有的话——导致爱情冷却"[267]。由此可以合理地判断，提奥与乔安娜之间似乎也面临着感情失和的问题，乔安娜带着孩子回到荷兰的原因可能并不单纯，而提奥希望文森特不要认为这是他与弟媳的龃龉使然。或许夫妻俩对家中财务支配问题早已意见不合，才导致乔安娜与孩子滞留荷兰而让提奥独自回到巴黎公寓的情形。信末，提奥亦提及希望妻子早日回来并透露出思念儿子的寂寞心情。

至此，感情敏感细腻的文森特已深刻体会到是自己成了弟弟的负担，而自己长久以来的依赖，造成提奥夫妇的失和。

"为了提奥，我只有自己退让。"

文森特自杀后，在他的口袋发现了一封未寄出且沾有血迹的信件，日期标着 7 月 23 日，由信中内容可判断是紧接在 1990 年发现的这封提奥来信之后。我们已经无从知道，文森特为何终究未寄出这封信，却依然将它带在身上。

亲爱的弟弟，7 月 23 日

谢谢你的信和一起寄来的 50 法郎。

有很多事情想对你说，但是那股念头又突然消失，我觉得写了也是枉然……我正集中精神在创作上。我要画出与我所热爱和尊敬的画家们同样杰出的作品。

回到奥维，我觉得画家的处境越来越困难。

虽然如此，……这不也正是让画家们理解团结力量的好时机吗？不过，即使团结了，如果很轻易地被其他外来因素影响，也很快就会瓦解。也许你会说，画商会共同维护印象派画家，但这恐怕也是很短暂的。总之，我认为个人的行动力量有限，我们已经有过那种经验，为什么还要重蹈覆辙呢？

《杜比尼花园》

我看了高更的作品，觉得非常美，我很高兴能够确认这点。我想他其他的作品一定也一样。

你应该会看到《杜比尼花园》的素描，这是我以前就在构思的画布之一。还有描写旧茅屋和雨后麦田的两幅 30 号作品的素描。另外附上希尔席夫的材料订购单，他请你代向每次送材料给我的商店订购。……我自己的材料则尽可能减少。

最后祝你健康，工作顺利，并问候乔安娜。

文森特[268]

文森特在这封未寄出的信中，流露出生前最后几日的想法。尽管内心有千言万语要与提奥沟通，但此时他知道说再多也是枉然。

文森特·梵高真正的最后遗作，是两幅《杜比尼花园》（Daubigny's Garden），如今分别收藏在瑞士巴塞尔美术博物馆[269]与日本广岛美术馆。创作这幅画时，"我自己的材料则尽可能减少"。仿佛已排定完成此画作后的自杀行程，绘画材料应已没有需要，因此尽可能减少。杜比尼曾是文森特相当欣赏的巴比松派画家，晚年定居于奥维，1878 年去世后留下了这座庄园。可想而知，即使杜比尼已逝去十二年，文森特也要来到并绝不容许自己错过此地。

两幅画皆以庄园别墅前的花园景物为主，前景的花圃中开满各式各样的花卉，后方群树鳞次栉比，构成一整排树海。画面右后方是先前文森特曾创作过的主题《奥维的教堂》。杜比尼的别墅位于背景最后方，两幅画中别墅的墙壁颜色稍有不同，分别为粉白色与纯白色。屋顶与窗户皆为鲜绿色，上方是晴朗的天空。花园一角可见三把椅子围绕着一张圆桌，明亮的色调几乎与周遭景物融合，因此并不显眼。圆桌不远处，有位头戴黄帽的黑衣人正缓缓走向桌椅处，面貌与性别令人无法看清。此人的身形在两幅画略为不同。收藏于瑞士的这幅，黑衣人垂下的手中似乎拿着尖锐之物，而在广岛版本中，黑衣人的手臂呈弯曲状，好像抱着什么物体。此外，在瑞士版本里，前景处有一只黑猫貌似正蹑手蹑脚横越花园，而广岛的画作里并没有。根据文森特信中提及，前景有一只黑猫，可见信中所指是瑞士版本。

小林英树认为，完成第一幅《杜比尼花园》后，文森特接着绘制了第二幅，亦即后来收藏于广岛的版本。文森特同样采用油彩重叠的手法，如果下层油彩未干就上色，势必无法呈现出这种效果，可见文森特对于这两幅画作的处理相当谨慎。但是，为何在广岛版本的花园里，却不见黑猫踪迹？

黑猫消失了，但原本属于它的位置却留下类似剪影的图案，也有点像稍稍玷污的暗黑色草地。从最左端的草丛开始，蜿蜒到猫消失的位置，留下了浅褐色的足迹。文森特想要表现原来存在却突然消失的东西，亦即利用第二幅《杜比尼花园》来强调，原本在园子里的黑猫不见了！

去世前那几周，文森特不断地在生死之间挣扎，最后仍选择为自己画上休止符。证明使他平静地做出这个决定的，正是这幅收藏于广岛美术馆的《杜比尼花园》。明亮清澈的画面，一方面，显示文森特在心中歌颂自然万物源源不断的生命力；另一方面，却也表达出不得不向这个世界告别的复杂心情。

花园中的三把椅子，似乎象征着提奥一家三口，那是文森特再也无法融入的世界。提奥本身已被工作与家事折腾得不成人形，尽管资助兄长的心意仍在，却显得力不从心。黑衣人仿佛是身为人母的乔安娜，无论手持锐器还是怀抱婴孩，都一再表示她以家庭为重的决心，而文森特恰似那只蹑手蹑脚的黑猫，只能在花园四周流连徘徊。最后，黑猫在黑衣人的注视之下，背着脸，弓着身，离开了属于三人世界的花园，广岛版本画中的地面留下了黑猫残留的余温和浅褐色的足迹。

令人鼻酸的是，黑猫消失处斜上方的一摊水色，看起来就像是文森特的眼泪。

十余年来，提奥始终坚定地资助兄长的绘画事业，文森特也表示，这是兄弟俩共有的合作事业。尽管文森特曾指责提奥未能尽力为他推销作品，但他仍抱持无限的希望不断努力，只因他相信有朝一日自己的作品将会受到肯定。多年来，文森特在现实环境中屡屡受挫，面对社会歧见、卖不出画作、感情路上的崎岖、画友的奚落乃至疾病打击等，他仍然努力在精神与肉体的各种苦难折磨中求生，这不仅需要坚强不屈的意志力，也是因为有弟弟提奥的理解与陪伴，并成为他与世界沟通的窗口。文森特始终对贫弱、受虐者充满慈爱关怀，永远和他们站在同一阵线，用绘画表达弱势人群的声音；只是到头来，世人多不理解他，纯粹将他视为疯子。文森特·梵高的爱在这个世界空转。

文森特的死果真如同传统说法，是因疯病而自杀吗？关于这点，近来许多研究者与我皆抱持存疑。"根据所有见证，文森特片刻也没有给人以发病的印象，不像在圣雷米那样，先是呆痴和昏迷，然后又在无意识的状态中企图自杀。现在，这种举动是经过深思熟虑的。弄到武器，等待有利时机，一切都表明，他轻生是冷静地遵从自己的意愿。"[270]

我的观点是，因发狂而自杀乃绝不可能，但不排除文森特因精神疾病发作的循环周期已近，内外压力导致他陷入低潮与悲观负面的情绪。与玛格丽特的恋情使他受到加歇医生排挤，茫然失措，此生的婚姻已然绝望。同时他感到，自己已成为提奥一家人的极大负担，不仅威胁到他们的家计，而且如此下去甚至会严重影响提奥夫妇的感情。对于亲爱的弟弟十余年间任劳任怨的无私资助，文森特怎能不铭感五内？做些什么能真正帮助提奥

《杜比尼花园》

渡过难关呢？

眼看经济上的资助即将告罄，无法继续画画的文森特·梵高，还有什么其他人生道路可选择？如果非要维持画家身份，但又得减轻弟弟的生计负担，那么选择以画家身份离去，留下最爱的主题与想要传达给亲爱家人的信念，或许是最好的做法吧！

于是，黑猫静悄悄地离开了杜比尼花园，将美丽的风景留给所爱的家人，祈求自己的离去可以换来亲人的幸福。念及于此，文森特不自觉地在画中流下了最后的眼泪……

1890年7月27日午后，文森特怀着这些想法，将手枪藏在怀中，口袋里塞着那封仍未寄出的信，回头看了《杜比尼花园》最后一眼。"我的离开将是最好的结局"，文森特毅然地走出了拉雾旅馆。

前一章曾提到，文森特绘制了两幅《阿尔的房间》素描，第一幅出现在给高更的信中，后来收入贝尔纳1911年出版的《梵高书简集》。另一幅给提奥的版本则收录在1914年以荷兰文出版的《梵高书信全集》。小林英树认为，提奥版《阿尔的房间》素描充满生硬笨拙的笔迹，怎么看都不可能是文森特·梵高的作品。而且，这幅为了向提奥说明油画版《阿尔的房间》而做的素描，并未传达出任何有关构图的造型意图，显示这幅画的伪造者并非专业画家，而是出自外行人之手。

那么，究竟是谁伪造了这幅《阿尔的房间》素描呢？

最重要的关键之处在于，不同于素描的高更版本仅用些许简单线条来说明构图，这幅伪作的地面布满了混乱的笔触。伪造者想必曾在文森特写给提奥的信件中读到，房间地板是带有红格子的瓷砖，而这是在给高更的信件中不曾提及的。

我们可以合理地推论，伪造者本人不是画家，却看过文森特写给提奥

《阿尔的房间》高更素描版

的信件；再加上这幅素描在 1914 年收录于由乔安娜编辑的《梵高书信全集》，所有证据一一指向提奥与文森特信件的保存者——乔安娜。

事实可能是，贝尔纳在 1911 年抢先一步出版了《梵高书简集》，书中附上一幅《阿尔的房间》素描，这是当年文森特与高更在阿尔共同居住过的地方。尽管高更已在八年前于南太平洋马克萨斯岛去世，但文森特与高更带有传奇色彩的过往已渐渐传开，成为世人瞩目的焦点，书中的这幅素描想必激起许多读者的猎奇心态。

身为提奥遗孀的乔安娜，手中持有的文森特·梵高的信件比谁都多，却

《阿尔的房间》提奥素描版（赝画）

被贝尔纳抢先一步出版他与文森特、高更等人的信件手札，这对乔安娜而言或许是一种无形的刺激。她即刻积极投入信件的整理编选，并在三年后出版了内容更为丰富的《梵高书信全集》。只是，六百多封的信件内容过多，难免有缺漏或排序错误的情形（如前面提及，直至1990年仍发现先前未曾收录的信件），最初绘给提奥的《阿尔的房间》素描或许已毁损或缺失，但对于自己着手出版的书信全集当中少了这幅阿尔时期的重要场景，乔安娜应该非常不能接受。"不论赝画的作者是乔安娜还是另有他人，单从《素描》的画面来看，制作时间显得相当紧急，被迫省掉不少功夫。这极可能是在着急的心情之下画成的。"[271]

　　1914年出版的《梵高书信全集》中，乔安娜以梵高家族遗孀的身份，写了一篇文章《追忆文森特·梵高》。文中她虽提及1890年7月6日文森特从奥维来到巴黎探视提奥一家之事，但仅稍微带到"文森特不满自己的画被我们这样放着，他提议我们搬到较大的公寓去；所以那些日子实在叫人忧心忡忡。许多朋友来看文森特，……我们也盼望季约曼来，但对文森特这已经太多了，不等他来，文森特就匆匆赶回奥维"。[272] 前面我们也曾质疑，乔安娜在此似乎语焉不详，"对文森特这已经太多了"与"文森特不满自己的画被我们这样放着"是什么意思？文森特为何要匆匆赶回奥维？

　　我们现在已经知道，对于当天发生的细节，尤其是文森特与提奥夫妇讨论经济资助一事，乔安娜只字未提，但相关的重要内容与片段却可在文森特与提奥的来往信件里检视出来。更重要的是，日后从1990年才被发现的那封提奥写给文森特的信当中，对于7月6日家族会议的商谈细节，通过提奥的叙述我们竟然发现，乔安娜的兄长安德烈也在场！可想而知，安德烈的现身，与其说是参与讨论提奥家的财政事务，不妨说是为了支持乔安娜的主张而前来声援。但关于兄长的现身，乔安娜在《追忆文森特·梵高》一文中压根儿未提。可以推想，当时双方的激烈争辩，或许才是文森特一气之下赶回奥维的根本原因。

　　文森特自杀后，乔安娜才意识到7月6日的谈判破裂是造成文森特之死的导火线，因此在《追忆文森特·梵高》文章当中避重就轻，故意将当天的场景导向为只是画家朋友们的欢乐聚会，却无法解释文森特为何匆匆离去，返回奥维。

　　乔安娜感到必须尽量掩盖她所主导的强烈主张（中断对文森特的资助）与文森特之死的关联性，以及她与提奥之间的不和，否则，当文森特的地位越来越受到看重时，自己势必会受到舆论的挞伐。

也因此，对乔安娜来说，最有利的部分在于她是提奥的遗孀，她能通过出版《梵高书信全集》，以及撰写《追忆文森特·梵高》得到最权威的发言地位。唯有坚决地使世人接受"文森特·梵高是为了逃避怀才不遇的痛苦而选择了死亡，或是因发病而精神崩溃导致死亡"，才能让自己完全置身事外。

乔安娜丝毫不考虑，或许也不了解文森特自杀的动机，她当然无法参透文森特最后作品《杜比尼花园》含藏的微言大义与铭心刻骨的感性，她只顾着为自己脱罪，想尽办法塑造文森特在人生最后阶段的疯狂形象。

一向以来，无论如何疲惫痛苦、受人排挤或有志难伸，文森特从未想过结束自己的性命。来到奥维时，文森特每天激励自己彻底脱离精神疾病的困扰，当时的他充满求生向上的意志。但在发现提奥一家陷入生活困境时，对文森特造成最致命打击的，或许可以说是亲人间信任纽带的断裂。平心而论，"梵高具备谦虚的美德，他认为贯彻自己的艺术，才能与重视生活、追求生存价值的人们站在平等的地位上。换言之，他绝不以侵害他人的生活来主张自己的存在，达到自己的目的。这是梵高的本能，但同时这也是他的弱点。"[273] 我们必须为文森特澄清，他是最忠实的人道主义者，无论在《食薯者》、《哀伤》乃至《播种者》当中，一路走来都可看到人性最真实的关怀层面，他真的会动怒或病发而伤害他人吗？持着剃刀冲向高更、怀藏手枪对加歇怒言相向，这些都是日后人们夸大扭曲的说辞，文森特即使在世时听到了也不想多作辩驳，更何况乔安娜在他身后刻意捏造他疯狂自残的结局之说？

"如他最后的作品所显示的，他太累又太紧张了。险恶的落幕声好像逼近了，仿如一群不祥的黑鸟投入暴风雨笼罩的麦田上空。"[274] 乔安娜在《追忆文森特·梵高》行文当中运用"太累"、"太紧张"、"险恶的"等模糊抽象的形容词，来表达文森特最后发病的疯狂状态，用以遮掩文森特自杀的真正动机。拥有权威发言地位的她，将《麦田群鸦》这幅充满戏剧性的作品扭曲捏造成文森特·梵高最后的作品，这个粗犷但华丽感性的作品足以让世人相信文森特·梵高是因疯病而死，但这与文森特打算以《杜比尼花园》中悄然消失、成全亲人幸福的退场方式，呈现出截然不同的对比。

只要完整读过文森特最后一段日子写给提奥的信件，就能轻易拆穿乔安娜编造的谎言。7月6日当天从巴黎匆匆赶回奥维的文森特，在两天后给提奥的信中，已经提及他完成了《麦田群鸦》。所以这幅作品当然不是文森特·梵高最后的遗作！然而，心虚的乔安娜刻意捏造的谎言，却为后世带来了深远的影响，大众始终将《麦田群鸦》视为梵高遗作，并认为这位天才画家最终是因为疯病发作而结束了一生。

我们在这里要坚决地反对以往的说法，彻底驳斥乔安娜所捏造的假象！

文森特·梵高深爱着世人，尤其是对贫困弱势者更显得同情怜悯，如此民胞物与的心肠，在眼见亲爱的家人受到苦难折磨时，焉能不感到痛心？他心疼体弱的提奥面临公司裁员的窘境，怜惜乔安娜身为人母的辛劳，也疼惜另一个与他同名的小宝贝被疾病困扰着……种种无情的现实打击使文森特的情绪又陷入极端负面的想法中，于是在他所能控制的情况下，他认为，唯有选择自我牺牲才能减轻家人的重担。

文森特不是被疯病击倒，直至死前他的精神状态都相当清楚。请注意，我们必须厘清疯狂与情绪低潮的不同，对于这一点，当年在拉雾旅馆的阿德琳等人都能够证实，几乎没有人看出他先前曾在精神病院待过，因为他在这段期间从未出现发狂状态。至于情绪低落或负面想法，在生活中比比皆是，大多数人或许经过一段时日便能逐渐平复，但当下文森特无处可以寻求咨商（这点绝对是加歇医生不可回避的过错），也想不到更好的方法去面对眼前自己与家人的困境。文森特在拉雾旅馆一向话不多，当然也没有人觉察他陷入低潮的异样。

这绝对不是最好的解决方法。文森特虽没有陷入疯狂状态，但情绪处于低潮的他确实感到无可奈何。

他一生追求的艺术道路是为了反映对世间的关爱，同样地，他最终选择退场，也是因为爱。

文森特·梵高是这么一位具有伟大人格的人！

常有人慨叹梵高生不逢时
换个时空环境
或许梵高的一生就不会是个悲剧
也或许如果梵高不自杀
再沉寂个数十年
终究会等到功成名就的一天？
然而历史，是不容许假设的
倘若如此
那样的梵高是否仍是梵高？

6

永恒的向日葵

此前此后

1890 年 7 月 30 日，文森特·梵高逝世的次日，在奥维的墓园举行丧礼。文森特生前少数好友，贝尔纳、唐基老爹、毕沙罗等人都从巴黎赶来送文森特最后一程。翌日，全程参与的贝尔纳写了一封信给艾伯特·奥利耶——第一位对文森特·梵高的作品做专题报道的艺评家，也是文森特晚期结识的友人——向他详细交代了丧礼当天的经过。以下我们将全文呈现这位参与者的第一手回忆史料：

亲爱的奥利耶：

你人不在巴黎，无法得知这恐怖的消息，所以我迫不及待地想告诉你：我们亲爱的朋友——梵高，已于四天前辞世。

我想你大概已猜到他是自杀的，没错，星期天晚上他去奥维的乡下，把他的画架靠着麦草堆，然后在大庄园后举枪自戕，由于强烈的爆破力（子弹穿过他心脏的下方），他倒了下去，随后爬起又倒下一共三次之多。接着他回到他住的旅馆，绝口不跟人提及他的伤势。最后到了星期一晚上他已油尽灯枯，仍抽着烟斗不肯放下。他解释这次自杀是经过前思后想，决定时脑袋也很清楚。我还听人说他曾坦白表示他求死的意愿，加歇大夫想尽力抢救，梵高居然说："如果不成我还会再自杀一次！"好在这已不可能发生了。

昨天，也就是7月30日星期三，大约10点左右我抵达奥维，梵高的弟弟提奥、加歇大夫、唐基、查理·拉雾陪着我，当时棺木已合上，我到得太迟再也看不到他了，想起四年前分手时，他还满怀希望。旅馆老板告诉我们这次意外的种种细节，说有位鲁莽的警官来到他的床边，叱责他得责任自负……

他停尸房间的四壁，钉着他全部的油画，好似一圈光晕围绕着他，画里散发着天才的光辉，他的死使我们这些艺术家更为痛苦。棺材上覆着简单的白布和成堆的花，有他最爱的向日葵、黄色的大理花，还有到处摆满的黄花。你记得黄花是他最爱的颜色，黄色是光的象征，是他梦见在心灵中追求到的色彩，也是他画里到处可见的色彩。棺材附近有他的画架和折叠椅，前面的地方摆着他的画笔。

来了好多人，大部分是艺术家，我认出毕沙罗和卢梭（Lauzel），其他的我都不认识。也来了些地方人士，有的稍微知道他一些，有的只见过一两次面，还有因为他人好而喜欢他的。

我们围绕在棺材四周，而我们的朋友正隐在其中，毫无声息。我看着他的临摹之作，有临摹的德拉克洛瓦的《圣母与耶稣》（The Virgin and Jesus）和《受难记》（The Passion），还有囚犯在深锁的高墙中绕圈行走的油画是临摹杜雷（Doré）的作品，这残酷的景象正是他死亡的写照，对他而言，生活可不是在这样的穹苍下？那些囚犯难道不是我们这群可怜的艺术家？被诅咒的艺术家正在命运之神的鞭下遭到踏践！

3点时，棺材抬起，由朋友架上柩车，几位朋友哭了，提奥深爱着他的哥哥，总是支持他为艺术奋斗，这时也哀伤逾恒，哭个不停。

外面则是艳阳高照，我们爬上奥维山丘，边走边谈着他对艺术的勇猛冲劲、他伟大的计划，还有他对我们每个人的好。

我们来到了一处小小的墓园，新建的坟场散置着点点新碑，这里是一处可以远眺麦田的小圆丘，在他也许依然深爱着的蓝天下……

然后棺木降至墓穴……

这时刻谁能不放声一哭？过去的那段日子我们难以想象他居然承受得那么多，而且还能活得生气勃勃……

加歇大夫（一位热爱艺术且收藏当今许多印象画派精品的医生，本身也是一位艺术家）想说几句话献给梵高，但他早已泣不成声，只能用一种十分奇怪的道别式（最美的）向梵高致意。他简短追述梵高一生的努力，指出他想达成的崇高理想，以及他自己对梵高无尽的爱（他们才刚认识不久）。他说：梵高是个诚实的人，也是一位伟大的艺术家，他只有两个目标：人性与艺术。艺术是他的至爱，也唯有艺术让他永远不朽。

接着我们回来，提奥已哀伤不支，其他帮忙的都回去乡下，有的回到车站，真是非常感人。拉雾和我回到旅馆，我们一直还谈着他……

贝尔纳,《文森特·梵高的丧礼》

够了!亲爱的奥利耶,关于那悲伤的一天难道还不够吗?你知道我有多爱他吗?你也可猜出我为他掉了多少泪。不要忘了他,你是评他画的人,写些关于他的东西,让世人知道他伟大的心灵、无尽的才华,值得大家敬之为神。

你亲爱的贝尔纳上[275]

尽管贝尔纳与文森特已四年未见,比文森特小15岁的他始终深爱着这位好友。他一直记得 1888 年 2 月文森特即将离开巴黎前往阿尔前的那个晚上,是他们此生最后一次相见。贝尔纳协助文森特将许多画作挂满提奥的小公寓,文森特认为,这样能减轻提奥对兄长不告而别的思念。贝尔纳也永远不会忘记,两人常在巴黎近郊的安涅尔(Asnieres)画室结伴作画的回忆。在那儿除了常交换艺术心得与分享观点外,还留下了见证两人友谊的唯一合照,尽管相片中的文森特背对着镜头。文森特过世三年后,贝尔纳在极度思念好友的心情下,还特别绘制了一幅《文森特·梵高的丧礼》(The funeral of Vincent van Gogh)。

贝尔纳向来珍惜与文森特的情谊,尽管他并没有应文森特要求前往南方的阿尔,而是选择去阿凡桥与高更作伴。此后,三人时常通信并互赠自画像。1911 年,贝尔纳将文森特寄给他的 22 封信,连同寄给高更的 1 封信,加上贝尔纳给奥利耶的 1 封信共同集结出版,成为《梵高书简集》。这是贝尔纳迈入中年之后,向他此生最景仰的两位后印象派大师好友致敬的方式。贝尔纳曾在 1894 年前往意大利游学,向古代威尼斯画派取经,随后转往埃及,并且在那里一住就是十年。他是最早向艺坛宣扬后印象派三位巨匠(梵高、高更、塞尚)之贡献的人,也是史上难得同时与三位大师交好的一位。晚年的贝尔纳将重心放在艺术评论、杂志期刊撰述与整理书信回忆录等方面,1941 年第二次世界大战期间病逝于巴黎。

毕沙罗一听到文森特的死讯,也从巴黎匆匆赶到奥维。小老弟的猝逝,令已年届六十的他深感悲痛。文森特的奥维之行最初也是来自他的建议,如今发生在奥维的这幕悲剧,令老毕沙罗的心中感到相当自责。

毕沙罗始终是印象派联展最坚定的参与者,思想也最宽容、自由,谦虚温和的个性不仅使他具有好人缘,更让他在画作中保持着一种平静、纯朴的美感。不管是他早期《瓦松村的入口》(Entrance to the Village of Voisins)的柔和质朴,抑或晚期《巴黎蒙马特大道》(Boulevard Monmartre in Paris)里庄严宏伟的场景，其笔触均匀而不失活泼变化，粗犷与细致融为一体，皆展现了毕沙罗特有的艺术风格。

除了创作之外，毕沙罗对于提携后进更是独具慧眼，不遗余力。他对文森特、高更、塞尚、修拉、席涅克这些晚辈的照顾与关怀，向来是艺术界的佳话。1892 年，画商杜朗·卢埃尔（Durand-Ruel）在巴黎为毕沙罗举办了一场大型回顾展，更将他的画坛地位推上高峰。晚年的毕沙罗因为视力衰退和腿病而无法自由外出写生，于是他发明了装着类似自行车轮的移动画架，以方便他能在寓所附近的田野作画。而当他无法置身于户外时，他也习惯由窗口观察与描绘外面的世界。1903 年，73 岁的毕沙罗在巴黎逝世，葬于拉雪兹神父公墓（Père Lachaise Cemetery）。他的高尚品德受到艺术界一致感佩，被誉为印象派中的"摩西"或"米勒"。

唐基老爹是毕沙罗之外另一位极关怀文森特的长辈，他一直相当肯定文森特的才气。文森特在巴黎期间也时常光顾他的文具店，参观老爹所收藏的浮世绘。老爹对他而言就像一位理想化的共和主义者，两人同样关怀社会底层的弱势群体，而老爹对印象派画家的支持更让文森特感到无比温暖。文森特在 1890 年 5 月回到巴黎后，也不忘找时间与这位仁厚慈祥的老者叙旧。但见到这位才华洋溢的年轻人竟独自在异乡走上绝路，老爹感到万分不舍。这位白发老友怀着沉重伤悲的心情亲自前往奥维送文森特最后一程。

几天后曾有人问老爹，请他讲讲对文森特的追思：

> 唉！可怜的文森特！真不幸，实在太不幸了！像他那样的天才画家！又是这么好的小伙子！我再让你看看他一些杰作！可不是吗？这些都是没话说的杰作。……还有很多很多！真美，是不是？我看着看着就难过，真想哭！再也见不到他了，米尔博先生，我们再也见不到

毕沙罗,《瓦松村的入口》

唐基老爹与家人

罗特列克,《红磨坊与拉·古吕小姐》

他了！这事我简直没法儿接受！高更先生那么喜欢他！简直比死了还难过！……

看看这天空！这树！画得可真好。还有这儿……这儿！颜色多好，多有气势！像他这种人怎么能死？你说，有没有天理？……他上次来，就坐在您现在这个位子上！他看起来很伤心，我跟我太太说："文森特太悲伤了……他的眼睛专注在遥远的地方。他脑子一定还没有完全好！"可怜的文森特！

您一定没有见过他的鸢尾花，那是他最后的几幅画作之一。 实在太好了！我一定要拿给您看！您知道，对于花的感觉没有人像他那样！他对什么都有感觉，可怜的文森特，他的感觉太过敏锐了！所以他才会想要表现那些画不出来的东西！我去找那张《一盆鸢尾花》。毕沙罗先生看那张画看了好久，还有其他那些人，他们都说："文森特画中的花好像公主。"没错，的确有那种味道！[276]

从老爹一连串的唉声叹息中，我们充分感受到他对文森特的万般不舍，在他眼中，文森特是位优秀的艺术家，早在社会大众开始注目文森特的三十年前，他便独具慧眼识出了文森特的才气，否则也不会在店里挂满文森特的作品（他大可将空间保留给更多的浮世绘或其他印象派画家）。文森特的早逝确实让老爹痛心疾首，直到四年后老爹离世，他始终念着这位极富热情与才华的年轻人。

或许因为行动不便，罗特列克未能前往奥维参加文森特的丧礼。 相隔数年，他依旧不改流连风月场的浪子形象。 他是文森特在巴黎期间曾有过深交的好友，尽管他径自沉沦于酒色歌舞狂欢，但他是文森特一生中结识的极少数上流阶级人物。 自身的残疾，使他漠视家族所属的精英阶层，而

《梵高临终肖像》

对社会底层多了几分温情与体贴。19世纪贩夫走卒的日常生活、妓女舞娘们的狂欢取乐，皆通过罗特列克的油彩或粉彩画，留下了珍贵的历史见证。罗特列克与文森特最大的不同之处在于，虽然同样是描绘社会底层人物生活，他笔下流露的并非同情或悲情，而是以一种戏谑嬉闹的场景的方式，捕捉真实的瞬间，展现人性的温暖。

罗特列克使用了当时少见的石版画技术，舍弃传统西方绘画的透视原则，改以浮世绘的流畅线条与平涂色彩、装饰图案来表现主观的空间，再搭配巧妙的标题文字，成功吸引观赏者的目光，他以划时代的新概念开创出海报艺术的道路。如今看来，罗特列克的艺术即使结合了商品设计或商业化的宣传，像是他为红磨坊等酒店制作的一系列出色海报，如《红磨坊与拉·古吕小姐》(Moulin Rouge - La Goulue)等作品，亦丝毫无损他在艺术史上具有原创精神的地位。可惜罗特列克长期沉溺于酒精，摧毁了原本就不健壮的身体。1901年，罗特列克因为酒精中毒，在母亲的看顾之下离开人世。过世前一天，意识不清的罗特列克听闻自己的作品被罗浮宫正式收藏的消息，这使他历经风霜病痛的身心终于得以彻底解脱。陪伴身旁、最了解他的艺术精神也最深爱着他的母亲，也流下两行热泪……

加歇医生本身也是位业余画家，他在文森特甫过世时曾为他画了一幅素描，我们也因此得以一窥文森特最后的模样。丧礼过后，加歇获得多幅文森特的作品，并在之后的岁月中妥善保存着它们，可见他对文森特的艺术天分还是相当赏识的。加歇晚年撰写了回忆录《梵高在奥维的70天》，书中谈到他如何治疗文森特以及文森特在奥维的行径，但正如我们先前所述，其中部分内容遭到拉雾家的阿德琳女士的严重驳斥。加歇医生于1909年过世，享年81岁，女儿玛格丽特终生未婚，晚年隐居在奥维的老家。据奥维当地人拜兹太太所言，玛格丽特常手捧黄花，步行至山丘上的墓园探视文森特，她在1949年过世，享年79岁。来年，弟弟保罗亦与世长辞，死前他将家中所收藏的所有文森特作品以及许多印象派画作皆捐赠给奥赛美术馆。姐弟俩都没有子嗣，加歇医生家的香火自此绝断。

可想而知，文森特的丧礼上不会看到高更的影子。他仍在布列塔尼奋斗着，努力积攒前往大溪地的旅费，他已决心要将后半生与他的艺术奉献给原始热带。在听闻文森特的死讯后，他写了一封信给提奥致哀：

我亲爱的提奥：

  一听到这哀伤消息，着实给我甚大打击。在这样的情况下，我不愿用标准制式的语汇来撰写这封致哀信。你知道文森特于我而言是位相当挚爱的朋友。他是一位真正的艺术家，这在我们这个时代是非常少见的。在他的作品中文森特的精神永远不死。如他常挂在嘴边的一句话：石块终有崩解的一天，文字却会永远传存。

  对我来说，文森特将会永远活在他的艺术作品当中。

你诚挚的友人高更[277]

提奥曾是高更的投资者，当年又帮助他解决过许多债务问题，高更理应写信向他致意。然而对于文森特之死，高更在给贝尔纳的信中却表现出

高更,《我们从何处来?我们是什么?我们往何处去?》

截然不同的态度:

我听说了文森特的死讯,很高兴你参加了葬礼。

虽然我为这项死讯感到难过,却无法过度悲伤,因为我早预料到了,也知道这个可怜人如何与疯狂挣扎而受苦。此时此刻死亡,对他而言是一种幸运,算是终结了他的苦难;如果他在下一辈子醒来,将因这一世做的好事而有好报(根据佛教的说法)。他是在明白没有被

弟弟抛弃，而且有一些艺术家能了解他的情况下过世的……[278]

对于文森特的死，高更显得格外冷静，似乎他早已预料到此般结局。当然我们也不应对高更有所苛求，世上除了提奥这个亲弟弟曾与文森特朝夕相处之外，就只有高更深知两位艺术家同住时，每日电光火石般的紧绷感受。平心而论，高更由文森特那里得到许多艺术风格以及色彩配置方面的启迪，但他却一向夸大自己在文森特艺术道路上所占的重要分量，而将文森特的层次贬低。在晚年回忆录《此前此后》中，高更夸饰了许多情节，拔高自己的角色地位，就好像文森特几乎每天都得感谢他似的。当然，也不见得高更就不欣赏文森特的艺术。20世纪时，世界逐渐开始认识文森特·梵高的传奇与作品，高更也有目共睹。他将手上拥有的高达十幅的文森特画作都陈列在工作室的醒目之处，但高更此举也或许是以文森特的艺术成就来烘托自己的地位。

1891年4月，高更前往大溪地，但那里的第一印象却使他的期待落空，法国殖民色彩已在不知不觉间改变了波利尼西亚的传统文化。不过高更并未气馁，他接触当地的日常生活，观察传统服饰，倾听本土语言，渐渐地，他画中的色彩也越来越丰富。高更甚至与当地少女泰胡拉（Tehura）结婚，大溪地的自然原始风貌成为他创作的灵感泉源。高更逐渐舍弃补色。他变得喜欢并用红与橘红、蓝与绿、紫与暗褐，在构图上也越来越直接且大胆。1897年完成的《我们从何处来？我们是什么？我们往何处去？》（Where Do We Come From? What Are We? Where Are We Going?）堪称是他的巅峰代表作。高更采用了色彩与形体来揭示人类生命中有关灵魂、疑惑、希望和失望的悲剧，表达了他想要探讨人类生存意义的课题。

晚年高更受到梅毒的困扰，两只小腿都长着流脓的疮，他用肮脏的纱布层层包裹，拄着拐杖回到马克萨斯岛度过余生。在生命的最后阶段，他全身疼痛，曾尝试用鸦片酊和吗啡麻醉自己，并一度使用砷来自杀，梅毒的摧残使得个性坚强的高更也体验到了生不如死的滋味。1903年5月8日，高更在马克萨斯岛因梅毒并发症死亡，享年51岁。1906年巴黎举办了他的纪念画展，高更在艺术史上的卓越地位始逐渐确立。

文森特自杀后，原本身体就脆弱的提奥，健康恶化的速度甚至更快了。之前文森特待在圣雷米精神病院期间，在巴黎的提奥也几乎咳了一整年。事实上，大约在1886年时，提奥身体已有些情况。他后来曾在巴黎的戴维·古比（David Gruby）医生处就诊，古比医生判断提奥也染上了梅毒。

文森特的死对提奥造成精神上莫大的折磨，他写信给在荷兰的母亲安娜："一个不能找到安慰的人也不能写出自己有多悲痛。这悲痛还会延伸，只要活着，我就不能忘记；唯一可以说的是，他已经找到他渴望的安息……生活对他是个负担，但现在，就像从前，每个人都赞扬他的才能……哦！母亲，他是我最最心爱的哥哥啊！"[279] 提奥深感自己应该为兄长的死负起责任，他无时无刻不深陷在自责的情绪中。他写信给高更，说愿意支付他远赴大溪地的所有费用，但未曾兑现；提奥逐渐变得无法站着排尿，后来连行走都显得困难。疾病缠身的他，脾气越来越不稳定，焦虑急躁的样子宛如当年发病时的文森特。

1890年秋天，文森特走后才数月，提奥也住进精神疗养院，并在短期内换了两所。医生甚至表示，提奥的状况比文森特还要糟糕，完全看不到一丝希望。乔安娜在该年年底将提奥送回荷兰的精神病院，但提奥没能撑很久，他

威廉明娜

梵高兄弟之墓

在最后的日子里时常昏迷不醒、全身瘫痪且无法言语。1891 年 1 月 25 日，提奥随着兄长的脚步，结束了短暂的三十三年的生命。提奥的死距离文森特自戕，甚至还不到半年！

1914 年，乔安娜将提奥的遗骨从荷兰迁到奥维，让兄弟俩在另一个世界里永远相伴，并以常春藤将两块墓地相连，上面竖立着两块简单朴素的墓碑。今日仍有许多民众每年从各地来到奥维，来到山丘上的坟地，在兄弟俩的墓前缅怀追思，并为这段深厚真挚的昆仲之情感动落泪。常春藤象征着忠实，两兄弟的情谊将如坟前的常春藤般，绵延不绝，永远紧紧相系。

精神疾病像诅咒般纠缠着梵高家族不放。文森特最喜爱的小妹威廉明娜，在失去两个兄长后，也开始遭受精神疾病之苦。早年她曾从事写作，后半辈子却在荷兰的精神病院度过近四十年余生，病中也曾企图自杀，幸好及时发现被救回。威廉明娜终身未婚，于 1941 年去世，享年 79 岁。

提奥撒手人寰后，留下乔安娜与小文森特这对孤儿寡母。乔安娜当然悲痛万分，或许对文森特之死也心生反省懊悔之意，但她仍需一肩扛起孩子的养育重任，于是她回到阿姆斯特丹近郊的老家。乔安娜继承了文森特存放在巴黎提奥处的所有信件与画作，然而兄长安德烈对梵高兄弟早有许多不满，他认为文森特的作品毫无保留价值，建议妹妹随便卖给杂货店或是干脆一把火全烧了。平心而论，尽管乔安娜在文森特自杀、素描赝画和意图扭曲事实上无法脱卸责任，但对文森特作品的保存与日后艺术地位的推动，她确实贡献良多。幸好，乔安娜并未听从兄长的气话，而是陆续将文森特的作品带回荷兰存放。

当年的小文森特长大成人之后被称为工程师梵高，他日后曾回忆："她（乔安娜）带着在当时毫无价值的大量作品，与儿子一起回到荷兰。当时一位名家编成的绘画目录上，文森特·梵高的画，两百件作品合计仅值两千盾。"[280] 尽管奥利耶已经对文森特·梵高做过评论报道，但社会各界仍未予以持续关注，更遑论当时荷兰的绘画市场。

乔安娜并不盲从兄长的意见，这是她的优点，我们从她与梵高兄弟的互动即可感觉到，乔安娜是一个极有主见的女子。身为画商之妻的她对艺术品市场也略懂一二，她敏锐地感受到文森特作品蕴含无穷的价值，在听闻提奥、毕沙罗、贝尔纳、罗特列克等专业人士对文森特的赞美后，她深信，终有一天人们会了解文森特·梵高的伟大艺术。

回到荷兰的乔安娜，经营了一间供膳食的民宿，独立抚养年幼的小文森特。在辛勤的家事劳动之余，乔安娜还利用闲暇细读梵高兄弟留下的数百封信件，并开始整理文森特的遗作：

> 为了不让自己成为家事的奴隶，我必须保持精神愉快。提奥教了我不少有关艺术和人生的事。除了照顾小孩，他还留给我另一项工作，那就是将文森特的作品展示在世人面前，并尽可能让它们得到正确的评价……
>
> 自从提奥发病后，这些信就成为我生活的大部分。每当夜深人静，我就会取出收藏信件的包包。在这里，我知道还能与他相见。不幸的日子接踵而至，阅读信件成为我每天晚上的一大慰藉。我想念的不是文森特，而是提奥。我仔细读着每一句话，不论多么细小的事，都深深刻在我心里。不只有感情，我还用了全副精神来阅读，而且持续地读，一遍又一遍反复阅读，直到文森特的影子清晰地浮现在我眼前。请想象一下我的经验。我渐渐理解这位孤独艺术家的伟大和崇高，然后回到荷兰。[281]

阅读梵高兄弟的信件，最初是出于对提奥的怀念，渴望在字里行间寻找挚爱亡夫的身影，此刻乔安娜只是一个感性柔情的女子，藉此填补心中的遗憾与空虚。乔安娜总共只与文森特见过三次面，通过六封信，对这位大哥仍有许多不熟悉处，但在经年累月反复阅读信件的过程中，她越来越体察到文森特伟大的心灵与人格。

1901年，历经十年寡居生活的乔安娜梅开二度，与比她年轻11岁的画家兼艺术评论家约翰·柯汉·哥斯查克（Johan Cohan-Gosschalk）结为连理。与约翰的结合，也显示出乔安娜这些年里始终保持对艺术的兴趣与关注，而约翰在乔安娜对艺术的认识了解上，提供了不少协助与建议，更间接让乔安娜结识多位荷兰当代艺术家。1905年，终于，乔安娜在艺术界朋友们的协助下，于阿姆斯特丹的荷兰国立美术馆举办了一次大型的文森特·梵高艺术回顾展，共计陈列474幅文森特的油画与素描，也成功地吸引了各界的关注。该次回顾展的型录导览便是由约翰撰写，他在乔安娜研究文森特作品时参与了不少整理与协助的工作。

天不假年，未满40岁的约翰却在1912年突然病逝，乔安娜再度陷入丧夫的哀痛。但得知贝尔纳已经出版他与文森特当年的书信集后（据说乔安娜曾提供贝尔纳一些照片与数据，但贝尔纳事后仅赠送她一本书信集作为答谢[282]），乔安娜也努力打起精神，着手准备六百多封信件的出版事宜。第二任丈夫约翰死后，乔安娜随即改回之前使用的夫姓梵高，并在1914年出版了贝尔纳作品难以匹敌的《梵高书信全集》，身为提奥·梵高未亡人的她，以极具权威性的发言地位撰写《追忆文森特·梵高》一文，并作为这本书信全集之序，这成为后世想要了解文森特·梵高时必须参考的重要史料之一。

随着一系列文森特·梵高书信的出版，加上高更、加歇等人的回忆录辅助，以及荷兰的国立美术馆于1910年起定期展出梵高作品，书籍与回顾展成功地增添了梵高一生的传奇性与悲剧色彩，社会大众也渐渐了解有这么一位热情澎湃、坚毅执着的艺术工作者，始终在自己的艺术道路上创作。

不管是《向日葵》或《星夜》的自然景物，抑或是《食薯者》与《哀伤》的人道关怀，都开始在世人心中激起无限的回荡，20 世纪后，梵高的艺术成就越来越受到关注与喜爱，博得了众人喝彩。

1925 年，乔安娜死于帕金森氏症，享年 62 岁。尽管据前所述，她在梵高的书信集当中曾有过伪造赝作与藏匿信件、选择性避谈等行为，但深究其心也是出于回避对文森特之死的良心道义责

工程师梵高

任。身为人母的她，站在维护家庭的立场，必须反对提奥持续资助文森特；提奥薪资遭裁减，是当年整体外在环境所致，这方面责任并非应由乔安娜承担。更何况她在梵高兄弟死后，尽最大努力保存了所有画作与书信，并在后半生极力推广梵高的艺术成就，确实是使梵高荣登艺术史里程碑的幕后功臣。倘若今日只一味苛责乔安娜当年的行为，或许也不是文森特所乐见的吧！

小文森特成人后，以工程技术为业，被大家称为"工程师梵高"。他定居在离阿姆斯特丹不远的拉伦（Laren），继承母亲的遗志，于 1960 年创立"梵高基金会"。他先将一整批伯父当年的作品租借给市立美术馆，随后积极投入社会公益的募款活动，并与荷兰官方接洽商讨成立梵高美术馆的计划，协议由市政府提供土地，国家支付营运费用，馆址则设在阿姆斯特丹的国家美术馆与市立美术馆旁。相信文森特·梵高若天上有知，一定会感到欣慰与喜悦，荷兰国家美术馆是他当年常醉心观赏林布兰作品之处，近百年后他的个人美术馆就邻立于侧，这绝对是命运最好的安排了！

1973 年 6 月 2 日，荷兰皇后茱莉安娜（Queen Juliana）亲自为阿姆斯特

荷兰，阿姆斯特丹，梵高美术馆

电影《梵高——燃烧的双眼》(The Eyes of Van Gogh) 剧照

电影《生之欲》(Lust for Life)剧照

各式各样的梵高商品

荷兰,阿姆斯特丹,梵高美术馆(内部)

丹的梵高美术馆（Van Gogh Museum）揭幕，工程师梵高完成了家族的理想，将梵高艺术的杰出成就展现在世人面前。他的友人约翰·瑞瓦德曾写道："虽然他（工程师梵高）住在拉伦已有四十年之久，且住房内没有任何梵高的作品，但他平静喜悦，宛如一个长久以来的沉重负担自肩头卸下。"[283] 在他的督导之下，文森特·梵高的作品也屡屡到世界各地巡回展出，这更扩展了梵高的全球知名度，并在世界各地的拍卖市场屡获佳绩。工程师梵高最后于1978年，他88岁生日的数天前过世。

梵高的艺术名声在第一次世界大战后达到巅峰，尤其因战后产生的欧洲经济危机，许多艺术收藏家被迫抛售商品，吸引受波及较少的美英地区收藏家或美术馆趁机收购。当中许多作品不是传家之宝便属于镇馆之宝，这也是造成拍卖会上对于文森特·梵高的作品高价而难求的原因之一。

日本经济在第二次世界大战后20世纪70年代逐渐复苏，日本国内逐渐兴起追逐印象派画作的风气。当时日本之所以疯狂收购印象派作品，原因是自豪于日本传统浮世绘对印象派发展产生的重要影响，由此也延伸出对梵高的喜爱。而在文森特逝世届百年之际，对他的研究与展览也日渐丰富。此外，全球股市经济飞涨同样带动了艺术品的收藏热潮，这也是日本大企业造纸商齐藤在20世纪90年代初期大手笔收购《加歇医生》和《煎饼磨坊的舞会》两幅名作的社会背景。但随着泡沫化经济衰退，梵高和印象派作品又重新抛售回拍卖市场，也因此造成梵高作品出现第二波高价风潮。

不仅对文森特·梵高的研究如雨后春笋般大量涌现，继伊尔·史东（Irving Stone）1934年出版《梵高传——生之欲》后，与梵高相关的其他传记作品亦随之热销，就连影视戏剧也搭上这股风潮，从1956年由老牌影星寇克·道格拉斯（Kirk Douglas）主演的《生之欲》（Lust for Life）到晚近由提姆·罗斯（Tim Roth）主演的《文森特与提奥》（Vincent & Theo）和约翰·亚力斯安德（John Alexander）于 2009 年主演的传记类电影《梵高——燃烧的双眼》（The Eyes of Van Gogh），以及由英国新生代男星班奈迪克特·康伯拜区（Benedict Cumberbatch）主演的传记类短剧《梵高：画语人生》（Vincent Van Gogh: Painted with Words），这些琳琅满目的影视作品让各时代的影迷们印象深刻，也代表了梵高传奇在跨领域艺术上的卓越表现。

更值得一提的，莫过于美国歌手唐·麦卡林（Don McLean）在 1970 年创作的《梵高之歌》（Vincent），这首歌甫推出即登上英国唱片排行榜第 1 名，美国唱片排行榜第 8 名。唐·麦卡林以感性诗意的歌词，配合着轻快而略带苦涩的旋律，将文森特著名的作品以细腻的感情一一唱出，表达出文森特不被世人了解的苦闷以及对文森特天分的惋惜，获得了各地听众的一致赞赏和垂青。

时至今日，文森特·梵高的艺术魅力，不仅在世界各地美术馆与民众分享，而且通过文学、影视、音乐等艺术领域迅速传播，晚近许多文创营销更延伸至吊饰、背包、家具、酒瓶、时钟、文具等形形色色的创意产业。梵高艺术里源源不断的生命力，正以无远弗届的巨大力量，向世界各地的艺术爱好者与消费者推进。从这一点来说，文森特的生命与他努力创作的艺术，非但没有死去，仍不断在每个世代间，进行着永不止息的重生。

> 人们有一天总会了解，我的画的价值，要比我所花在画上的颜料价钱，以及我的生活费用高得多。
>
> ——文森特·梵高[284]

梵高艺术殿堂

自 20 世纪初以来,文森特·梵高的艺术越来越受到社会关注。时至今日,假设要策划一趟梵高艺术精华之旅,造访最不容错过且收藏最丰富齐全的地点,一定非荷兰的梵高美术馆以及库勒慕勒美术馆(Kröller Müller Museum)莫属。

1925 年提奥的遗孀乔安娜过世后,工程师梵高继承了母亲的遗志,创立了梵高基金会,并努力寻找可以保存伯父画作与父亲收藏的地方。经过几次与政府相关单位的沟通协调,梵高基金会决定在阿姆斯特丹兴建梵高美术馆。

1973 年 6 月 2 日,梵高美术馆(Van Gogh Museum)由荷兰皇后茱莉安娜正式揭幕。本馆由名建筑师格里特·瑞特菲尔德(Gerrit Rietveld)设计,馆内的设计重点是尽可能让内部空间敞开,藉由大量玻璃天窗将自然光引入馆内,使参观者很容易辨认动线方位。原本瑞特菲尔德的设计理念是以每年 7 万参观人数为基准,出乎意料的是,开馆后吸引了来自世界各地的仰慕人潮,近年来每年参访总人数皆在百万人次以上,远远超过当年的预估,因此美术馆面临着空间扩建以及动线规划等亟待解决的问题。

1989 年,阿姆斯特丹市政府同意了梵高美术馆在美术馆广场修建新馆

荷兰，库勒·慕勒美术馆外部

荷兰，库勒·慕勒美术馆内部

的提案，来年1990年恰逢梵高逝世百年纪念，世界各地皆有相关的纪念庆祝活动，梵高美术馆也通过"欧洲世界通讯"的协助，向全世界发出寻求支持新建落成赞助者的活动。很快地，这项请求便在日本得到了回复，日本安田火灾与海难保险公司[285]同意捐助3750万荷兰盾（约值2000万美金左右），作为兴建新馆的费用与相关基金。安田保险公司向来支持梵高与印象派作品的展览活动，该公司也曾在1987年以近4000万美金的高价在佳士得拍卖会场标得一幅梵高的《向日

《在永恒之门》

《悲伤的老人》

葵》，创下了梵高作品的价格纪录。

梵高美术馆选定日本建筑师黑川纪章（くろかわきしょう）负责新馆的设计。当年旧馆外观在瑞特菲尔德的设计理念里，是采取几何形式、直角结构，黑川设计团队特地采用截然不同的外观对比，主要是椭圆形和圆形的流线型结合，新、旧馆完全独立分开，只通过一个向下凹陷的地下池塘相连。新馆外部使用钛合金铺成，这种建材在荷兰的博物馆是首次使用，黑川还采用以灰色调为主的样式，使新馆外观显得更加灵活轻巧；此种灰色系又称"利休灰"，是1640年日本江户时期奈良春日神社的僧人久保利世（くぼ-としよ）在茶道书籍《长阄堂记》中正式命名的颜色，此后这种利休灰便在江户时代的日本广泛流行。黑川这样的设计理念，使博物馆达到了建筑、材料与历史文化多元融合，颇富巧思。

馆方也在新馆设计之初预定，旧馆展示永久收藏，底层（0层）设有书店与咖啡馆。第一层是按照梵高生平年份排序的各时期作品。第二层和第三层则分别为该馆相关的收藏展示与办公厅，包括梵高部分书信原稿及其他19世纪画家的版画作品。至于新馆，则作为不定期特展的场所。地下层的封闭空间，陈列不需要自然光的版画、素描等作品；而地面两层光线照射较充足的空间则作为油画展示厅。新、旧馆具有各自的独立性与展示任务，空间结构的扩大与流畅的动线安排也使得民众参观时更为便捷、舒适。

1999年6月24日，梵高美术馆新馆落成，美术馆重新开放，旧馆的外观也增建了两栋玻璃帷幕的方形大楼，大片的玻璃窗能够为旧馆建筑引进更多的自然光线，而旧馆原本的办公场地也一并迁移到这两栋方形大楼里，因此展览空间自然变大。面对着新馆与广场方向的一楼大厅，可以看到贩卖部与餐厅，前者摆满各种有关梵高的画册、著作与明信片、海报、吊饰等，而从餐厅则可远眺窗外的美术馆广场、水池、阿姆斯特丹国家美术馆。

《四朵向日葵》

进入展场前是服务柜台,提供以各国文字印制的梵高生平简介,右方有一座通往新馆的手扶电梯与透明升降电梯。

入口左方通往第一展览厅,这是一间大型的敞开式的展示厅,陈列着馆内的永久收藏。那其中全都是文森特最后遗留给提奥一家的作品,按照梵高生平与创作年代展示,能够使参观者清楚地了解梵高一生的经历与时代背景。沿着大厅中央的楼梯拾级而上,即刻能见到当年高更绘制的《梵高画向日葵》,两边则悬挂了一系列梵高的自画像。

二楼的展览厅,是沿着一楼大厅往上延伸至玻璃屋顶形成的中庭,环绕建筑物四周墙面而成。在这里能见到《食薯者》、《黄屋》、《向日葵》、《麦田群鸦》这些举世闻名的伟大作品,环绕二楼的展示区巡一圈,也会让参观者走过梵高短暂却丰富的十年创作历程。这些都是我们常在书中图像或记录片中看到的作品,亲临现场更能感受梵高画作里的生命力冲击,心生对艺术的共鸣与赞叹。

走上三楼可见到陈列梵高素描的廊道。中央是一间数据研习室,里面有十多部计算机供参观者查询馆中信息,并设置了阅读区摆放美术馆历年来出版的许多画册,供参观者取阅参考。四楼则展示了梵高与19世纪艺术、现代艺术的连结,在这里可以见到修拉、毕沙罗、塞尚、罗特列克、贝尔纳、高更乃至马蒂斯、毕加索等大师的作品,他们当中许多人是梵高生前的朋友,曾与梵高共同切磋互动,甚至在梵高生命中扮演过重要角色。参观者在此可以感受到梵高初至巴黎时眼界大开的情景,也能一并欣赏这些大师的心血杰作。另外有些人则是梵高之后的艺术大家,他们都极为欣赏梵高的艺术,无论是强烈的色彩还是敏感的笔触。将后来的表现主义或野兽派、立体派作品并列于馆内,是就梵高对现代艺术产生的影响力的一种肯定与致敬!

重新落成开馆后的梵高美术馆,在空间配置与展示内容上更加丰富与

海伦·库勒·慕勒 (Helene Kroller Muller) 与丈夫安东

系统化，包括梵高生前的二百幅油画与五百幅素描，以及文森特写给提奥的六百多封信与其他交往信件史料，确实是关于梵高及其艺术成就的收藏重镇。梵高当年曾对提奥说过一段发人省思的话："说到底，我不能保证我的画可以完全偿还你给我的钱。但我相信，当有一天它们值那个价钱的时候，其中有一半是属于你的创作，因为这些画是我们两个人一起完成的。"[286] 工程师梵高确实无愧父母亲的遗志，将梵高家族三代人的共同心血，完整妥善地保存于此，并将梵高对社会的关怀与对艺术的热情理念传达给全世界。

除了梵高美术馆外，位于荷兰厚荷·扶鹿国家公园（De Hoge Veluwe）的库勒慕勒美术馆（Kröller Müller Museum）是全世界收藏梵高作品第二丰富的地方，身为幕后推手的企业家海伦·库勒·慕勒（Helene Kröller Müller）堪称是全世界拥有最多梵高作品的收藏家。

海伦·慕勒于1869年出生于埃森附近的霍尔斯特（Horst），富商父亲拥有一间铸造厂，在杜塞朵夫（Dusseldorf）经营一间船运公司，并在鹿特丹设有分公司。1888年，亦即梵高在阿尔割下左耳那一年，海伦嫁给了当时荷兰分公司的新任负责人安东·库勒（Anton Kröller），海伦的父亲过世后，安东接管企业，之后凭借着船运、贸易与采矿等各领域，使公司的资本额扩大从而进入了国际市场，这也成为日后收购梵高画作与相关艺术品的经济来源。

1905年，海伦结识知名的艺术鉴赏家布瑞默（H. P. Bremmel），吸收了许多现代艺术的相关知识，也开启她对艺术品的收藏兴趣，尤其是丈夫安东特别在两人结婚25周年纪念日时，赠送给海伦一幅《在永恒之门》（At Eternity's Gate），这是文森特当年在圣雷米疗养院时完成的作品，临摹来自他自己1882年的炭笔素描《悲伤的老人》（The Old Sad Man）。画中的线条粗犷有力，老人坐在椅子上，将整个脸庞深埋于双手中，尽管不见其面目表情，但悲怆的情绪却通过整体线条与色调传递给观者。在此三年前，海伦也曾买下梵高的《四朵向日葵》（Four Sunflowers Gone to Seed）等，从此她便钟情于文森特·梵高的作品，希望尽可能收藏更多梵高的优秀画作。

海伦有一个伟大的愿景，她不只要收藏艺术品，她更希望能像她曾在意大利佛罗伦萨见过的美第奇家族（Medici）[287]一样，通过传承艺术遗产来保留丰富的文化资产。直到1929年间，海伦从与梵高有交往或对梵高有研究的赞助者、艺文人士，及资本家、各国收藏家的手中，透过拍卖会或直接购买来取得梵高的作品。逐年累月的收购竞标过程，也使海伦培养了不少辨别艺术品真伪的专业能力。海伦的收藏品很快便达到了设立博物馆的规模，因此她也极力寻求一个安置点，以便将收藏品开放给社会共享。

妻子对于艺术品的收藏不遗余力，身为丈夫的安东也没闲着，这段期间他在格尔德兰省的扶鹿（Veluwe）买下超过6000公顷尚未开发的围猎场。现今的厚荷·扶鹿（De Hoge Veluwe）国家公园就位于这个围猎场当年的中心地带，夫妇俩年轻时都喜爱骑马射猎，20世纪20年代安东在此建造了属于他们自己的狩猎小屋。海伦相当喜欢丈夫为她建立的围猎场，每次来此度假她都觉得身心舒畅，于是她决定在此设立新家和美术馆。从此，夫妇俩尽力保护园区内的自然生态，不再狩猎，并决定将这片土地以及美术馆开放分享给大家参观游览。

对此，海伦曾明确地表达了她的主张：

> 经过思考后，我们觉得现在距离不再是缺点，而对观众来说，在这片雄伟、未被污染的自然中，能让他们用一种与在城市完全不同的方式来享受艺术，特别是馆藏中那些复杂的抽象艺术，需要极大的专注力和安静的沉思，来欣赏当中的精神内容。[288]

海伦与夫婿皆为大自然生态的爱好者，晚年他们将整个保护区土地捐赠给国家，条件是要将其作为国家公园使用，不能破坏里面的生态环境；再者也希望位于保护区的美术馆能够继续受到妥善利用，让海伦一生的艺术收藏能够与社会大众分享。1938年，亦即海伦去世的前一年，以夫妻俩名字命名的库勒·慕勒美术馆（Kröller Müller Museum）成立。此外，1961年在美术馆园区外围又建造了一座户外雕塑公园，其至今仍是欧洲规模最大的雕塑公园，园中的作品也多出自大师之手，如罗丹（Auguste Rodin）、摩尔（Henry Moore）等。今天，在整个厚荷·扶鹿国家公园5500多公顷的自然保护区内，包含着各类野生动物与形形色色的花卉植物、原始风貌的沙丘古树，来自各地的游客可以悠闲自在地骑着单车徜徉于宁静的自然生态环境中。库勒·慕勒夫妇尽管是日进斗金的豪门巨贾，但他们为后世留下了这么多珍贵的自然遗产与艺术精品，福泽取之于社会亦复还于社会，胸襟善行实在令人赞叹！

今日在库勒·慕勒美术馆中，收藏着梵高的八十七件油画与近两百张素描，包括《兰格罗瓦桥》、《露天夜间咖啡馆》、《鲁林画像》、《普罗旺斯夜晚的乡村小路》等许多幅极负盛名的杰作。海伦当年不只是有系统地收藏梵高画作，更时常将这些作品借展到各地，以提高画作本身的收藏价值。尽管海伦此生从未与梵高见过面，但她相当肯定梵高是一位理想主义的艺术家，她能走进梵高的内心世界，感受到他的坦率真诚以及对艺术的热情景仰，其也因此才能表现出如此有力的线条与丰富生动的色彩。海伦乐意运用她的财力，将梵高的艺术成就永远保存下来，并与后世的社会大众分享。从另一个角度来看，梵高也成就了海伦这么一位与众不同的富商，透过梵高艺术的力量，使得她在艺术史上写下划时代的新页。库勒·慕勒美术馆向人们证明了一个真理，财富的积累只是短暂人生的一个过程，对自然生命的热爱、对群体社会的关怀与艺术文化的保存，才是人生自我实现的永恒价值！

（本节内容主要参考丘彦明《翻开梵高的时代》与台湾历史博物馆出版的《燃烧的灵魂：梵高》二书，以及 Kröller Müller Museum 网页信息所写成，在此一并感谢！）

回首梵高

文森特·梵高，是今日世上一个家喻户晓的名字，即使是不懂艺术史的人或艺术领域的门外汉，也绝对听过这响亮的大名。梵高此生何其不幸，却又何其幸也！幸运的是，尽管他此生坎坷乖蹇，但他绝对是世界艺术史上受到关注与研究最为丰富的一位，与梵高相关的书籍、画册、装饰品或影音作品琳琅满目，是其他艺术家望尘莫及的。史上没有一位艺术家像他一样拥有如此完善的传记，保留下数量如此庞大的书信数据。而最重要的是，他留给后世的真情感动，是一股连绵不绝、生生不息的力量。本书的最后一节，让我们再对文森特·梵高做一个简单回顾与评析。

从1872年到1890年，梵高写过的信件不下900封，其中数量最多的就是给提奥的600多封信，有的信件长达5000字，实在令人不得不佩服他的毅力与沉着。梵高在信中谈艺术、谈哲学、谈人生、谈物质与精神……即使不论其在绘画上的表现与成就，梵高也绝对堪称是一位优秀的评论家与思想家。诚然，伟大的艺术家同时也是伟大的思想家，因为他们妥善地运用艺术的形式与力量去表达内在的思想体系；米开朗琪罗、贝多芬、托尔斯泰皆属此类，梵高无疑也是。

后世常用"天才"一词来形容梵高，如此的形容似是而非，他的天才绝非天生，完全是靠后天的勤勉不懈而有之。梵高生性桀骜不驯，顽强而不轻易向现实低头，他一旦选定目标，便不顾旁人反对，不惜付出任何代价，也要坚定地踏上自己选择的道路，也因此，这条道路充满常人难以想象的磨难。梵高最初的梦想是继承父业，在困苦的矿区做一个宣扬神的使命、为贫困者发声与寻找救赎的牧师。甚至日后在海牙结识、照顾妓女西恩，也都是由于他内心充满丰沛的宗教情怀所致。在他的画中看不到富商名流，他关注的主题永远是社会底层最贫苦、最渴望神的怜悯与救赎的劳动大众。对生命的悲悯、对信仰的激情，推动他的艺术炽热燃烧直到生命终点。

人一生的价值，不在其生命的长与短、富与贫，最可贵处其实是内在精神的苗壮如何感动人、时代与世界。即使身在博里纳吉辛苦的生活环境，梵高也不忘描绘矿工疲惫缓慢的步伐，他与他们一起生活，也试图通过宗教信仰，为他们带来慰藉的亮光。"矿坑里的基督"，这美妙的称呼是肯定他为人们带来主的福音，他诚挚的情感让当地民众永生难忘。

在安特卫普学艺时，为了购买画具他宁可节省生活开支，一顿最简单的热食都是难得的奢侈。对宗教的狂热情怀此时已转向绘画。他并非科班出身，学画起步又晚，但他比旁人更加勤奋地投入。梵高的绘画人生是他用生命换来的伟大生涯，他总是在天未亮前便起身，背着画架及画具外出写生，尽管他在呈现人体比例上的准确度不足，却能完整地表达劳动者的内在灵魂，这是古典学院派永远无法企及的要素。

在梵高的性格与作品里，包含了极大的变动与不稳定性。这种不安定来自他的成长经验与生活状态——自幼缺乏母爱、职业的变动、迁居、变化绘画风格。城市与乡间的环境互动，构成他生活经验与绘画风格里最大的律动性。在海牙、安特卫普与巴黎时，种种现代社会变迁与阶层冲突往往会让他逃向他所向往的大自然乡间，如德伦特、努能、阿尔与奥维，只不过，每当事实证明他的理想终究成为一种幻想时，他又会再度逃向另一个相反的目标。也因为这种异于常人的变动性格，始造就他绘画生涯的多变性。

对于半路出家，甚至可以说是中年转业的梵高而言，他必须比一般人更辛勤、更用心地学习。绘画初始时，梵高习惯将整体画面空间填满，但受到印象派与点描法影响之后，他开始尝试以素描的有力线条结合颜料的生动色彩。尤其在巴黎时受到周遭后印象派画友与日本浮世绘的影响，这更对他在色彩的实验上产生莫大的帮助。到了阿尔时期，梵高已经能够充分掌握这种实验过程，他并不在形体比例的似与不似之间刻意下功夫，如照片一般精确或是像学院派一样讲究规范，绝非梵高所认同，他强调通过分析与研究主题对象，去表现内心感觉中的真实。

这种着重表达内心真实感受的表现手法，也在后世开创出表现主义的道路。表现主义体现了深刻的内省精神，创作者的内心体验是创作的主轴，作品的意义在于探索人类心理更为深邃的真实面，也因此，表现主义向来反对传统的景物写实拟真手法，重视内心的主观感受与内在世界的至上地位，力图呈现客观事物背后那种超越尘世的价值与情感。这样的思想观念，我们已经在梵高本人以及他的作品里强烈感受到了。

不只是绘画上的表达，认真读过梵高那些无所不谈的信件之后，我们会有一种深刻的印象：梵高不只是位画家，也是位伟大的思想者。绘画于他也是一种写作，是他用色彩书写出来的另一种文字，而纯文本的表达也证明他除了有极大的激情之外，更有理性深刻的思考理路。在艺术史上，梵高成功地在书写与绘画之间开出一条路，这是绝大多数的画家未能做到的。

成长过程中缺乏与异性相处的机会与经验，或许也因此，梵高无法理解与体谅异性的心态和立场。他往往用一种近似宗教的出发点看待别人，关怀群众、关怀弱势群体、欣赏辛劳勤苦的力量，却似乎未能学习到男女双方互相体谅与沟通的过程。他在爱情上的确太过主观，而这也恰好符合了他生命中的主观性，他总认为凭借自己的爱就能拥有一切，从不顾及在爱之外还必须考虑其他因素，尤其是虑及被爱者之所虑。尤琴妮、凯伊都被梵高突发性的求爱举止吓跑，而梵高对西恩的爱，与其说是单纯的男女情爱，倒不如归类为梵高对社会底层弱势的一种悲悯，是为了实现一种救赎。相对于尤琴妮、凯伊与西恩曾在文森特生命里留下许多遗憾与感伤，在努能时期遇到的玛歌，似乎没有激起文森特太大的热情，昙花一现的情愫也随着玛歌自杀而立即消逝。梵高曾谈及，一个人不可能没有爱情和女人而活着，生活中如果找不到这些深刻而真实的存在，人生将不值得眷恋。尽管在阿尔与圣雷米时的他，大多是独自生活着，但却也是他最能拥抱大自然、走出自我风格的时期。直到奥维最终一站，他又邂逅了玛格丽特，然而短暂的两个月间，这段仍在萌芽的恋情再度被命运无情割断。在最后的信件里，他仍恳切地与提奥讨论到婚姻的话题，爱情之于梵高，是那么地遥远难得，留给他的只是无尽的忧愁与惆怅。

除了绘画上的成就之外，梵高留给世人最大的启示有二。

首先，秉持无比坚毅的信念与命运对抗。现实生活尽管艰困，却激发他无穷的斗志与毅力，决心去走一条看不见未来的道路。换作是一般人，恐怕早就知难而退或半途而废了。而梵高的人生价值观里，无论是作为神职人员还是成为一个画家，都必须以极度的热情去追求真诚的爱与美。他坚定地踏上牺牲奉献的道路，勇敢面对自己的人生，创造出狂野旋动的笔触与活跃生动的色彩，全神贯注地将生命力布满整块画布，也因此，他的作品格外有个性。从梵高身上，我们看到一个刚强、坚忍的灵魂，通过神秘奥妙的《星夜》、鲜活明朗的《鸢尾花》、不断自我反省的《自画像》、鲜黄热情的《向日葵》、如火焰上窜的《丝柏树》……他的每一幅作品都有着来自心灵沸点的激发，与不羁的狂野生命力。尽管后来发病，文森特仍每天激励自己彻底脱离精神疾病的困扰。人生，不就是应该以积极向上的态度去面对一切吗？

三十七年的短暂人生，梵高丝毫不曾虚度。幼时接触宗教性灵生活，求学阶段学习多种语言，担任画商尽职推销画作，从事神职时努力带给人们救赎希望，成为画家后更坚持每日的习作、素描与阅读取材；十年绘画生涯尽管不长，但他留给后世的数千件作品，是大多数画家穷尽一生也无法比拟的。"他将自己寄托在绘画之上，绘画无异是他对自己动摇不定的精神唯一的控制手段。透过他的作品，他似乎在向世人呼吁：'请你们看看我的世界是多么美丽！别人要怎么讲，我不管，我最关心的只是人性善良友爱的一面而已。'要克服内心的不安，需有坚强的意志与精神力量，然而这种精神力量，只能由梵高自己一个人去追寻，去争取……"[289] 梵高这一生，是认真坚毅的无悔人生。

其次，梵高对人的体贴、对社会弱势群体的关怀、对自然万物的热爱。这是梵高留给人们最后的重要启示。曾走下矿坑的梵高，见识过人间最暗无天日的悲剧；在努能与海牙的街上他见证了劳动农民、纺织工与乞丐、妓女等社会底层的辛酸血汗。早期他传递神的福音，向深陷生活困顿的人们宣讲神的救赎，后来他更通过绘画，来提醒世界、反映现实，期望以艺术来洗净改造这个世界，这也是当人们站在梵高画作前常会不禁落泪的原因。梵高的画是直接从生命的本质喷发出来的力量，即使人们事先并不了解他的生平，只是直接面对他的画作，但从那些令人啧啧称奇的浓艳油彩与强韧线条里，都能够感受到不可思议的朴实真诚，梵高对艺术以及对这世界的热爱，也会触发人们去洞察作品背后富含深意的怜悯情感。

梵高为我们见证了整个时代，为受到压迫的弱势人群传达无言的心声与呼喊；他也揭示在困苦逆境或面临生命剧痛时，人仍旧有最顽强的坚持与渴望救赎的信念。提奥曾说过："他（梵高）是思想上的先锋，却在日常生活中迷茫而失去光彩。他有一颗善心，不断为他人着想，可是别人却从不愿去理解他。"[290] 尽管不被理解、不受尊重，但文森特·梵高始终深爱世人，如此民胞物与的心肠，使他在感受到家人沉重的生活负担时，选择了牺牲自我来换取他们的幸福。这样的做法容或受到争议，但不可否认梵高留下许多的爱，提奥、贝尔纳、唐基老爹，甚至是海伦·慕勒都永远尊敬他、永远爱他，也都把他留下来的爱继续传播到后世。

常有人慨叹梵高生不逢时，换个时空环境，或许梵高的一生就不会是个悲剧。也或许如果梵高不自杀，再沉寂个数十年，终究会等到功成名就的一天？然而历史，是不容许假设的。倘若如此，那样的梵高是否仍是梵高？对世人而言，艺术是一种超然的高尚生活，艺术家也需比一般人有更深邃、精致的观察体验，将生活里的平庸提升为艺术精华供人欣赏。然而我们却往往吝于给艺术家们多一些宽容体谅，似乎忘了他们也是常人，也有正常的物欲与需求。尽管今日大众如此欣赏梵高作品里的狂烈色彩与奔放的生命线条，但假设这么一位外形消瘦、身材佝偻、肮脏邋遢的艺术家生活在我们周遭，我们仍旧会这般狂热地仰慕他吗？我们需学会对艺术与艺术家们多一些的宽容与体贴，让整体的社会氛围既能够享受艺术为我们生活中带来的别致的感官体验，也能接受这些艺术家们私下不同的精神风貌。

梵高生时孤独寂寞，不被同情理解，他燃烧自己，努力向世人表达对人类群体及自然的热爱。今日，我们何其幸运，能通过梵高其人其画，领受他珍贵的人生体验。我们更应该把这份真挚感情传递下去，因为梵高穷尽一生所追求的，不外乎是传达对世间的悲悯与爱。

梵高，并非是个疯子，他是个勇敢正视自我人生的斗士！

注 释

序幕 1. 雨云译,《梵高书简全集》,台湾:艺术家出版社 2002 年版,第 389 页。Vincent Van Gogh, *The Complete Letters of Vincent Van Gogh*, Letters 463.

1. 亨德里克·威廉·房龙(Hendrik Willem van Loon),1882~1944。

2. 房龙著,朱子仪、肖立胜译,《林布兰时代1》,台湾:知书房出版 2001 年版,第 49~50 页。

3. 前引书,第 50 页。

4. 维梅尔(Jan Vermeer, 1632~1675),荷兰 17 世纪黄金时代的代表画家,著名作品有《戴珍珠耳环的少女》、《倒女奶的女仆》、《读信的女人》等。

5. 林布兰(Rembrandt van Rijn, 1606~1669),被公认为荷兰历史上最伟大的画家,他恍如戏剧般大起大落的人生经历,使他的艺术沉淀有味,富有层次。代表作有《夜巡》、《杜普教授的解剖课》、《纺织工会理事们》,及一系列充满感性与哲理的自画像。

6. 蒋勋,《破解梵高》,台湾:天下文化 2007 年版,第 26~27 页。

7. 关于这样的观点,学界最具代表性的即 19 世纪末德国社会经济学者马克斯·韦伯(Maximilian Karl Emil Weber, 1864~1920)于其名著《新教伦理与资本主义精神》中提出的理论。他认为"新教伦理"是一种新教经济伦理,以卡尔文教派发端的英国清教徒的禁欲宗教职业观为代表,一方面,新教强调消费的节制,另一方面,强调自愿劳动的重要性,鼓励人们不可虚度光阴,否则会浪费上帝赐予的宝贵时间。宗教改革后的新教改变了西方对于宗教生活的看法:鼓励教徒走入世俗,努力通过工作证明自己为上帝的选民。新教精神伴随着工业时代的兴起,构成了现代经济生活的雏形。韦伯的理论一百多年来影响广泛,也引发了社会学与经济学界许多的论战。可参看马克斯·韦伯著,于晓等译,《新教伦理与资本主义精神》,台湾:左岸文化 2008 年版。

8. 蒋勋,《破解梵高》,台湾:天下文化 2007 年版,第 33 页。

9. 肯·威尔基著,黄诗芬译,《梵高档案》,台湾:高谈文化 2005 年版。(简体版本为索析译,《我们有一样的孤独:梵高的爱和秘密》,光明日报出版社 2014 年版。)

10. 文森特曾在 1881 年 2 月给提奥的信中提到:"今天是 2 月 18 日,提斯蒂格先生以十法郎买下我的一张小素描,我拿那些钱打发掉这星期。"详见雨云译,《梵高书简全集》,台湾:艺术家 1997 年版,第 151 页。故有别于一般认为梵高生前仅于 1889 年卖出过一幅油画《红葡萄园》(The Red Vineyard);在那之前,他曾卖过零星的素描给提斯蒂格。

11. 肯·威尔基著,黄诗芬译,《梵高档案》,第 19 页。

12. 德里克·菲尔著，谢雅文等译，《燃烧的爱情：梵高的生死与爱恋》（*Van Gogh's Women*），台湾：联经2009年版，第35页。

13. 前引书，第36页。

14. 前引书，第37页。

15. 雨云译，《梵高书简全集》，1882年5月信件，台湾：艺术家1997年版，第193~194页。Vincent Van Gogh, *The Complete Letters of Vincent Van Gogh*, Letters 224.

16. 前引书，1882年7月信件，第199页。Vincent Van Gogh, *The Complete Letters of Vincent Van Gogh*, Letters 218.

17. 《梵高书简全集》，1877年5月信件，第96页。Vincent Van Gogh, *The Complete Letters of Vincent Van Gogh*, Letters 148 I.

18. Harriet Beecher Stowe, 1811~1896。

19. 埃米尔·佐拉（Émile Zola, 1840~1902），法国写实主义代表作家，与当时法国印象派多有交往，故作品中也颇多描述艺术家与中产阶级的生活场景。

20. 奥诺雷·德·巴尔扎克（Honoré de Balzac, 1799~1850），法国最伟大的小说家之一，写实主义文学的开山祖师，重要作品《人间喜剧》包含了91部小说，描写了社会各阶层人物的生活状态，是世界文学史上的一座丰碑，读者最为熟悉的是他的《高老头》（*Le Père Goriot*）。

21. 《梵高书简全集》，1882年7月信件，第199页。Vincent Van Gogh, *The Complete Letters of Vincent Van Gogh*, Letters 219.

22. 维克多－马里·雨果（Victor-Marie Hugo, 1802~1885），法国诗人、小说家、剧作家，浪漫主义文学领袖。代表作品有《悲惨世界》（*Les Misérables*）、《巴黎圣母院*》（*Notre-Dame de Paris*）。

23. 查尔斯·约翰·赫芬姆·狄更斯（Charles John Huffam Dickens, 1812~1870），英国19世纪最伟大的社会写实作家，作品一贯表现出揭露和批判社会的锋芒，贯彻惩恶扬善的人道主义精神，也塑造出许多令人难忘的人物形象。代表作品有《圣诞颂歌》（*A Christmas Carol*）、《大卫·科波菲尔》（*David Copperfield*）、《双城记》（*A Tale of Two Cities*）、《雾都孤儿》（*Oliver Twist*）等。

24. 伊基勒斯（Aeschylus，又译埃斯库罗斯，528~456 B.C.），古希腊悲剧诗人，曾参加马拉松之战与萨拉米斯海战，代表作品有《被缚的普罗米修斯》（*Prometheus Bound*）、《波斯人》（*The Persians*）等。据说他是被一只从天空掉下来的乌龟给砸死的。

25. 《梵高书简全集》，1877年5月信件，第100页。Vincent Van Gogh, *The Complete Letters of Vincent Van Gogh*, Letters 133 I.

26. 前引书，1883年2月信件，第237页。Vincent Van Gogh, *The Complete Letters of Vincent Van Gogh*, Letters 270.

27. 何政广，《疯狂的天才画家梵高》，台湾：艺术家 1996 年版，第 16 页。

28. 文森特与提奥长期通信，其间只中断了三次。第一次从 1874 年 8 月到 1875 年 2 月，这是文森特心情彷徨不安的转变时期。第二次从 1879 年 10 月到 1880 年 7 月，文森特因为弟弟的责备而停止写信。第三次是从 1886 年 3 月到 1888 年 2 月，这段日子文森特就住在弟弟巴黎家中。转引帕斯卡尔·博纳富，张南星译，《梵高——磨难中的热情》，台湾：时报文化 1994 年版，第 17 页。

29. 乔安娜·洁西娜·梵高-邦格著，林淑琴译，"追忆文森特·梵高"，载《梵高书简全集》，第 17 页。

30.《梵高书简全集》，1873 年 6 月信件，第 60 页。Vincent Van Gogh, *The Complete Letters of Vincent Van Gogh*, Letters 10.

31. 约翰·康斯塔伯（John Constable, 1776~1837），英国风景画家，代表作为《干草车》(The haywain)。

32. 威廉·泰纳（Joseph Mallord William Turner, 1775~1851），与康斯塔伯齐名的浪漫主义风景画家，着重大自然景物光线的呈现，对日后法国印象派有相当的启发。

33. 乔舒亚·雷诺兹爵士（Sir Joshua Reynolds, 1723~1792），是英国 18 世纪最伟大的肖像画家之一，创办了皇家艺术学院，并担任首任院长。

34. 托马斯·庚斯博罗（Thomas Gainsborough, 1727~1788），与雷诺兹并立于英国 18 世纪画坛，两人始终维持良性竞争的互动关系，擅长肖像画与风景画。

35. 让-法兰索瓦·米勒（Jean-François Millet, 1814~1875），法国巴比松派画家。以写实描绘农村生活而闻名，是法国最伟大的田园画家之一，代表作有《拾穗》(Des glaneuses)、《晚祷》(L'Angélus)。

36. 伊尔文·史东（Irving Stone）著，余光中译，《梵高传》(*Van Gogh: Lust for Life*)。先后分别由台湾重光文艺出版社、大地出版社、九歌出版社出版。

37. 参见《梵高档案》，第一章《爱在罗耶尔家》。

38.《燃烧的爱情：梵高的生死与爱恋》(*Van Gogh's Women*)，第 22 页。

39. 乔安娜·洁西娜·梵高-邦格，《追忆文森特·梵高》，载《梵高书简全集》，第 21 页。

40. 伊尔文·史东（Irving Stone）著，余光中译，《梵高传》，台湾：九歌出版社 2010 年版，第 69 页。

41. 何恭上，《梵高噢！梵高》，台湾：艺术图书公司 2000 年版，第 14 页。

42.《梵高书简全集》，1876 年 4 月信件，第 69 页。Vincent Van Gogh, *The Complete Letters of Vincent Van Gogh*, Letters 69.

43. 有些书籍将文森特首次的布道记为 1876 年 11 月 4 日，但查阅万年历得知，该年 11 月 5 日才是做礼拜的星期日。由于文森特在给提奥的信中谈及此，是用"上星期天"来叙述，故部分专书引述此段时，可能在日期的推断上产生了误差值。

44. 肯·威尔基著，黄诗芬译，《梵高档案》，第 67 页。

45. 《梵高书简全集》，1876 年 11 月信件，第 70 页。Vincent Van Gogh, *The Complete Letters of Vincent Van Gogh*, Letters 79.

46. 《梵高书简全集》，1877 年 5 月信件，第 79~80 页。Vincent Van Gogh, *The Complete Letters of Vincent Van Gogh*, Letters 102.

47. 有些书籍写必须念三年，但考察文森特于 1878 年 8 月来此受训，12 月便被派往比利时传教，而且由提奥遗孀乔安娜日后撰写的《追忆文森特·梵高》一文当中也提到三个月，因此在这里我们倾向三个月才是正确的时间。

48. 《梵高书简全集》，1877 年 12 月信件，第 91 页。Vincent Van Gogh, *The Complete Letters of Vincent Van Gogh*, Letters 126.

49. 前引书，第 91~92 页。Vincent Van Gogh, *The Complete Letters of Vincent Van Gogh*, Letters 127.

50. 前引书，第 95 页。Vincent Van Gogh, *The Complete Letters of Vincent Van Gogh*, Letters 186.

51. 肯·威基（Ken Wilkie），《梵高档案》，第 84~86 页。

52. 《梵高书简全集》，1879 年 7 月信件，第 102 页。Vincent Van Gogh, *The Complete Letters of Vincent Van Gogh*, Letters 133I.

53. 转引自布莱德利·柯林斯（Bradley Collins）著，陈慧娟译，《梵高与高更：电流般的争执与乌托邦梦想》，台湾：麦田，2009 年版，第 16 页。

54. 《梵高书简全集》，1880 年 8 月信件，第 115 页。Vincent Van Gogh, *The Complete Letters of Vincent Van Gogh*, Letters 138I.

55. 《梵高书信全集》，第 119~120 页。Vincent Van Gogh, *The Complete Letters of Vincent Van Gogh*, Letters 142.

56. 全名为 Cornelia Adriana Vos-Stricker, 1846~1918。

57. 《梵高书信全集》，1882 年 5 月信件，第 172 页。Vincent Van Gogh, *The Complete Letters of Vincent Van Gogh*, Letters 197.

58. 转引自《燃烧的爱情：梵高的生死与爱恋》，第 32 页。

59. 《梵高书信全集》，1881 年 10 月信件，第 124 页。Vincent Van Gogh, *The Complete Letters of*

Vincent Van Gogh, Letters 154.

60. 参见《梵高与高更：电流般的争执与乌托邦梦想》，第 20~21 页。

61.《梵高书信全集》，1881 年 10 月信件，第 124 页。Vincent Van Gogh, *The Complete Letters of Vincent Van Gogh*, Letters 153.

62. 前引书，第 128 页。Vincent Van Gogh, *The Complete Letters of Vincent Van Gogh*, Letters 155.

63. 乔安娜·洁西娜·梵高－邦格著，林淑琴译，"追忆文森特·梵高"，载《梵高书简全集》，第 30 页。

64. 安东·莫夫（Anton Mauve, 1838~1888），荷兰风景及动物画家，海牙画派的成员。

65. 15、16 世纪，尼德兰地区最兴盛的画派，擅长将神圣的内容融于现实世界中，着力描绘现实生活和现世人生的丰富多彩，也是最早使用油画来呈现西方艺术的画派。代表人物有杨·凡·艾克（Jan van Eyck, 1385~1441）、鲁本斯（Peter Paul Rubens, 1577~1640）。

66.《梵高与高更：电流般的争执与乌托邦梦想》，第 23~24 页。

67.《燃烧的爱情：梵高的生死与爱恋》，第 64 页。

68.《梵高书信全集》，1881 年 12 月信件，第 143~147 页。Vincent Van Gogh, *The Complete Letters of Vincent Van Gogh*, Letters 164.

69.《梵高书信全集》，1882 年 5 月信件，第 172 页。Vincent Van Gogh, *The Complete Letters of Vincent Van Gogh*, Letters 197.

70. 同前注。很遗憾的是，我们都知道文森特最后仍旧选择了轻生这条路。1882 年此刻的文森特的确是反对为爱轻生，至于八年后的他为何终究选择以这样的方式了结人生，背后的真相恐怕不能只囿于他的精神疾病区区一个原因，详情容后我们再探讨。

71.《梵高书信全集》，1882 年 5 月信件，第 173~174 页。Vincent Van Gogh, *The Complete Letters of Vincent Van Gogh*, Letters 201.

72. 前引书，第 177 页。Vincent Van Gogh, *The Complete Letters of Vincent Van Gogh*, Letters 204.

73. 前引书，第 174 页。Vincent Van Gogh, *The Complete Letters of Vincent Van Gogh*, Letters 201.

74. 前引书，第 175 页。Vincent Van Gogh, *The Complete Letters of Vincent Van Gogh*, Letters 201.

75. 前引书，第 183 页。Vincent Van Gogh, *The Complete Letters of Vincent Van Gogh*, Letters 205.

76. 乔安娜·洁西娜·梵高－邦格著，林淑琴译，"追忆文森特·梵高"，载《梵高书简全集》，第 30~31 页。

77. 前引书，第 31 页。

78. 转引自帕斯卡尔·博纳富著，张南星译，《梵高：磨难中的热情》，台湾：时报文化出版，第 63 页。

79. 参阅肯·威尔基著，黄诗芬译，《梵高档案》第 11 章《小威伦》，台湾：高谈文化。

80. 《梵高书信全集》，1882 年 7 月信件，第 194 页。Vincent Van Gogh, *The Complete Letters of Vincent Van Gogh*, Letters 224.

81. 《梵高书信全集》，1883 年 9 月信件，第 273 页。Vincent Van Gogh, *The Complete Letters of Vincent Van Gogh*, Letters 324.

82. 前引书，1883 年 10 月信件，第 286~287 页。Vincent Van Gogh, *The Complete Letters of Vincent Van Gogh*, Letters 339.

83. 丘彦明，《踏寻梵高的足迹》，台湾：艺术家 2009 年版，第 45 页。

84. 《梵高书信全集》，1883 年 12 月信件，第 295 页。Vincent Van Gogh, *The Complete Letters of Vincent Van Gogh*, Letters 344.

85. 《梵高与高更：电流般的争执与乌托邦梦想》，第 33 页。

86. 乔安娜·洁西娜·梵高-邦格著，林淑琴译，"追忆文森特·梵高"，载《梵高书简全集》，第 35 页。

87. 《梵高书信全集》，1884 年 1 月信件，第 302~303 页。Vincent Van Gogh, *The Complete Letters of Vincent Van Gogh*, Letters 346.

88. 前引书，第 303 页。Vincent Van Gogh, *The Complete Letters of Vincent Van Gogh*, Letters 346.

89. 前引书，第 304 页。Vincent Van Gogh, *The Complete Letters of Vincent Van Gogh*, Letters 347.

90. 《燃烧的爱情：梵高的生死与爱恋》，第 90 页。

91. 番木鳖碱（Strychnine），又称马钱子碱，是一种白色、无气味、味苦的结晶粉末，可口服、吸入或混入溶液、直接从静脉注射。少量番木鳖碱即可导致严重的健康问题，甚至死亡；如果吸入、饮用及摄入被番木鳖碱污染的空气、水及食品，就会接触到番木鳖碱。其一般用来毒杀老鼠等啮齿类动物，对人类亦有剧毒（成人的致死量约为 5 毫克／千克体重）。番木鳖碱由马钱子（Strychnos nux-vomica L.）提炼得来。马钱子为马钱科木质大藤本常绿乔木植物马钱或云南马钱的成熟种子。生长于海拔 600 米以下的较炎热的半山坡凹地，山谷湿处或杂木林，树丛中。前者主产于印度、越南、缅甸、泰国、斯里兰卡等地；后者主产于中国云南、广东、海南等地。宋太祖赐死李后主用的牵机毒药可能就是番木鳖碱。转引自台湾"科技部"高瞻自然科学教学资源平台，http://highscope.ch.ntu.edu.tw/wordpress/?p=18642，2014 年 9 月 9 日。

92.《梵高书信全集》，1884 年，第 312~313 页。Vincent Van Gogh, *The Complete Letters of Vincent Van Gogh*, Letters 375.

93. 乔安娜·洁西娜·梵高-邦格著，林淑琴译，"追忆文森特·梵高"，载《梵高书简全集》，第 36 页。

94.《梵高书信全集》，1884 年信件，第 310 页。Vincent Van Gogh, *The Complete Letters of Vincent Van Gogh*, Letters 372.

95. 美国小说家克里斯托夫·摩尔甚至利用蓝色对文森特的吸引力，创作了《神圣蓝色》（台湾：时报出版社 2014 年版）这样的悬疑艺术史小说。自古以来，颜料中的蓝色，亦为群青色，便是用珍贵的青金石磨制而成。青金石产于阿富汗偏僻的山区中，工匠采集后需以青铜制的研磨钵与研磨棒，将青金石磨碎成粉末状，之后筛选磨碎的蓝灰色粉末，融入松脂、乳香树树脂与蜂蜡混合物中，在接下来的三个星期里，这混合物还要经过碱水清洗、过滤与干燥的过程，直到最后只剩下纯粹的粉末状群青色，颜料工匠才能将这得来不易的美丽群青色素卖给艺术创作者。

96.《梵高书信全集》，1885 年 1 月信件，第 322 页。Vincent Van Gogh, *The Complete Letters of Vincent Van Gogh*, Letters 396.

97. 布勒哲尔（Pieter Bruegel de Oude，约 1525~1569），16 世纪比利时杰出的农民画家，画风朴实自然，诙谐有趣，对之后的写实主义产生了深刻的影响。

98. 库尔贝（Gustave Courbet, 1819~1877），库尔贝的画作摆脱了古典的准则，是个不纯为艺术而是为赢得思想自由而作画的人。

99. 库斯穆勒美术馆，《燃烧的灵魂：梵高》（*Van Gogh's Drawings and Paintings*），台湾：历史博物馆 2009 年版，第 161 页。此为 1885 年 6 月文森书信的内容。

100. 乔安娜·洁西娜·梵高-邦格著，林淑琴译，"追忆文森特·梵高"，载《梵高书简全集》，第 37 页。

101.《梵高书信全集》，1885 年 4 月信件，第 326~329 页。Vincent Van Gogh, *The Complete Letters of VincenVan Gogh*, Letters 408.

102.《燃烧的爱情：梵高的生死与爱恋》，第 98 页。

103. 前引书，第 99 页。

104. 维拉斯盖兹（Diego Rodríguez de Silva y Velázquez, 1599~1660），巴洛克时期西班牙著名的宫廷画家，擅长人物肖像画。代表作有《宫女》（Las Meninas）、《对镜梳妆的维纳斯》（The Toilet of Venus）等。

105. 方秀云，《拥抱文森特·梵高》，台湾：唐山 2009 年版，第 47~48 页。

106. 蒋勋，《破解梵高》，第 52 页

107. 提奥对文森特的经济支持与精神上的期许极为难得，他在这段时间曾在给妹妹的信中表示："文森特是尝尽人生酸甜苦辣，从世界隐退下来的人，现在我们必须等着看他是否有天分。我想他是有的……如果他的作品成功了，他就会成为一个伟人。世俗的成就，在他就像海耶达尔（挪威的画家，当时住在巴黎）一样；为少数人所欣赏而不为大众所了解。那些心仪内华外敛的艺术家的人都会尊敬他，依我看来，那也足够向憎恶他的人还以颜色了。"（乔安娜·洁西娜·梵高-邦格著，林淑琴译，"追忆文森特·梵高"，载《梵高书简全集》，第 38 页。）提奥考虑到兄长既然无法继续静待努能，但又对他有所期待，遂欣然为其报名了安特卫普的艺术学院。

108. 肯·威尔基，《梵高档案》，第 24~26 页。

109. 彼得·保罗·鲁本斯（Peter Paul Rubens, 1577~1640），是 17 世纪巴洛克时期法兰德斯派画家。他擅长神话、历史、宗教及风俗画，同时也精于肖像画及风景画。在世的时候享有极高的声望，并受到欧洲各国王公贵族所礼遇。代表作品有《玛莉抵达马赛》（Marie Arriving at Marseilles）、《劫夺留奇波斯的女儿》（Rape of the Daughter of Leucippus）等。

110. 《梵高书信全集》，1885 年 11 月信件，第 357 页。Vincent Van Gogh, *The Complete Letters of Vincent Van Gogh*, Letters 439。

111. 在巴黎时期，梵高与画家朋友贝尔纳曾一起合照，但照片中的文森特却是坐着背对镜头的。而今尚有一张据传是梵高 33 岁左右摄于巴黎时期的半身像，此张照片是维克多·莫林工作室所拍摄，但由于照片本身未曾标明影中人之身份，是故仍有些研究者认为这只是当时一个外貌长得颇像梵高的男子。

112. 《梵高书信全集》，1885 年 12 月信件，第 359~362 页。Vincent Van Gogh, *The Complete Letters of Vincent Van Gogh*, Letters 441, 442。

113. 参见肯·威尔基，《梵高档案》，第九章《两兄弟与医生》。

114. 转引自方秀云，《拥抱文森特·梵高》，第 65~66 页。

115. 爱德华·马奈（Édouard Manet, 1832~1883），法国写实派画家，印象派之父。

116. 提齐安诺·维伽略（Tiziano Vecellio, 约 1490~1576 年），一般俗称提香（Titian），是意大利文艺复兴后期威尼斯画派的代表画家。其作品构图严谨，色彩丰富、鲜艳，代表作有《圣母升天》（Assumption of the Virgin）、《乌尔比诺的维纳斯》（Venus of Urbino）。

117. 卡米耶·毕沙罗（Camille Pissarro, 1830~1903），是一位个性温和，重视友情的印象派画家，擅长风景画，晚期有许多点彩画法的佳作。

118. 克劳德·莫奈（Claude Monet, 1840~1926），印象派创始者与主将。印象派的理论和实践大多由他推广。莫奈擅长光与影的表现技法，他用许多相同主题的画作来实验色彩与光完美的表达。代表作有《印象·日出》（Impression, soleil levant）与多幅睡莲主题风景画。

119. 皮耶·奥古斯特·雷诺阿（Pierre-Auguste Renoir, 1841~1919），印象派主将，擅长描绘女性人体。代表作有《煎饼磨坊的舞会》（Le Bal au Moulin de la Galette）、《船上的午宴》（Le déjeuner

des canotiers）等。

120. 阿尔弗雷德·西斯里（Alfred Sisley, 1839~1899），印象派主将，擅长风景画。代表作有《马利港的洪水》（The Flooding in Port Marly）、《驳船》（Barges）等。

121. 弗雷德里克·巴齐耶（Jean Frédéric Bazille, 1841~1870），与莫奈、雷诺阿和西斯里共同组成了"四好友集团"，经常走出画室到大自然中去写生。由于他的家境较为优渥，因此，常帮助莫奈等人解决生活支出的问题，可惜没能等到印象派成名，他在1870年的普法战争中阵亡。

122. 爱德加·窦加（Edgar Degas, 1834~1917），尽管被归类为印象派，但其画作也有写实主义与浪漫主义风格，擅长人物画，尤以芭蕾女伶系列画作闻名。

123. 保罗·塞尚（Paul Cézanne, 1839~1906），一般被归为后印象派画家。其风格在印象派与立体主义之间，开启了20世纪现代艺术的道路，被称为"现代艺术之父"。

124. 贝尔特·莫里索（Berthe Morisot, 1841~1895），印象派中的女画家，擅长人物绘画。

125. 约翰·康斯塔伯（John Constable, 1776~1837），19世纪英国风景画大师，擅长田园风景画，代表作有《干草车》（The haywain）。

126. 约瑟夫·玛罗德·威廉·透纳（Joseph Mallord William Turner, 1775~1851），英国浪漫派风景画家。他擅长表现紧促地色调和瞬息万变的光影，对后来的印象派画家有很大的影响。2005年，由BBC发起的公众投票中，他的《被拖去解体的无畏号战舰》（The Fighting Téméraire Tugged to Her Last Berth to be Broken）被选为英国最伟大的画作。

127. 纳达尔（Felix Nadar, 1820~1910），19世纪法国著名的摄影家、记者、热气球驾驶员。他执掌过的镜头拍摄过当时代欧洲许多享有盛名的人物，如克里蒙梭（Georges Clemenceau）、大仲马（Alexandre Dumas Nadar）、李斯特（Franz Liszt）、乔治桑（George Sand）、波特莱尔（Charles Baudelaire）、德拉克洛瓦（Eugéne Delacroix）等人，所以印象派的第一届展览之所以会选择在他的工作室来办展，或许正是藉由他的名气而有加分作用。

128. 据统计，在8次联展中有参加过5次以上者，为毕沙罗（8次）、窦加（7次）、莫里索（7次）、雷诺阿（7次）、季约曼（6次）、高更（5次）、莫奈（5次）、塞尚（2次）。另外在参加活动的前后时期，活跃人物也大不相同。例如，修拉（Georges-Pierre Seurat, 1859~1891）、席涅克（Paul Signac, 1863~1935）等人只参过第8次。莫奈、雷诺阿等人是活跃在前期，高更是活跃在后期。资料转引自刘振源，《印象派会画》，台湾：艺术图书公司2005年版，第50~51页。

129. 语出曹丕，《典论·论文》。

130. 修拉（Georges-Pierre Seurat, 1859~1891），新印象派画家，擅长以"点描法"作画。

131. 转引自《梵高与高更：电流般的争执与乌托邦梦想》，第71页。

132. 蒙提且利（Adolphe Joseph Thomas Monticelli, 1824~1886），被视为是印象派先驱者的法国画家，擅长以厚重颜料涂抹的技巧。

133. 苦艾酒（Absinthe），是一种高酒精度数的饮料，饮用前通常使用水进行稀释。在 19 世纪是最廉价的酒，因其加入苦艾以掩盖气味不佳，20 世纪初因为发现有毒会导致失明或精神失常而遭禁，到了世纪末才逐渐解禁。

134.《燃烧的爱情：梵高的生死与爱恋》，第 106 页。

135. 参看微博：邱建一 // 鲨鱼的第一千种死法，http://amenra0131.pixnet.net/blog/post/3207427-%E8%97%9D%E8%A1%93%E8%A9%95%E8%AB%96_%E5%94%B1%E8%A1%B0%E6%A2%B5%E8%B0%B7%EF%BC%88%E5%9D%9F%EF%BC%89_%E9%84%89%E4%B8%8B%E4%BA%BA%E7%9A%84%E7%BF%92%E4%BD%9C%E8%80%8C%E5%B7%B2，访问时间：2014 年 9 月 15 日。

136. 亨利·马谛斯（Henri Matisse, 1869~1954）是野兽派的创始人及主要代表人物，代表作有《红色的和谐》（The Dessert: Harmony in Red）等。

137. 徐悲鸿（1895~1953），原名徐寿康，江苏宜兴人。中国现代画家、美术教育家。擅长油画、中国画，代表作有《九方皋》、《愚公移山》、《奔马图》等。

138. 林风眠（1900~1991），原名林凤鸣，广东梅县人，中国近现代美术的启蒙者之一。代表作有《宫女与花瓶图》。

139. 毕加索（Pablo Ruiz Picasso, 1881~1973）、莫迪里亚尼（Amedeo Modigliani, 1884~1920）等贫困艺术家在 20 世纪初年，曾寄居在浣衣舫。

140. 让 - 巴蒂斯·卡米耶·科罗（Jean-Baptiste Camille Corot, 1796~1875），法国著名巴比松画家，擅长风景画，画风自然朴素，充满迷蒙的空间感。

141. 转引自《燃烧的爱情：梵高的生死与爱恋》，第 114 页。

142. 参见 Ken Wilkie 肯·威基，《梵高档案》，第 127 页。

143. 转引自《燃烧的爱情：梵高的生死与爱恋》，第 115 页。

144. 前引书，第 120 页。

145. 奥古斯特·罗丹（Auguste Rodin, 1840~1917），法国雕塑家，代表作品有《沉思者》（The Thinker）、《青铜时代》（L'age d'airain）等。

146. 阿希尔·克劳德·德布西（Achille-Claude Debussy, 1862~1918），法国作曲家，代表作有《牧神午后前奏曲》（Prelude a l'apres-midi d'un faune）、《快乐岛》（L'isle Joyeuse）等。

147. 日本嘉永六年（1853 年），美国海军准将培里（Matthew Calbraith Perry, 1794~1858）率领舰队驶入江户湾浦贺海面事件。培里带着美国总统菲尔莫尔（Millard Fillmore, 1800~1874）的国书向江户幕府致意，最后双方于次年（1854 年）签定《神奈川条约》(《日美和亲条约》)，日本被迫开放下田与箱馆（今函馆）两港口与美国通商。

148. 蒋勋,《破解梵高》, 第 66 页。

149. 参见伊尔文·史东,《梵高传》, 第 464~465 页。

150.《梵高书信全集》, 1888 年 2 月, 第 390 页。Vincent Van Gogh, *The Complete Letters of Vincent Van Gogh*, Letters 467.

151. 所谓的密斯托拉风 (mistral), 其形成原因是, 冬季时, 大西洋上的亚速高压和欧陆的温带气旋两者互相牵引, 使得法国一带有股从北往南的冷冽空气吹送。其最明显的位置便是法国东部的隆河谷地, 隆河谷地的地势是北高南低, 因此, 形成类似落山风的下坡风, 再加上狭窄谷地所产生的山谷效应, 风速强而冷, 常造成寒害, 也因为此风干燥强大, 使得隆河谷地中气候较不稳定, 因而当地农人混种多种葡萄, 使得此处葡萄收成后所酿的酒也较其他区域来的特别。参见的地理·教育网站, http://geog-education.blogspot.tw/2010/12/blog-post_28.html (2014 年 9 月 18 日)。

152. 转引自《拥抱文森特·梵高》, 第 137~138 页。

153.《梵高书信全集》, 1888 年 2 月, 第 390~391 页。Vincent Van Gogh, *The Complete Letters of Vincent Van Gogh*, Letters 467.

154. 转引自何恭上主编,《梵高噢! 梵高》, 台湾: 艺术图书公司 2000 年版, 第 106 页。

155.《梵高书信全集》, 1888 年 2 月, 第 391 页。Vincent Van Gogh, *The Complete Letters of Vincent Van Gogh*, Letters 468.

156. 同前注。

157. 梵高著, 周凌译,《亲爱的贝尔纳》, 金城出版社 2012 年版, 第 3 页。

158.《梵高书信全集》, 第 395 页。Vincent Van Gogh, *The Complete Letters of Vincent Van Gogh*, Letters 471.

159. 转引自《燃烧的爱情: 梵高的生死与爱恋》, 第 142 页。

160.《梵高书信全集》, 1888 年 2 月, 第 390 页。Vincent Van Gogh, *The Complete Letters of Vincent Van Gogh*, Letters 465.

161. 前引书, 1888 年 10 月, 第 439 页。Vincent Van Gogh, *The Complete Letters of Vincent Van Gogh*, Letters 537.

162. 文森特·梵高著, 平野译,《亲爱的提奥》, 南海出版公司 2014 年版, 第 335 页。

163. 前引书, 1888 年 6 月, 第 411 页。Vincent Van Gogh, *The Complete Letters of Vincent Van Gogh*, Letters 499.

164. 前引书, 1888 年 6 月, 第 415 页。Vincent Van Gogh, *The Complete Letters of Vincent Van Gogh*, Letters 502.

165. 前引书，1888 年 9 月，第 436 页。Vincent Van Gogh, *The Complete Letters of Vincent Van Gogh*, Letters 534.

166. 皮耶·罗蒂（Pierre Loti, 1850~1923），法国小说家。曾加入法国海军而随船游历各国，日后以异国游历之所闻创作小说。《菊花夫人》也成为剧作家普契尼（Puccini）创作《蝴蝶夫人》(Madama Butterfly) 的基本原形。

167. 埃米尔·柏诺夫（Émile-Louis Burnouf, 1821~1907），法语文学家、民族学家。

168. 布莱德利，《梵高与高更：电流般的争执与乌托邦梦想》，第 114 页。

169. 转引自《燃烧的爱情：梵高的生死与爱恋》，第 161 页。

170. 转引自布莱德利，《梵高与高更：电流般的争执与乌托邦梦想》，第 106 页。

171. 《梵高书信全集》，1888 年 9 月，第 436 页。Vincent Van Gogh, *The Complete Letters of Vincent Van Gogh*, Letters 537.

172. 参见布莱德利，《梵高与高更：电流般的争执与乌托邦梦想》，第 104 页。

173. 小林英树著，刘涤昭、康平译，《梵高的遗言》，台湾：先觉出版社 2002 年版，第 140 页。

174. 转引自盖福特著，张洁倩译，《梵高与高更：在阿尔勒的盛放与凋零》，上海交通大学出版社 2013 年版，第 14 页。

175. 查理大帝（Charlemagne, 742~814），法兰克王国加洛林王朝国王，神圣罗马帝国的奠基者。台版传统翻译中，"查理曼大帝"为错误翻译法，因 magne 本身便等同于英文的 "the Great"，已含有 "大帝" 的意思。

176. 11 世纪发源于法兰西的史诗《罗兰之歌》(The Song of Roland)，内容叙述查理大帝麾下以罗兰为首的十二位圣骑士（paladins of Charlemagne），与异教徒英勇作战，最后光荣战死。这是一部中世纪歌颂骑士精神的重要史诗。

177. 乔治·比才（Georges Bizet, 1838~1875），法国浪漫主义作曲家。著名的作品包括歌剧《卡门》、戏剧配乐《阿莱城的姑娘》等。

178. 阿尔丰斯·都德（Alphonse Daudet, 1840~1897），法国写实主义小说家，擅长于短篇小说，代表作有《最后一课》、《柏林之围》。

179. 转引方秀云，《拥抱文森特·梵高》，第 53 页。

180. 《梵高书信全集》，1878 年 2 月，第 83~84 页。Vincent Van Gogh, *The Complete Letters of Vincent Van Gogh*, Letters 118.

181. 参见布莱德利·柯林斯，《梵高与高更：电流般的争执与乌托邦梦想》，第 200~203 页。

182. 转引自《梵高与高更：电流般的争执与乌托邦梦想》，第 176 页。

183. 转引自《梵高与高更：在阿尔勒的盛放与凋零》，第 230 页。

184. 奥诺雷·杜米埃（Honoré Daumier, 1808~1879），法国著名写实主义画家、讽刺漫画家和版画家。常在报章杂志中，以插画形式攻击政府的腐败和社会体制的不健全，曾因此而遭拘役。

185. 杜比尼（Charles-FranÇois Daubigny, 1817~1878），法国巴比松画派画家。

186. 齐埃姆（Félix Ziem, 1821~1911），法国巴比松画派画家。

187. 艾蒂安尼·皮耶尔·泰奥多尔·卢梭（Étienne Pierre Théodore Rousseau, 1812~1867），法国巴比松画派的风景画家。有些研究者（如布莱德利·柯林斯）将此处的卢梭认为是后印象派画家亨利·卢梭（Henri Rousseau, 1844~1910），但我并不赞同此观点。后印象派卢梭向来以原始、纯真的风格著称，相比之下会颇得高更欣赏。原文中，文森特在前两位欣赏的画家杜比尼与齐埃姆皆为巴比松画派中著名的风景画家，加上文森特格外仰慕的米勒，可知巴比松对于景物题材、采光的运用皆为文森特所喜爱，因此在这里，我认定该处卢梭应是特指巴比松画派之卢梭。

188. 让·奥古斯特·多米尼克·安格尔（Jean Auguste Dominique Ingres, 1780~1867），是法国新古典主义画派的最后一位领导者，他和对立的浪漫主义画派大师德拉克洛瓦之间的风格对抗深深影响了整个法国画坛。安格尔画风线条工整，轮廓清晰，构图严谨，对后来许多画家如窦加、雷诺阿皆有影响。

189. 拉斐尔·圣齐奥（Raffaello Sanzio, 1483~1520），文艺复兴时期意大利画家、建筑师。与列奥纳多·达·芬奇（Leonardo da Vinci）和米开朗基罗（Michelangelo）合称"文艺复兴艺术三杰"。拉斐尔风格以"秀美"著称，画作中的人物清秀，场景祥和。代表作有《雅典学派》（The School of Athens）、《西斯汀圣母》（The Sistine Madonna）。

190. 转引自《梵高与高更：电流般的争执与乌托邦梦想》，第 187 页。

191. 乔托·迪·邦多纳（Giotto di Bondone, 约 1267~1337 年），文艺复兴时期意大利画家与建筑师，乔托是中世纪后首位企图画出有透视感和深度空间的画家，被后世誉为"西方绘画之父"。

192. 波特（Paul Potter, 1625~1654），荷兰著名的动物画家。

193. 桑德罗·波提切利（Sandro Botticelli, 1445~1510），文艺复兴早期意大利画家，代表作有《维纳斯的诞生》（La nascita di Venere）、《春》（Primavera）。

194. 《梵高书信全集》，1888 年 12 月，第 455 页。Vincent Van Gogh, *The Complete Letters of Vincent Van Gogh*, Letters 564.

195. 《燃烧的爱情：梵高的生死与爱恋》，第 175 页。

196. 转引自《梵高与高更：电流般的争执与乌托邦梦想》，第 176~177 页。

197. 《梵高传——生之欲》（Lust for Life）是一部 1956 年出品的好莱坞传记电影，由 文森特·明尼里执导，老牌影星寇克·道格拉斯（Kirk Douglas，饰梵高）及安东尼·昆（Anthony Quinn，饰高更）主演。电影改编自伊尔文·史东（Irving Stone）写于 1934 年的同名小说。该片曾入围数项奥斯卡金像奖，包括最佳男主角奖、最佳美术指导奖及最佳改编剧本奖，而最后由饰演高更的安东尼·昆在当届颁奖礼上赢得最佳男配角奖。

198. 转引自《梵高与高更：电流般的争执与乌托邦梦想》，第 193 页。

199. 转引自《梵高与高更：在阿尔勒的盛放与凋零》，第 260 页。

200. 关于文森特·梵高的自残行为，学者曾分析出不下十种的解释原因，参见 William McKinley Runyan, *Life Histories and Psychobiography: Explorations in Theory and Method* (New York, 1982)。

201. 转引自《梵高与高更：电流般的争执与乌托邦梦想》，第 195 页。

202. 在伊尔文·史东的《梵高传》中，曾有段虚构但非常贴切的医生对文森特的告诫，引用如下供读者朋友们参考：" '你是个十分神经质的人，文森特，'雷大夫曾经告诉过他。'你就从来没有正常过。可是话说回来，从来没有一个艺术家是正常的；否则，他就不成其为艺术家了。正常的人是不会创造艺术作品的。他们吃饭、睡觉，照规矩做事，直到死亡。你对于生命和自然具有高度的敏感；所以你才能为别人解释自然。可是如果你不当心的话，这种过度的敏感便会引你走向毁灭。这种压力迟早要摧毁每一位艺术家。'文森特明白，要达到笼罩着他那些阿尔作品的激扬的黄色情调，他必须坐立不安，必须紧张，必须激动得颤抖，敏感得纵情，神经给锉得毛躁躁的。如果他容许自己陷入那种境界，他就能重新画得像以前那样光彩动人，然而这条路却引向毁灭。"（伊尔文·史东，《梵高传》，第 529~530 页。）

203. 转引自《梵高与高更：在阿尔勒的盛放与凋零》，第 276 页。

204. 另有一说为雷伊医师的母亲对此画不屑一顾，竟把它拿去堵塞鸡舍铁丝网的破洞。参见帕斯卡尔·博纳富著、张南星译，《梵高磨难中的热情》，台湾：时报出版 1994 年版，第 103 页。

205. 转引自《梵高与高更：在阿尔勒的盛放与凋零》，第 278 页。

206. 文森特在 1889 年 4 月份中的信件提及此事，他认为联署的人数有 80 人，应为想象中的夸大。

207. 《梵高书信全集》，1889 年 4 月，第 466 页。Vincent Van Gogh, *The Complete Letters of Vincent Van Gogh*, Letters 582.

208. 前引书，第 467 页。Vincent Van Gogh, *The Complete Letters of Vincent Van Gogh*, Letters 582.

209. 转引自《燃烧的爱情：梵高的生死与爱恋》，第 201~204 页。

210. 转引自《梵高与高更：在阿尔勒的盛放与凋零》，第 282 页。

211. 参见滕宣德、李宪彦，"梵高的悲剧——梅尼尔氏病"，载《当代医学》，1995 年第 22 卷第 1 期，第 26~28 页。

212.Blumer D., "The illness of Vencent van Gogh", *Amj J. Psychiatry*, 2002, 159, 519~526.

213.参见陈金柱、郭宗正、郭国铨,"文森特·梵高之精神疾病探讨",载《台湾医界》2003年5月第46卷第5期,第26~28页。

214.《梵高书信全集》,1889年9月,第486页。Vincent Van Gogh, *The Complete Letters of Vincent Van Gogh*, Letters 605.

215.转引自《燃烧的爱情:梵高的生死与爱恋》,第215~216页。

216.转引自《燃烧的爱情:梵高的生死与爱恋》,第221页。

217.这幅画作极有可能是梵高在圣雷米时期的最后一幅油画,法国天文学界曾宣布在1890年4月20日,新月的隔天,晚上的7点至8点20分之间,当时月亮、金星与水星三颗星体将清楚可见排成一列5度的弧形,梵高相当精确地描绘此星相,只是排列顺序颠倒过来。画中的丝柏、旅人、星月皆以成对形式辉映着,右后方的小旅店是传统荷兰民居样式,梵高一再透过这些成双的景物与家乡房屋风格,显示内心的孤独与思乡之情。

218.转引自何恭上,《梵高噢!梵高》,第177页。

219.同前注。

220.尤里乌斯·迈耶格雷夫著,张春颖译,《文森特·梵高的一生》,北京大学出版社2010年版,第198页。

221.转引自《梵高与高更:在阿尔勒的盛放与凋零》,第285页。

222.何恭上,《梵高噢!梵高》,第176页。

223.参考黄崇铁,"试论梵高之自画像",载《台湾历史博物馆馆刊》2010年2月第199期,第59页。

224.《梵高书信全集》,1889年8月中旬,第482页。Vincent Van Gogh, *The Complete Letters of Vincent Van Gogh*, Letters 602.

225.前引书,1890年4月初,第497页。Vincent Van Gogh, *The Complete Letters of Vincent Van Gogh*, Letters 628.

226.赵雅博认为创作是在意识清醒之下完成的:"他们的疯狂,都是间歇性的,他们也都在病症间歇的时候,才从事他们的创作,在创作中我们可以看到他们疯狂的病迹,但疯狂却不是创作的主因。……好比人们在不停息地说,梵高的天才,是一半作成于疯狂的。其实不然,对于他,我们最好是说,他的作品,至少在他晚期阶段,是出奇的均衡。"参见赵雅博,《中外艺术创作心理学》,台湾:文物无应社1983年版,第212~213页。

227.Victoria Soto Caba著,夏婷婷等译,《梵高》,台湾:明天国际出版2012年版,第189页。

228. 转引自《燃烧的爱情：梵高的生死与爱恋》，第 244 页。

229. 乔安娜·洁西娜·梵高－邦格著，林淑琴译，"追忆文森特·梵高"，载《梵高书简全集》，第 54 页。

230. 夏梵尼（Pierre Puvis de Chavannes, 1824~1898），法国画家，是国家美术协会（Société Nationale des Beaux-Arts）的共同创办人与主席，其绘画具有构图古典、形式优美之特色。

231. 《梵高书信全集》，1890 年 5 月下旬，第 500 页。Vincent Van Gogh, *The Complete Letters of Vincent Van Gogh*, Letters 635.

232. 同前注。

233. 前引书，1890 年 5 月下旬，第 500 页。Vincent Van Gogh, *The Complete Letters of Vincent Van Gogh*, Letters 637.

234. 转引自何恭上主编，《梵高噢！梵高》，第 254 页。

235. 转引自德里克·菲尔，《燃烧的爱情：梵高的生死与爱恋》，第 255~256 页。

236. 乔安娜日后在《追忆文森特·梵高》一文当中，似乎误记为 6 月 10 日，提奥全家是星期天去奥维探访文森特，而 1890 年的 6 月 8 日才是星期天。

237. 乔安娜·洁西娜·梵高－邦格著，林淑琴译，"追忆文森特·梵高"，载《梵高书简全集》，第 55 页。

238. 转引德里克·菲尔，《燃烧的爱情：梵高的生死与爱恋》，第 259~261 页。

239. 前引书，第 261~262 页。

240. 《梵高书信全集》，1890 年 7 月，第 504 页。Vincent Van Gogh, *The Complete Letters of Vincent Van Gogh*, Letters 646.

241. 季约曼（Armand Guillaumin, 1841~1927），印象派画家。

242. 乔安娜·洁西娜·梵高－邦格著，林淑琴译，"追忆文森特·梵高"，载《梵高书简全集》，第 55 页。

243. 转引自小林英树，《梵高的遗言》，第 173~174 页。

244. 梵高著，平野译，《亲爱的提奥》，南海出版公司 2014 年版，第 475 页。Vincent Van Gogh, *The Complete Letters of Vincent Van Gogh*, Letters 648.

245. 同前注。

246. 在佐佐木三雄与佐佐木陵子合著《梵高的生命风景》中指出:"梵高觉得一幅画得配上框后才算是初步完成。他对豪华的画框没兴趣,他喜欢帮自己的作品钉上胡桃、榉木、栗树等材质的外框。一旦画出满意的作品,不管有钱没钱,他都会二话不说地先买画框。"书中更直指,文森特与加歇医生当时是为了一幅季约曼的画而大动肝火。(佐佐木三雄、佐佐木陵子,《梵高的生命风景》,台湾:马可孛罗文化 2003 年版,第 155 页。)

247.《梵高书信全集》,第 504 页。Vincent Van Gogh, *The Complete Letters of Vincent Van Gogh*, Letters 648.

248. 梵高著,平野译,《亲爱的提奥》,第 477 页。Vincent Van Gogh, *The Complete Letters of Vincent Van Gogh*, Letters 649.

249. 前引书,第 478 页。

250.《梵高书信全集》,第 510 页。

251. 梵高书信集首次出版是在 1914 年,当时有部分的书信没有收录,内容并不完全。1953 年,为了纪念梵高诞辰一百周年,书信集又重新再版,这次收入了许多前一版本里未见的书信。阿德琳在此之前只读过 1914 年版。

252. 转引自"梵高之死",载《历史月刊》1990 年 4 月第 27 期,第 78~84 页。

253. 乔安娜·洁西娜·梵高-邦格著,林淑琴译,"追忆文森特·梵高",载《梵高书简全集》,第 56 页。

254. 肯·威尔基著,黄诗芬译,《梵高档案》,第 144~145 页。

255. 阿兹奥,《梵高传》,人民文学出版社 2011 年版,第 265 页。

256. 德里克·菲尔,《燃烧的爱情:梵高的生死与爱恋》,第 279~280 页。

257. 佐佐木三雄曾在《梵高的生命风景》中指出,奥维当地的梵高研究者米隆夫人表示,曾有一对十来岁的史克瑞甩兄弟,在拉雾酒店的抽屉里取出了这把手枪,但在把玩过后忘了放回去,以致随后被文森特取得。另外在 1955 年至 1960 年间,奥维当地也曾流传,当地农夫在麦田附近挖掘到了一把生锈的手枪。佐佐木先生也在书中提问,后来在乔安娜为梵高兄弟迁葬时,一定有经过检骨程序,为何都没有关于子弹或弹痕的记录观察?(佐佐木三雄,《梵高的生命风景》,第 177~179 页。)

258. 佐佐木三雄,《梵高的生命风景》:"(加歇)他的很多言行令人无法理解,唯一的解释是加歇本身也受到精神不安的困扰,因而隐没了自己的意志。加歇医生是真的有心帮助梵高吗?据说那天晚上,加歇医生在离开前,特地把保罗留下来照顾梵高,不过这个说法如今已不被采信。就算自己没法医治梵高,难道他不会把病人转送到蓬图瓦斯的医院吗?为何他什么也没做?事发当时加歇的态度一直到后来都受到周遭的奏难。而在联络提奥赶来处理这件事情上,大家都认为加歇应该是知道住址的。因为现存提奥写给加歇的书信上,全都注明了画廊和家里的住址。(前引书,第 177 页。)"

259. 帕斯卡尔·博纳富,《梵高磨难中的热情》,第 149 页。

260. 梵高著,平野译,《亲爱的提奥》,第 477 页。Vincent Van Gogh, *The Complete Letters of Vincent Van Gogh*, Letters 652.

261. 德里克·菲尔,《燃烧的爱情:梵高的生死与爱恋》,第 282 页。

262. 梵高著,平野译,《亲爱的提奥》,第 476 页。Vincent Van Gogh, *The Complete Letters of Vincent Van Gogh*, Letters 649.

263. 小林英树,《梵高的遗言》,第 185、187 页。

264. 梵高著,平野译,《亲爱的提奥》,第 477 页。Vincent Van Gogh, *The Complete Letters of Vincent Van Gogh*, Letters 649.

265. 小林英树,《梵高的遗言》,第 194 页:"梵高曾在 15 或 16 日写给母亲的信中提到这幅画,因此,他可能就是信中所说的三幅作品之一。但是,它却完全看不到《麦田群鸦》和德州《杜比尼》花园中那种狂暴的气氛。"Vincent Van Gogh, *The Complete Letters of Vincent Van Gogh*, Letters 650.

266. 转引自小林英树,《梵高的遗言》,第 197 页。Vincent Van Gogh, *The Complete Letters of Vincent Van Gogh*, Letters 650.

267. 前引书,第 204 页。

268. 前引书,第 218~219 页。Vincent Van Gogh, *The Complete Letters of Vincent Van Gogh*, Letters 651.

269. 小林英树在《梵高的遗言》中多次提及此画现收藏于美国德州的坎贝尔美术馆,应有误。

270. 阿兹奥,《梵高传》,第 267~268 页。

271. 小林英树,《梵高的遗言》,第 274 页。

272. 乔安娜·洁西娜·梵高-邦格著,林淑琴译,"追忆文森特·梵高",载《梵高书简全集》,第 55 页。

273. 小林英树,《梵高的遗言》,第 255 页。

274. 乔安娜·洁西娜·梵高-邦格著,林淑琴译,"追忆文森特·梵高",载《梵高书简全集》,第 55 页。

275. 转引自"梵高的葬礼",载《历史月刊》1990 年 4 月第 27 期,第 85~87 页。

276. 帕斯卡尔·博纳富,《梵高磨难中的热情》,第 146~147 页。

277. 引自德里克·菲尔,《燃烧的爱情:梵高的生死与爱恋》,第 292 页。

278. 转引自布莱德利·柯林斯,《梵高与高更:电流般的争执与乌托邦梦想》,第 236~237 页。

279. 乔安娜·洁西娜·梵高-邦格著,林淑琴译,"追忆文森特·梵高",载《梵高书简全集》,第 55 页。

280. 小林英树,《梵高的遗言》,第 230 页。

281. 前引书,第 231~232 页。

282. 前引书,第 233 页。

283.《艺术长廊 NO.2 梵高》,台湾:雨禾国际有限公司 2008 年版,第 40 页。

284. 梵高,《亲爱的提奥》,第 399 页。

285. 该公司已在 2004 年 4 月,与明治生命保险公司合并为日本明治安田生命保险公司(Meiji Yasuda Life Insurance),明治生命保险公司成立于 1881 年,位居日本寿险业第四位;安田生命保险公司成立于 1880 年,位居第六位。两家公司合并后,总资产将达到 26.85 万亿日元,位居第三位。

286. 保拉·拉佩里编著,郑昕译,《阿姆斯特丹梵高博物馆》,译林出版社 2014 年版,第 19 页。

287. 美第奇家族是佛罗伦萨 13 世纪至 17 世纪时期在欧洲拥有强大势力的名门望族。其家族的财富、势力和影响力源自于经商、从事羊毛加工业以及在毛纺织同业公会中的活动。不过真正使美第奇攀登高峰的是金融业务,家族辖下的银行是当时欧洲最兴旺和最受信任的银行。美第奇家族以此为基础,从银行金融业,进而跻身于政界,逐步走上了佛罗伦萨、意大利乃至欧洲上流社会的巅峰。美第家族中曾产生过三位教宗、多名佛罗伦萨的统治者,一位托斯卡尼大公,两位法兰西王后,和其他一些英国王室成员。而家族世世代代所传承下来的收藏品,如今还保存在乌菲兹美术馆(Galleria degli Uffizi)里。家族当年居住的碧提宫(Palazzo Pitti)等建筑物也大多在佛罗伦萨市内完好地保留着,美第奇家族留下许多供后人景仰的收藏品和文艺复兴时期建筑物,使其在西方艺术史中永远占有不可磨灭的一席之地。

288. 库斯穆勒美术馆,《燃烧的灵魂:梵高》,第 48 页。

289. 光复书局编辑部编,《新编近代世界名画全集——梵高》,台湾:光复书局 2002 年版,第 106 页。

290. 保拉·拉佩里编著,郑昕译,《阿姆斯特丹梵高博物馆》,译林出版社 2014 年版,第 19 页。

附录 | 梵高年表

年代	梵高大事	艺术史年表
1853年 出生	3月30日,文森特·威廉·梵高出生于荷兰布拉班特省的格儒·松迭,父亲迪奥多鲁斯·梵高,是一位卡尔文教派牧师。	库尔贝在沙龙展出《浴女》。
1857年 4岁	5月1日,弟弟提奥出生。	库尔贝的《塞纳河岸的姑娘》、米勒的《牧羊女》在沙龙展出。
1864年 11岁	10月,父亲将梵高送到齐凡伯根的寄宿学校,这是文森特第一次离家生活。	莫奈、雷诺阿、巴齐耶和西斯里等人同住枫丹白露作画。
1866年 13岁	9月,转到狄尔堡的汉尼克学院,于此期间打下英、法、德文的语言基础。	沙龙展展出科罗《傍晚》、卢梭《橡树》与杜比尼的《瓦兹河岸的早晨》等画。
1869年 16岁	7月,结束学校生涯后,经桑特叔叔引荐,进入古比尔艺术经纪公司。	马奈展出《阳台》与《草地上的午餐》。莫奈与雷诺阿前往蛙塘作画。
1872年 19岁	年底,提奥进入古比尔公司布鲁塞尔分店。兄弟俩开始陆续通信。	
1873年 20岁	5月,因业绩表现不错,调派伦敦,年薪90英镑。在此期间,他常参观博物馆与美术馆,开始对古典、巴比松、海牙画派与英国艺术家的作品产生研究兴趣。	毕沙罗与塞尚住在蓬图瓦兹作画。 莫奈两度前往荷兰。 库尔贝流亡瑞士。 莫奈在阿让特伊造水上画室。
1874年 21岁	向房东太太之女尤琴妮求爱未果,从此颓丧,无心于工作。 10月,桑特叔叔通过关系将梵高调到巴黎,使其离开伦敦伤心地。	米勒过世。 第一届印象派联展开幕。
1875年 22岁	5月,调回巴黎。此后心思开始转往宗教,勤读《圣经》。 10月,父亲带全家搬往北布拉班特省的艾田。	科罗过世,巴黎美术学院举办纪念展。 罗丹首次参加沙龙展。
1876年 23岁	4月,离开古比尔公司。4月16日,前往英国兰斯盖特私人小学任教。 7月,学校迁至伦敦近郊艾尔华斯镇。 11月5日,生平第一次布道。 年底离开英国,再不曾回来。	罗丹展出《青铜时代》。 4月,巴黎举办第二届印象派联展。
1877年 24岁	1月,桑特叔叔介绍梵高到多德勒支一间书店工作,但不到四个月便离职。 3月底,去信给提奥,谈到传福音的意愿。 5月,开始为阿姆斯特丹神学院的入学考苦读。 闲暇时常参观国立美术馆,目睹林布兰的作品后惊叹不已。	4月,巴黎举办第三届印象派联展。 12月31日,库尔贝逝世。
1878年 25岁	7月,未通过入学考,放弃进入神学院。 8月,到布鲁塞尔福音布道学校接受短期传教训练,但因极度不合群而未通过训练。 12月,父亲动用人脉,梵高以临时助理牧师身份前往博里纳吉矿区短期传教。	巴黎举办世界博览会。 杜米埃双目失明,杜比尼逝世。 惠斯勒因罗斯金毁谤《黑色与金色的夜曲:散落的焰火》一画,状告到法院。

年代	梵高大事	艺术史年表
1879年 26岁	1月,开始传教,拜访穷人,教育小孩。 春季,矿坑发生爆炸,梵高投入救援伤员工作。并将身上所属之物都送给穷人,自己睡在草堆。 7月,半年约满未获教会续聘。	4月,巴黎举办第四届印象派联展。 杜米埃过世。
1880年 27岁	决心走绘画的道路。 7月收到提奥寄来的50法郎,隔月恢复与提奥通信。从此开始按月受提奥资助,直至1890年。 8月,收到提奥寄来的米勒复制画,开始学习临摹与透视法。	4月,巴黎举办第五届印象派联展。 罗丹接受《地狱之门》订件。
1881年 28岁	4月,搬至艾田与家人同住。 8月,爱上表姐凯伊,求爱再度遭到拒绝。 9月,开始向海牙画派的安东·莫夫学画。 11月,赴阿姆斯特丹想见凯伊,吃了闭门羹。 12月,圣诞节前夕与父亲闹翻,离家出走。	4月,巴黎卡普辛大道举办第六届印象派联展。
1882年 29岁	1月,搬到海牙,与妓女西恩邂逅,并开始同居。 开始收集素描插图绘本,并考虑朝插画家目标迈进。 4月,以西恩为模特儿画下《哀伤》。 5月,想要与西恩结婚的计划遭到提奥、莫夫等人反对。 6月,因淋病住院治疗。 6月30日,西恩之子威伦出生。 8月,父亲全家搬到努能。 9月,开始尝试水彩与油画。	3月,巴黎举办第七届印象派联展。 马奈在沙龙展出《佛利贝尔杰酒馆》获得勋章奖。
1883年 30岁	3月,接到父亲的来信与25个荷盾,父子感情趋于好转。 9月,与西恩正式分手。前往荷兰东北部德伦特省。 12月,搬至努能与家人同住。	马奈逝世。 画商杜朗·鲁耶为莫奈、雷诺阿、毕沙罗举办个展。
1884年 31岁	1月,在努能创作大量以农民与织工为题材的作品。 4月,提议将提奥的按月资助,视为画商对画家的长期投资。从此每张作品都是兄弟俩的共同财产。 5月,在天主教区司事的家租了工作画室。 6月,从提奥来信得知巴黎印象派画家的信息。 8月,与邻居玛歌交往,遭玛歌姐姐们反对。玛歌自杀未遂。	罗丹接受《加莱义民》订件。 修拉展出《安涅尔的浴者》。
1885年 32岁	3月26日,父亲迪奥多鲁斯因心脏病过世。 5月,完成《食薯者》。 9月,教区神父禁止村民当梵高的模特儿,他只好转而绘画静物画。 11月,搬到比利时的安特卫普,开始接触日本浮世绘。从此再未回到家乡荷兰。	毕沙罗结识席涅克,席涅克结识修拉。

年代	梵高大事	艺术史年表
1886年 33岁	1月，进入安特卫普艺术学院，不久即与指导老师发生口角，中断课程。 3月1日，抵达巴黎，与提奥同住。 3月，自学静物画，并创作多幅自画像与巴黎风景画。 4月，进入柯蒙画室学画。并先后结识贝尔纳、罗特列克、修拉、席涅克、毕沙罗、唐基等人。 5月，参观印象派第8次联展。 6月，两兄弟搬到蒙马特的勒必克街54号。 10月，经常流连于唐基老爹的商店。与贝尔纳友谊进展神速，两人时常结伴作画。	第八届也是最后一次印象派联展。 修拉展出《大碗岛的星期天下午》。
1887年 34岁	1~2月，经常流连铃鼓酒馆，并与老板娘塞嘉托莉交好。3~4月，在酒馆举办"小巷印象主义画家联展"。 7月，提奥回荷兰度假。不久后结识友人安德烈之妹乔安娜。谜样的"S"女士也在巴黎现身。 11月，大约此时高更由马丁尼克岛返回巴黎，并与梵高见面。	国际绘画雕塑展在巴黎乔治·伯提画廊展出，莫奈、毕沙罗、雷诺阿、西斯里、莫里索等人皆参展。
1888年 35岁	2月，高更返回阿凡桥。梵高于19号搭上离开巴黎的火车前往阿尔。 3月，天气开始逐渐转晴，梵高画了多幅果园景物。得知亦师亦友的莫夫去世，梵高也画了一幅桃树纪念他。 4月，梵高作品随独立艺术家团体名义在荷兰参展。 5月，租下黄屋当画室，并建议高更、贝尔纳也能来此同住。5月底文森特去了一趟圣玛莉小渔村旅行，并画下多幅渔港与海边风光。 6月，结识诗人尤金和少尉尤金，为他们绘制了肖像画。 7月，结识了在阿尔最忠诚的好友邮差鲁林，并为鲁林与其家人绘制多幅肖像。 9月，画《夜间咖啡馆》、《露天夜间咖啡馆》、《隆河的星夜》等画。搬进黄屋。 10月，画一系列《向日葵》与《阿尔的房间》。10月23日，高更抵达阿尔。 11月，画《红葡萄园》，这是文森特此生唯一在"拍卖会"售出的作品。 完成《梵高的椅子》和《高更的椅子》。 12月，提奥向乔安娜求婚。 梵高与高更不时发生争吵摩擦，23日晚间梵高割下了左耳垂。翌日，送院治疗，提奥从巴黎赶来探视。25日，高更随提奥离开阿尔，从此和梵高未再见面。	罗丹与莫奈在乔治·伯提画廊举办联展，莫奈展出70幅画，罗丹展出36件雕塑。 印象主义画家作品展在杜朗·鲁耶画廊展出。

年代	梵高大事	艺术史年表
1889年 36岁	1月，鲁林常来探视梵高。尽管梵高很快就于7日出院，但月底精神症状复发，2月7日再度入院。 2月，阿尔居民联署请愿要梵高离开。 3月，席涅克前来探视梵高。 4月，提奥与乔安娜结婚。 5月，梵高离开阿尔，住进圣雷米的圣保罗疗养院。 6月，画下许多麦田与丝柏作品。 6月5日，乔安娜写信告知梵高有身孕的消息。梵高前往阿尔拿回一些画作，结果又发病。 9月，由于发病受到贝洪医师的禁足，只能在院内临摹林布兰、德拉克洛瓦、米勒等人的作品。 10月，提奥告知兄长在奥维有一位加歇医生专门治疗精神疾病。 12月，圣诞节前夕梵高再度发病。	
1890年 37岁	1月，艺术评论家艾伯特·奥利耶在《法兰西信使》1月号杂志发表一篇评论梵高的文章。月底梵高再度病发。30日，提奥之子小文森特出生。 2月，《红葡萄园》在布鲁塞尔以400法郎卖出。月底梵高再次发病。一连三次发病时间点与频率皆与一年前相同。 5月，离开圣雷米，告别法国南部。先回到巴黎与提奥一家团聚三天，再前往奥维。 6月，为加歇医生与其女玛格莉特绘制肖像画。8日，提奥一家来到奥维与梵高相聚。 7月6日，小文森特生病，梵高返回巴黎探视，并与提奥夫妇讨论此后的资助问题，不欢而散。 27日，梵高用手枪自戕，并独自蹒跚走回拉雾旅馆。 28日，提奥匆忙赶到奥维，陪侍在兄长身边，并写了一封信给乔安娜。 29日凌晨1点半，梵高死在提奥怀中。隔日举办丧礼，贝尔纳、唐基、毕沙罗等人皆赶来参加。 9月22—24日，提奥与贝尔纳在提奥巴黎住处举办了梵高的小型回顾展，此时提奥的身体状况开始出问题。 10月，提奥精神崩溃，住院治疗。	莫奈完成《干草堆》系列作品。

年代	梵高大事	艺术史年表
1891年 死后1年	1月25日，提奥于荷兰乌特勒支过世。	罗丹接受《巴尔扎克》订件。
1905年 死后15年	乔安娜在艺术界朋友协助下，于荷兰阿姆斯特丹国立美术馆举办梵高回顾展，展出474幅梵高的油画与素描。	伦敦举办塞尚、莫奈、马奈、雷诺阿、毕沙罗等人联展。
1911年 死后21年	贝尔纳结集梵高给他与高更的信件，出版《梵高书简集》。	英国"费斯洛伊街画会"改组为"康登区画会"。
1914年 死后24年	乔安娜出版《梵高书信全集》，并将提奥遗骨迁到奥维与梵高合葬。	
1960年 死后70年	提奥之子工程师梵高创立梵高基金会。	
1973年 死后83年	工程师梵高完成了梵高家族的理想，与梵高基金会共同在阿姆斯特丹成立了梵高美术馆，向全世界展出梵高的艺术成就。	毕加索过世。

本书原名为《直到我死去的那一天——梵高最后的亲笔信》（蔡秉叡著）
经台湾信实文化行销有限公司正式授权，经由凯琳国际文化代理，由中国政法大学出版社
出版中文简体字版本。非经书面同意，不得以任何形式任意重制、转载。
版权登记号：图字01-2016-2295号

图书在版编目（CIP）数据

直到我死去的那一天：梵高最后的亲笔信/蔡秉叡著. —北京：中国
政法大学出版社，2016.11
 ISBN 978-7-5620-6784-9

Ⅰ.①直… Ⅱ.①蔡… Ⅲ.①梵高，V.（1853-1890）—传记 Ⅳ.①
835.635.72

中国版本图书馆CIP数据核字（2016）第166125号
————————————————————————————————————

出 版 者	中国政法大学出版社
地　　址	北京市海淀区西土城路25号
邮寄地址	北京100088信箱8034分箱　邮编100088
网　　址	http://www.cuplpress.com（网络实名：中国政法大学出版社）
电　　话	010-58908524（编辑部）58908334（邮购部）
承　　印	山东临沂新华印刷物流集团有限责任公司
开　　本	880mm×1230mm　1/32
印　　张	12
字　　数	310千字
版　　次	2016年11月第1版
印　　次	2016年11月第1次印刷
定　　价	59.00元
声　　明	1. 版权所有，侵权必究。 2. 如有缺页、倒装问题，由出版社负责退换。